Ancient Greece
as it was

重返
古希腊

西班牙 RBA 传媒公司 - 著

程水英 - 译

目录

引言	9
古典时期的雅典	**17**
雅典卫城	21
帕提侬神庙	24
厄瑞克透斯神庙	54
女像柱门廊	59
卫城山门和雅典娜胜利女神神庙	64
雅典圣岩废墟	69
下城和比雷埃夫斯	73
剧场和音乐厅	74
城市广场	79
雅典陶器中展现的日常生活	96
德尔斐神庙	**99**
阿波罗圣殿	103
阿波罗神庙	106
德尔斐神谕	118
雅典人宝库	121
德尔斐大发掘	128
锡弗诺斯人宝库	133
剧场	146
奥林匹亚	**153**
奥运会的摇篮	157
宙斯神庙	158
宝库	184
南柱廊	192
奥运会	197
体育场	204
埃皮达鲁斯	**211**
阿斯克勒庇俄斯圣地	215
阿斯克勒庇俄斯神庙	216
圆顶墓	228
医学的魔力：治愈的奇迹	233

剧场	239
古希腊戏剧的诞生	248

提洛岛   255

阿波罗和阿耳忒弥斯的摇篮	259
雅典人神庙	260
纳克索斯家园	268
尼奥里翁长廊	276
提洛同盟	281

阿格里真托   285

神庙山	289
奥林匹亚宙斯神庙	290
康科迪亚神庙	302
赫拉神庙	309
赫拉克勒斯神庙	314

波塞冬尼亚   323

大希腊殖民地	327
赫拉神庙	328
英雄神殿	338
雅典娜神庙	343

附录   349

雅典卫城博物馆	350
雅典古市集博物馆	356
雅典陶瓷考古博物馆	359
德尔斐考古博物馆	362
奥林匹亚考古博物馆	369
阿斯克勒庇俄斯考古博物馆	374
提洛考古博物馆	379
阿格里真托考古博物馆	384
帕埃斯图姆国家考古博物馆	389
古典雅典漫步	394

引 言

> 公元前5世纪，雅典是辉煌的文化繁荣之地。建筑、雕塑、绘画、悲剧、喜剧、诡辩……各种艺术达到顶峰，彻底改变了雅典首都的形象和生活。

被称为希腊古典时代的历史时期始于所谓的"黄金五十年"（Pentecontecia）（公元前480年—公元前430年），这是第二次希波战争结束后的五十年繁荣时期，也是雅典海上帝国的兴盛时期。这个古典时代还包括伯罗奔尼撒战争（公元前431年—公元前404年）的年代——这场雅典和斯巴达及其各自盟友之间的血腥冲突，导致了雅典的耻辱战败和帝国的衰落，以及公元前4世纪的大部分时间，以马其顿的菲利普二世在克罗尼亚战胜希腊人（公元前338年）并与希腊化的希腊联合而告终。通常对于古希腊艺术而言，公元前4世纪至关重要，但如果是雅典，则是在公元前5世纪，当时在造型艺术领域以及文学和哲学领域，一系列杰出人物交相辉映。同时，对于雅典的这一辉煌时期，伯里克利在公元前461年至公元前429年的非凡政治领导也起到了决定性的作用，他的影响力很早就在这座城市中显现出来，并且他的精神结晶在其去世后一直存在。

■ 引言

公元前5世纪的希腊世界

除了伯罗奔尼撒半岛和巴尔干半岛的其他地区，希腊文明还分布在爱琴海的大量岛屿（克里特岛是最南端）、爱奥尼亚海的一些岛屿和小亚细亚沿岸。

伯罗奔尼撒战争

雅典政治和经济的过度发展是希腊人之间战争的起因，这场战争几乎牵扯到所有希腊人，削弱了他们并终结了雅典的力量。

海外希腊人

希腊城邦遍及海外，包括小亚细亚西海岸和黑海、意大利南部和西西里岛，以及法国和伊比利亚半岛的海岸。也就是说，整个地中海都不受腓尼基人和迦太基人的控制。

总是靠近海岸

哲学家柏拉图在其著作《斐多》(Fedón) 中说"我们就像池塘周围的青蛙一样，生活在大海周围，从斐西斯（Fasis）到赫拉克勒斯之柱[3]（即从黑海到直布罗陀海峡）"。

▲ 雅典娜神盾，又称"斯特兰福德盾"[1]，描绘了忒修斯国王指挥雅典人击退亚马孙人的进攻。该残片是帕提侬神庙内雅典娜神盾的罗马大理石复制品（公元200—300年）。当中也有创作者菲狄亚斯（Fidias）与其友人伯里克利的人像。
🏛 伦敦大英博物馆

像所有的希腊城邦一样，雅典是一个独立城邦，其城市核心为包括村庄和小型城市中心在内的更大领土的一部分。与斯巴达一样，雅典占据着异常广阔的领土，尽管两者占有领土的动机并不相同。斯巴达的广阔领土是征服的结果，因此只有一小部分居民具有斯巴达公民资格，其余的村庄在政治上和法律上都受制于斯巴达人。相反地，雅典公民分散在领土中的各个社区，即所谓的"demos"，其中包括雅典城所在的阿提卡半岛。

◀◀ 系鞋的胜利女神尼姬[2]。帕提侬神庙的浮雕，可追溯到公元前420年至公元前410年。
🏛 雅典卫城博物馆

---

[1] 因其收藏者斯特兰福德爵士而得名。——译者注
[2] 尼姬、尼刻、尼克（希腊语：Νικη，拉丁字母转写：Nike）是希腊神话中的胜利女神，她在罗马神话中对应的是维多利亚（Victoria）。——译者注
[3] 也叫"海格力斯之柱"，指直布罗陀海峡两边的高耸海岬。——译者注

雅典城邦起源于村社联合（sinecismo），即将大量独立的城邦合并为一个城邦，雅典凭借其具有非凡防御条件的卫城而获得首都的地位。

历史学家修昔底德（Tucídides）证实了这种联合主义，传统上将其归于神话中的国王忒修斯（Teseo），他被视为雅典的真正创造者。但是，雅典的第一任国王是刻克洛普斯（Cécrope），而厄瑞克透斯（Erecteo）击败厄琉西斯城邦（Eleusis）的国王欧摩尔波斯（Eumolpo），并拯救了雅典。现代历史学家认为，雅典的村社联合是一个渐进的过程，应该是在希腊古风时代之前的几个世纪里发生的，最后一个加入的城邦是厄琉西斯。

▼ 告别的场景。在这个公元前5世纪的双耳杯上，一位妻子将头盔递给即将前往伯罗奔尼撒战争的丈夫。另两个人物可以确定为他们的父母。

引言

雅典霸权

雅典最初是一个贵族国家,这意味着少数具有优良血统的家族(loseupátridas)以世袭的金字塔结构控制着整个雅典的人口。大约在公元前 6 世纪,财富和政治权力极度集中在这些贵族手中,导致了社会矛盾激化。英明的梭伦(Solón)被选为仲裁者,他在自己的挽歌中留下了直接或间接的证明,说明他为寻找出路所做的努力,"像狼在狗群中打滚一样"。他取消了债务,禁止将公民卖为奴隶以还清债务,并从土地上移走标记公民必须贡献一部分收成的石堆。梭伦因此创造了一个可以重新开始的自由农民身份,但由于不愿意实施暴政来维持这些改革,他离开了雅典。

在公元前 6 世纪的希腊,暴政并没有后来的负面含义。暴君曾经是夺权的贵族之一,因为他最初投资了一支军队来保护自己免受对手的攻击。他还确保行政长官由其支持者填补,并以牺牲他所依赖的贵族为代价来安抚民众。关于在梭伦之后控制雅典的暴君庇西斯特拉图(Pisístrato),亚里士多德说他具有强烈的民粹主义色彩,并举了一个例子,庇西斯特拉图向陷入困境的农民提供贷款,使他们能够熬过歉收的年份,还设立了巡回法官以防止司法行政依赖地方领主。就这样,梭伦的自由农民政策得以巩固。但同样重要的是,雅典城市地区公共空间的发展,加上设立了能将所有公民融合在一起的节日,乡村崇拜的重要性黯然失色,为当地领主带来了更大的荣耀。

争端的萌芽

庇西斯特拉图的这些举动削弱了平民对贵族的依附关系,为随后克里斯提尼(Clístenes)的政治改革创造了基础。但是庇西斯特拉图的儿子们是平庸的继任者——希帕库斯(Hiparco)被两个贵族情人暗杀,其中一个之前拒绝了希帕库斯。兄长的死使其弟希庇亚斯(Hipias)变得激进,雅典人未能驱逐他,直到强烈反对政治暴政的斯巴达人介入。

后来,庇西斯特拉图的前女婿、另一个城邦暴君的孙子、贵族氏族阿尔克梅尼达斯的成员克里斯提尼因一次旧时的犯罪行为而被贬黜,但他成功地与其他贵族达成了协议,做出了重大改变,得以积极推广暴君的民主政治,并建立一个能够与斯巴达抗衡的强大雅典国家。公元前6世纪最后几年的变化是巨大的，这是一项惊人的宪法工程，如果没有斯巴达国家所代表的挑战，就无法解释斯巴达国家的公民平等。从那时起，雅典公民被划分为十个部落，取代了四个具有纵向氏族结构的祖先部落。在这些部落中，三分之一属于雅典市区，三分之一属于拥有海外利益的沿海地区，三分之一属于大型地主和小型地主聚集的内陆地区。这些部落组成了议事会、民主委员会和法院。

希波战争

公元前498年，雅典在战胜其邻国维奥蒂亚和优卑亚岛后，派出了20艘军舰，支持爱奥尼亚城邦反抗波斯人的起义，因为他们的英雄伊翁是雅典国王厄瑞克透斯的外孙。公元前490年，在马拉松平原上，大约1万名雅典人在普拉提亚镇的一小部分人的支持下，成功击败了大流士一世（Darío I）的波斯军队，古代暴君希庇亚斯就在其队伍中作战。这一惊人的成功放大了雅典人在所有希腊人中的形象。

10年后，大流士一世的儿子薛西斯（Jerjes）带着一支规模异常庞大的舰队和陆军重返战场。列奥尼达的300名斯巴达人参与了有争议的温泉关战役。雅典人不得不撤离雅典，前往萨拉米斯避难，雅典因此落入了波斯人之手。后来在公元前480年，多亏了一场及时的暴风雨，雅典人才在萨拉米斯赢得了一次海战。第二年，几个希腊国家联盟在维奥蒂亚的普拉提业陆地战役和小亚细亚海岸的米卡莱海战中击败了波斯人。第二次希波战争结束了，斯巴达人的威胁终止了。

雅典人自认与爱奥尼亚人拥有自神话时代起的渊源，迫使其继续保护他们免受波斯的威胁。因此，雅典与其他希腊城邦组成了联盟，后来被称为提洛同盟，因为正是在提洛岛上的神庙里，雅典人决定向那些无法供应船只的成员提供所需的钱款。但这个联盟不仅没有根据目标发动针对波斯人的战役，而且雅典人还迫使爱琴海地区的其他城邦加入联盟，并在各个城邦的领土上安置自己的定居者。公元前467年攸里梅敦河（Eurimedonte）战役的胜利彻底摆脱了波斯的威胁，联盟不再是必要的，因此一些成员决定离开联盟，但雅典带头坚决阻止了这一行为。

■ 引言

雅典的黄金时代

在经历了一段暴君霸权政治之后，雅典开始了一个完全民主的新阶段。伟大的领袖伯里克利领导重建这座被波斯人摧毁的城市，使它恢复了昔日的辉煌，而这个时代当仁不让地被称为雅典的黄金时代。

▲ 四角银盘，其背面是猫头鹰，雅典娜的象征。

公元前480年—公元前430年
黄金五十年
雅典在这50年中的政治和经济繁荣将斯巴达推向了战争。

公元前479年
山提波斯回归
伯里克利的父亲、米卡莱海胜利的策划者山提波斯（Jantip）在被流放后回到了雅典。

公元前495年
伯里克利出生
伯里克利出生在雅典的贵族阿尔克迈翁家族，家族部分成员因血亲罪而被驱逐。

公元前480年
希腊舰队的胜利
希腊人在萨拉米斯击败波斯人，这场战斗决定了第二次希波战争的命运。

伯里克利的崛起

公元前 462 年，在埃菲阿尔特斯（Efialtes）被暗杀后，伯里克利成为雅典无可争议的统治者。他接受了前任的激进改革，通过了新的法律，收紧了获得雅典公民身份的机会，并保证了下层阶级进入政治制度和担任公职的机会。无论如何，伯里克利不愿意，也不能以道德模范的方式领导雅典的外交政策。他将雅典的霸权强加于盟友，并导致了雅典与斯巴达的最终对抗。

◀ **战斗到死** 在一只据说是画家特里普托勒摩斯（约公元前460年）绘制的陶器杯上，一名重装步兵和一名波斯战士在战斗中对峙。
⌂ 爱丁堡苏格兰国家博物馆

前477年
同盟成立
随着这个海上联盟成立，雅典对希腊的霸权开始了。

公元前451年
公民身份要求
伯里克利关于要求母亲的公民身份也必须登记为公民的提议得以被采纳。

公元前448年—公元前431年
建造帕提侬神庙
帕提侬神庙和卫城山门矗立在雅典卫城。

▶ 沉思的雅典娜，戴着重装步兵头盔的女神祈愿浮雕（约公元前460年）。
⌂ 雅典卫城博物馆

公元前462年
民主诞生
在埃菲阿尔特斯被暗杀后，伯里克利担任政治领导并开始推进民主。

公元前449年
波斯人的失败
在这次最后的失败之后，提洛同盟令雅典人凌驾于希腊人之上，打造了海上帝国。

公元前431年—公元前404年
伯罗奔尼撒战争
始于斯巴达人入侵阿提卡，由斯巴达国王阿奇达姆斯指挥。

公元前429年
瘟疫暴发
在雅典，由于难民过度拥挤，暴发了瘟疫。伯里克利死于感染。

古典时期的雅典

尽管在共和国后期尝试更新城市面貌,并从公元前 2 世纪就开始融合希腊化的东方建筑风格,但罗马在实现一个庞大帝国首都的城市形象方面进展缓慢。

伯里克利的雅典

波斯毁灭之后,在伯里克利(公元前495年—公元前429年)的领导下,雅典经历了一个前所未有的辉煌时期。多亏了一大批艺术家和其他文化人物,阿提卡城邦启动了一项雄心勃勃的建筑计划,建造了一堵周长六公里的墙包围城邦,并修起将其与大海连接起来的长墙。在雅典卫城上建造了帕提侬神庙、厄瑞克透斯神庙、卫城山门和献给雅典娜的胜利女神神庙;在岩石的斜坡上矗立着狄俄尼索斯剧场和伯里克利音乐厅(伯里克利剧场);机构权力的中心位于亚略巴古[4]和普尼克斯的山丘[5]以及集市中;集市一直延伸到城墙,形成了由圣门和迪皮隆门组成的整体。泛雅典之路将这座门与卫城连接起来。城墙外是陶瓷区墓地。

[4] Areopago,意为"阿瑞斯的岩石",位于雅典卫城的西北,在古典时期作为雅典刑事和民事案件的最高上诉法院。——译者注
[5] 雅典公民大会的会址。——译者注

雅典卫城

它是不太靠近大海和遭受海盗祸害的优良港口,也并非远到无法从巨大的经济优势中受益;它拥有地下淡水资源;地表长 270 米,宽 156 米,周围有良好的天然防御,可以有效加固,就像它的多边形特征一样。这就是为什么在第二个千年末,这里能够出现一座迈锡尼宫殿;这就是为什么雅典能够成为阿提卡的政治和宗教中心,形成一个单一城邦,覆盖广阔的领土。雅典卫城是一座"高架城市",它保护了最珍贵的公共物品,并在需要时为许多公民提供避难所。

然而,无法避免的是,在公元前 480 年,雅典卫城被当时的军事强国阿契美尼德波斯人的军队掠夺和摧毁。无论如何,雅典在萨拉米斯击败了亵渎神明的敌人,加上作为海洋帝国领袖所经历的经济繁荣,都促使雅典人将目标不仅定在重建上。他们把雅典卫城变成了国家纪念碑,表达了一种新的身份意识,这种意识成为他们对其他希腊人实行帝国主义霸权的意识形态基础。这与提倡所有公民平等的民主理想没有什么关系,雅典不仅不愿和其他城邦一样,而且还通过诉诸贵族模式的竞争、胜利和统治来彰显自己的优越性。

雅典卫城向外展示了它的形象,就像一座新的奥林匹斯山,雅典借此彰显了自己的神化,与众神分享其不朽的名声。

伯里克利以战略家的身份(他多次当选为最高军事指挥官)提议成立一个委员会来计划和指导重建工作。他的朋友、伟大的雕塑家菲狄亚斯成为他的顾问,是其大胆想法的艺术家执行者。委员会决定在雅典卫城的中心放置一座雅典娜女神的大型青铜雕像,大力扩建通往山丘的入口楼梯,并在被波斯人摧毁的地方建造一座辉煌的神庙,供奉这座城市的守护女神雅典娜。它将拥有多重功能:守护雅典的财宝;

▲ 雅典卫城鸟瞰图
① 帕提侬神庙，② 厄瑞克透斯神庙，③ 卫城山门和 ④ 雅典娜胜利女神神庙。

◀ 帕提侬神庙的雕塑装饰。山墙和西侧浮雕带的细节。

纪念对抗波斯人的战争；最重要的是，用来放置一尊由菲狄亚斯制作的巨大金象牙雕像（用黄金和象牙制成）。此外，该计划还设想建造两座较小但精致的神庙：厄瑞克透斯神庙[6]（代替献给厄瑞克透斯、波塞冬和雅典娜的旧神殿）和位于圣城入口处的胜利女神神庙。

---

[6] Erecteón，另译为"伊瑞克提翁神庙"。——译者注

❶ 帕提侬神庙建在雅典卫城的南侧，主要通道在东面。从卫城山门进入，可以看到西立面和北侧。在到达帕提侬神庙之前，右边的建筑是阿耳忒弥斯·布劳罗尼亚（Ártemis Brauronia）神庙和用来存放献给雅典娜的祭品的卡尔科特卡（Calcoteca）神庙。

❷ 厄瑞克透斯神庙是一组宗教建筑，有女像柱门廊和圣墙。南面是另一道圣墙，其基础是被波斯人摧毁的"老帕提侬神庙"。在卫城山门和厄瑞克透斯神庙之间，左侧的是"提篮女孩儿"（arréforas）[7]之殿。

❸ 卫城山门有着巨大的门廊。紧挨着它右边的是所谓的"画廊"，实际上是一个宴会厅。穿过门廊，正对着一个小院子，里面有菲狄亚斯创作的雅典娜普罗马科斯[8]巨像，还有献给女神的最壮观的祭品。

❹ 雅典娜胜利女神神庙[9]。这座爱奥尼亚式的小神庙坐落在雅典卫城坚固而突出的一个平台上。神庙的入口通往卫城山门南翼的一个门厅，这样设计是为了方便通行，同时用坡道创造出一种对称感。

[7] "提篮女孩儿"是在希腊祭品游行中提着祭品篮的女孩儿，通常是 7～11 岁的贵族女孩儿。这个篮子有三个把手，放在女孩儿的头顶上。这个小神殿也是为祭拜雅典娜编织佩普洛斯长裙的女孩儿们的住所。——译者注
[8] Atenea Prómaco，意为"在前线战斗的雅典娜"。——译者注
[9] 建于公元前 449 年—公元前 421 年，也称为雅典娜胜利女神庙、尼姬神庙，或无翼胜利女神庙，位于卫城山上。——译者注

▎古典时期的雅典

帕提侬神庙
（El Partenón）

在伯里克利（Pericles）的倡议下，建造帕提侬神庙的宏伟计划委托给了建筑师伊克蒂诺斯（Ictino）和卡利克拉特斯（Calícrates），两人在不到十年的时间里（公元前447年—公元前438年）设计并完成了这项工程。直到雅典人认为波斯的威胁已经彻底消除，而其经济帝国已经巩固，才决定启动如此大规模的工程。但在《平行列传》（Vidas paralelas）记载伯里克利的传记中，普鲁塔克（Plutarco）提供了有关一项计划的重要信息，该计划将影响整个雅典和整个阿提卡，而帕提侬神庙只是其中的第一部分："那些年轻力壮能发动战争的人由国库供应钱财；但伯里克利不希望没应征的民众没有收入或不工作就能拿到补助。因

▶ 帕提侬神庙是为了纪念雅典的守护神雅典娜而建造的，也是这座城市的重要标志，最终成为古希腊艺术和古典美的典范。

古典时期的雅典

此，他向公民大会提出了需要许多行业长期竞争的重大建设项目。这样，其他公民就有权与舰队的桨手和驻扎营地或参加战役的士兵一样，从公共资金中获得他们的份额。"

因此，伯里克利试图直接或间接地利用因雅典人优于其他所有希腊人而合法化的海洋帝国所产生的收入来确保民众充分就业。这就是为什么一些现代历史学家一直称之为国家社会主义的雅典政治社会纲领最终被改名为国有社会主义。关于伯里克利的立场，与他同时代的历史学家修昔底德说，雅典的民主原则上是有权力的，但真正的统治者是其公民中的最高位者。这位独具魅力的领袖从公元前444年被选为战略家，直到公元前429年去世，留下一笔杰出的艺术遗产，但也可能是一项政治计划的副产品，当雅典陷入未能维持经济帝国而造成的战争中，人民和经济都在流血时，这项计划就崩溃了。

建筑结构

帕提侬神庙将多立克神庙模式推向了顶峰，通过重要的创新将其发挥出最大的可能性。其建筑师卡利克拉特斯和伊克蒂诺斯的艺术天才，以及他们不遗余力建造它的事实，诠释了这一宏伟而完美的艺术，实现了希腊和谐美的理想。

每根多立克柱最大直径1.9米，高约10.4米，由11个石鼓组成。

柱顶的浮雕带由交替排列的三陇板（刻有凹槽的大理石块）和陇间壁组成，以高浮雕装饰。

基座外侧柱廊或围廊所在的底部台阶有轻微的弯曲，侧立面的中央区域升起约11厘米，正面升起约6厘米。

① 柱廊 柱廊共有46根多立克柱，形成了环绕整个神庙的门廊。短边有8根柱子，而不是6根，这是希腊人建造的第一座也是唯一的一座八柱式多立克神庙。

在南面的陇间壁上，有保存最好的半人马之战场景。这个场景提到了一个神话故事，在庞里托俄斯（Pirítoo）与希波达弥亚（Hipodamía）的婚礼上，拉皮斯人与半人马族对峙。

中央山墙装饰由一系列回收的碎片粘连而成，是一种非常优雅的花卉结构，最上面是棕榈树的造型。

东山墙展现了雅典娜从宙斯头颅中诞生的神话，宙斯的形象是在众神面前全副武装的成年男性。

东面的陇间壁描绘了提坦之战：奥林匹斯众神与试图驱逐和取代他们的提坦神之间的战争。

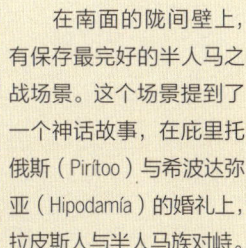

② **内殿的门廊** 在短边，整个内殿有两个门廊，只有6根前柱，使入口更加宏伟。这些柱子的尺寸与围廊柱子的尺寸相同。

③ **山墙** 山墙屋顶在立面上呈现出一个三角形空间，顶部有线脚。檐口有超出真人大小的人物造型装饰，以蓝色的三角楣为背景。

④ **陇间壁之外的浮雕带** 在顶梁上方，柱顶装饰有带四边形陇间壁的多立克式浮雕带，与中间的三陇板交替出现。四面墙的每一面都展现不同的主题。

■ 古典时期的雅典

和谐而雄伟

帕提侬神庙是一座包围式神庙，即外部被柱子包围，两端各有两排柱子，而两个入口各有一个门廊，与神庙的短边相吻合。它位于雅典卫城南侧，全部采用邻近的彭特利库斯（Pentélico）采石场的白色大理石建造。在马拉松战役后不久，这里开始建造一座献给雅典娜的新神庙——公元前480年，波斯人肆意摧毁了这座神庙。虽然他们烧毁了脚手架，拆除了建筑，但11米深的地基、柱鼓和所有可利用的东西都在新的帕提侬神庙中重新使用。这不仅仅是出于经济的考虑，更是出于意识形态的考虑——在最终战胜波斯人之后，恢复十年前雅典在马拉松战役中首次获胜后开始的工程。

在新神庙里，柱子的直径保持不变，但不再是六柱式（前面有6根柱子），而是八柱式（前面有8根柱子），这是整个希腊唯一具有这种

① **前殿** 前殿有6根多立克柱子，门上方可能有一条横向的浮雕带，但已被拆除。

② **内殿或正殿（naos）** 这里是圣殿主体。神像放在一个由23根12米高的多立克柱子环绕的平台上，这些柱子共同支撑着如此巨大的空间。

两层多立克圆柱沿着正殿的侧边和底部排列。

打破单调，从屋顶的直线上看，檐口由一种饰物收尾，其形状像棕榈叶。

石块直接叠放在一起，通过铁夹连接，然后涂上铅以防止氧化。

③ **后殿** 由4根爱奥尼克柱支撑，门廊与前殿的相同。在古代，这里被称为帕提侬（意为"处女"），因为这里保存着未婚少女的供品（korai）。

④ **屋顶** 没有使用陶瓷瓦，而是使用了只有3厘米厚的半透明彭特利库斯大理石。行与行之间的接缝处是一排排相同材料的石片，其末端覆盖着装饰性的隔板。

金像（黄金和象牙）雅典娜帕特诺斯[10]雕像。

木质结构装在墙壁和柱子上支撑屋顶。

围绕着内殿、前殿和后殿的墙壁外侧，增加了一条高1米、长160米的爱奥尼亚式连续浮雕带。

目前没有发现与侧面山墙顶饰相一致的遗迹。

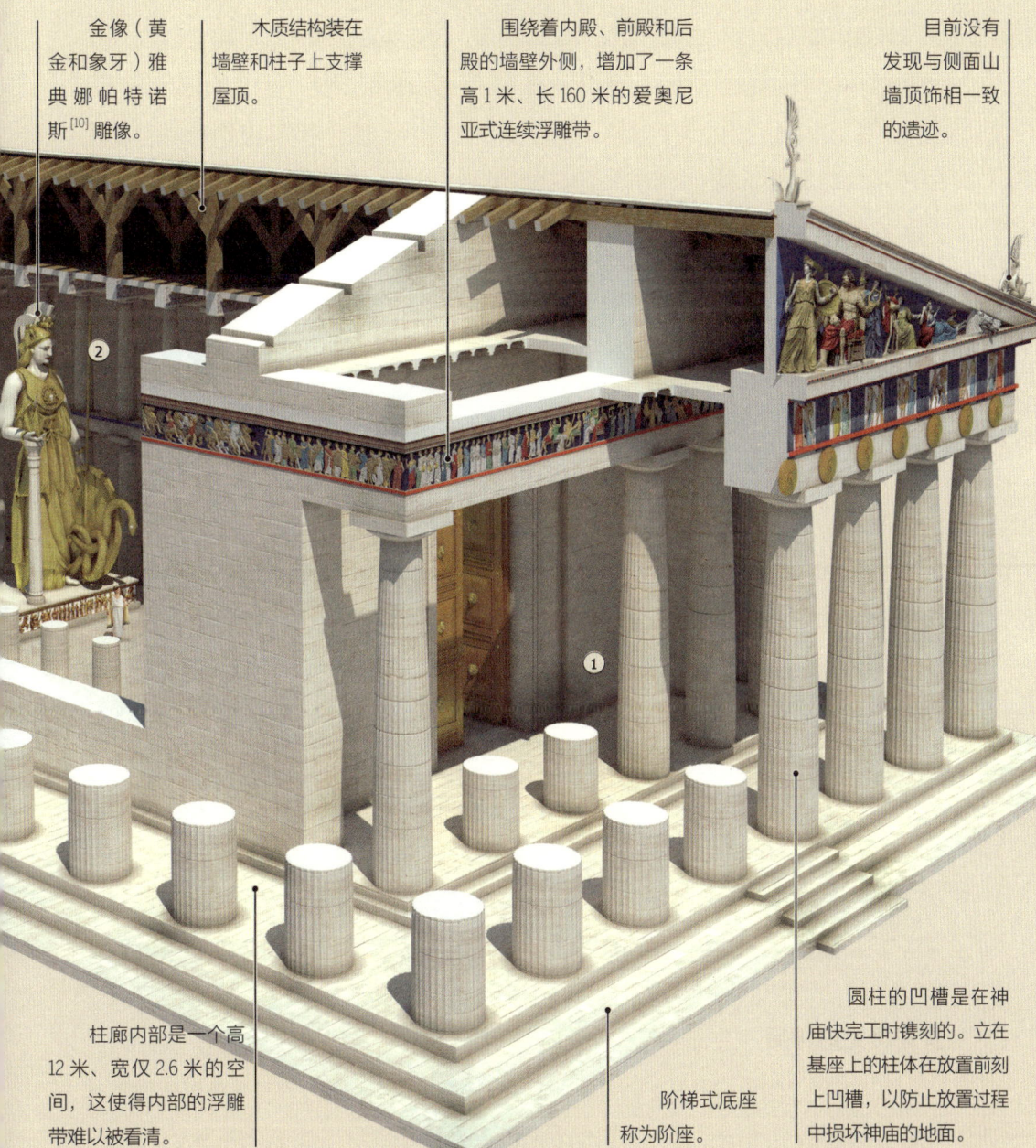

柱廊内部是一个高12米、宽仅2.6米的空间，这使得内部的浮雕带难以被看清。

阶梯式底座称为阶座。

圆柱的凹槽是在神庙快完工时镌刻的。立在基座上的柱体在放置前刻上凹槽，以防止放置过程中损坏神庙的地面。

[10] Atenea Parteno，意为"处女神"。——译者注

特征的神庙。长边有 17 根柱子，而不是 16 根。包括柱廊和柱廊所依托的墙在内的总面积为 69.5 米 ×30.8 米；最大高度为 13.7 米。基本尺寸的长宽比为 9∶4。

雕塑装饰

神庙的雕像设计直到公元前 432 年才完成，接受委托的伟大雕塑家菲狄亚斯是所谓的"伯里克利圈"的成员，他主要负责设计整体布景，后来由几位艺术家完成塑造。装饰包括山墙中占据三角楣的雕塑群、92 块陇间壁和贯穿内殿外墙的连续浮雕带。浮雕和雕像也是用大理石雕刻的，这在古代神庙中并不常见，因为材料的成本过高且雕刻所需的工作量巨大。浮雕整体是多层的，这是古希腊建筑和雕塑的惯例。

巨大的壁龛

对于习惯于现代神庙与崇拜雕像相关比例的人来说，很难想象进入帕提侬神庙入口时所产生的印象。这座宏伟的建筑更像是一座华丽的壁龛，用来展示神的巨大形象。（菲狄亚斯设计的奥林匹亚宙斯神像也是如此，如果宙斯从宝座上站起来，就会越过建筑物的顶部。）

对于帕提侬神庙来说，要让人感受到雅典娜女神的真实存在，在门厅内就应当引起所有人的注意。因此，除了 1.2 米高平台上的浮雕之外，并没有其他雕塑装饰，浮雕描绘了潘多拉的诞生，众神各自赐予了她礼物。在诗人赫西奥德（Hesiod）所流传的神话版本中，雅典娜美化了潘多拉，并授予其有关织布机的知识，织布机是当时性别理想中最具女性特征的东西。这个神话展现在帕提侬神庙的特殊之处，只有将其置于让年轻纯洁的雅典女孩儿和未来的妻子认同潘多拉的情况下才能理解——雅典娜把这个女孩儿变成了一个准备好成为母亲和主妇的女人。相反地，这个神话起初的版本就说不通了——依照宙斯的命令创造出的潘多拉，其目的是惩罚人类，而且事实上最终引发了人类所有的邪恶心理和行为。

贯穿历史的神庙

纵观历史，帕提侬神庙类似于守护神神庙，具有保卫城市经济储备的重要功能。在希腊化和罗马化时期，它是不再拥有主权的城邦的象征，但它作为往昔文化典范

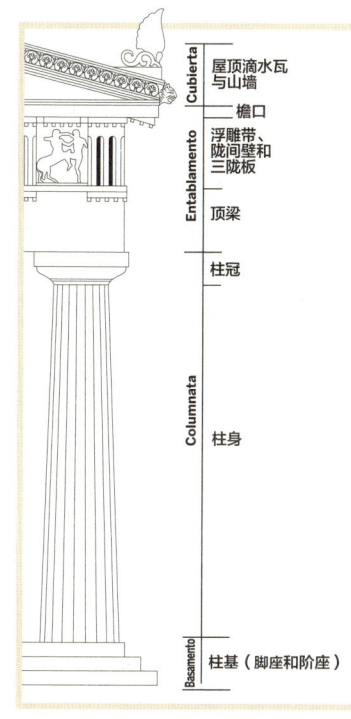

多立克柱式

它是最古老的古典建筑柱式。多立克式神庙的柱子结构包括柱基、柱身、柱顶和屋顶。柱基由脚座（安置柱子的地方）和阶座（脚座的两级光学放大）组成。柱子没有柱础。柱子的总高度最多是底径的 16 倍。柱身由堆叠的柱鼓组成，从上到下有 20 个凹槽，形成锋利的棱角。柱头是一个光滑的柱冠，由顶板（ábaco，棱柱部件）、拇指圆饰（equino，圆凸部件）和柱颈（collarino，装饰部件）组成。柱顶（entablamento）由光滑的部分（顶梁）、装饰的部分（浮雕带、陇间壁和三陇板）以及檐口组成。屋顶有雕画了线脚的山墙，在顶点和两端有装饰物。三角楣上通常有雕塑装饰。

的珍贵遗迹而受到尊重和景仰。对雅典娜的崇拜一直持续到公元前 435 年，这一年，神庙被狄奥多西二世皇帝下令关闭。后来，基督徒把它变成了一座教堂，献给圣母马利亚。他们在神庙内建造了一座基督教教堂，尽可能地利用原有的建筑，同时拆除不必要的东西。他们也从雕塑装饰中移除了异教的肖像。

在 15 世纪，奥斯曼土耳其人又把教堂变成了清真寺，最终被用作火药库。不幸的是，这座神庙于 1687 年 9 月 26 日被威尼斯人的大炮击中，对其结构和保存的雕塑造成了无法弥补的破坏。19 世纪初，埃尔金勋爵（lord Elgin）把剩下的少数文物带到英国，并把它们卖给了大英博物馆。持续的考古工作使我们今天看到的遗迹得到了保护，并将文物转移到了雅典卫城博物馆。考古挖掘和大量研究帮助人们更好地了解帕提侬神庙的各个方面，尽管许多有争议的问题仍然在学者中引发争论。

建设性的改进

为了使大家看到完美的建筑，人们对其进行了一系列的修正，包括引入细微的不规则形状，以纠正所谓的人类视觉感知缺陷。最明显的修正是柱座的轻微弯曲——

古典时期的雅典

长边的中心上升 11 厘米，短边的中心上升 6 厘米。底座的这种曲率从地基开始，向上过渡到整个建筑物。这一方法纠正了一种光学错觉，因为一个完全平坦的柱体看上去会显得中心下沉。柱子向顶部变窄；它们都向内倾斜（如果无限延伸，长边会在 2000 米处相交，短边会在 4800 米处相交），角落会稍微厚一点，离旁边的柱子更近（否则看起来会更薄）。这种微小的凸起被称为凸面（éntasis），也呈现在正殿的墙壁上。

在公元前 6 世纪的多立克神庙中已经出现了柱廊的凹凸感和弯曲感，甚至更明显。在公元前 5 世纪建造的其他卫城建筑中也能发现以上特征。但与众不同的是帕提侬神庙将这些要素进行了非常复杂的组合，使纠正变得难以察觉。为了消除直线和直角，并补偿所谓的透视失真，必须进行大量的数学计算，而所有的计算都达到了预期的程度。而且还需要将计算运用到墙壁石块和柱鼓的雕刻上，其结果可能是任何部分都不完全相同。因此，帕提侬神庙成为一个传奇，被收录在众多建筑手册中，其中包括伊克蒂诺斯本人写的一本。半个世纪后，罗马建筑师维特鲁威考察神庙后，在其《建筑》一书中不容辩驳地声称，如果不施加巧妙的欺骗，人类的眼睛就无法感知大型建筑的直线构造和完美表现。

这首先表明，帕提侬神庙的建筑理想是直线的。因此，感觉刚度较小而柔度较大，据说会使观者看到难以察觉的曲线，这很可能是一种现代人的欣赏观点。古人只讲求平衡与和谐。神庙还向我们表明，其建筑师（当然还有伯里克利本人）的目标是达到完美，尽管这可能会增加成本。很明显，这不是一个审美目标，因为在那个时代，正如我们所知的那样，艺术是为其他目的服务的。我们可以推定帕提侬神庙必须完美，因为它是雅典人用来祭拜女神雅典娜的。

山墙

毫无疑问，帕提侬神庙最令人印象深刻的是它的山墙。每面山墙（宽 28.8 米，高 3.4 米）都安装了 25 个比真人大的圆形人物，有些是坐着的，有些则站在背景中。部分人像从檐口突出，增加了作品的深度和戏剧性。在蓝色的背景上，似乎写着相对应的名字，尽管大多数人物是通过外部标志来识别的。它们都是彩色的，细节上的处理非常逼真。

黄金分割和正面视图

公元前 300 年,几何之父欧几里得发现了支配宇宙中所有美丽事物的黄金分割。帕提侬神庙的设计中也存在所谓的"神圣比例",其建筑师为了追求美丽,进行了精确计算的数学修正,以防止由于光学错觉而在人眼中造成建筑物中本不存在的缺陷。

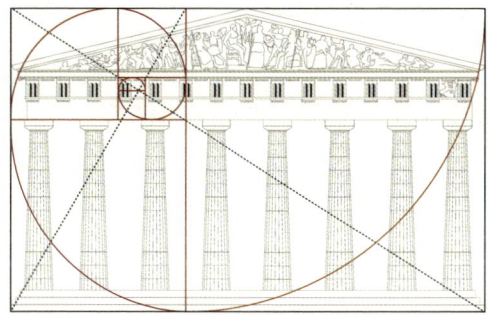

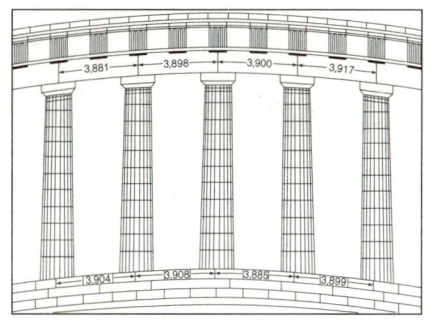

黄金分割　艺术家杰伊·汉比奇(Jay Hambidge)在帕提侬神庙中发现了黄金比例的对数螺旋。两条对角线在构成建筑物立面的矩形内相交,给出了主要的水平和垂直比例。因此,正面基座的长度是高度乘以黄金分割数(0.61803398…)。

光学修正　如果帕提侬神庙的线条完全竖直,柱间完全相等,人类的眼睛会看到屋顶和基座有轻微的弯曲,侧柱看起来更小。似乎有人试图消除这种感觉。

1687 年爆炸后幸存下来的遗迹证明了它的非凡品质。但只有一个人物保留了头部。此外,东山墙中间的人物于 6 世纪被基督徒拆掉,腾出空间来容纳他们在帕提侬神庙内建造的教堂的侧面。古代旅行家帕萨尼亚斯(Pausanias)的证据材料以及雅克·凯瑞(Jacques Carrey)于 1674 年依照当时仍完好的原型绘制的图画,为重建提出了一系列建议,但并没有形成最终的结果。后来,为了展示形貌,选择了雅典卫城博物馆的模型,并采用了卡尔·施韦泽克(Karl Schwerzek,1896 年)建议的多色性,该份建议如今保存在德累斯顿的阿尔贝蒂纳姆(Albertinum)博物馆中。

▼基于自然的艺术。帕提侬神庙的比例与自然界的许多元素遵循相同的模式——例如鹦鹉螺的螺旋形,它的螺旋线按照黄金比例增长。

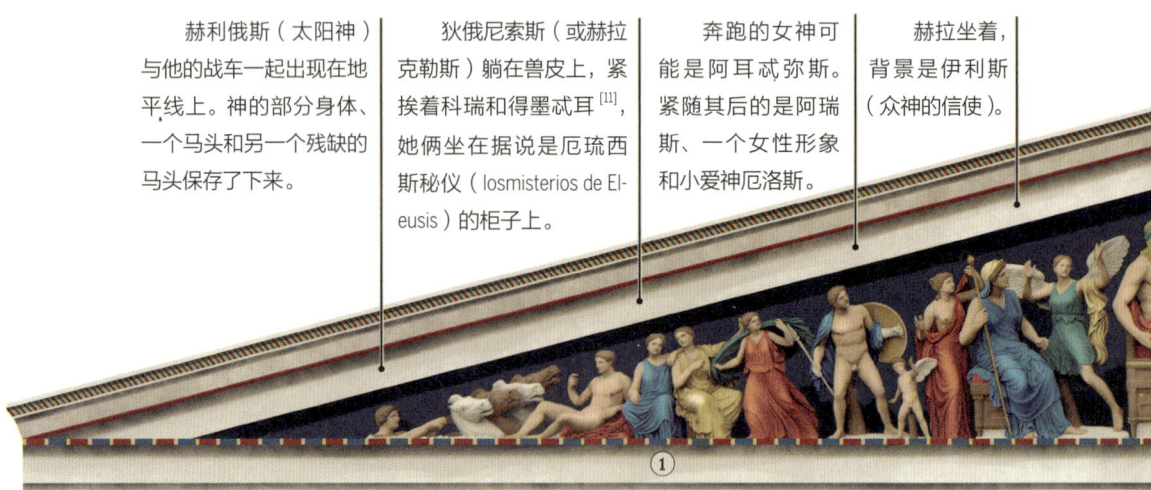

赫利俄斯（太阳神）与他的战车一起出现在地平线上。神的部分身体、一个马头和另一个残缺的马头保存了下来。

狄俄尼索斯（或赫拉克勒斯）躺在兽皮上，紧挨着科瑞和得墨忒耳[11]，她俩坐在据说是厄琉西斯秘仪（los misterios de Eleusis）的柜子上。

奔跑的女神可能是阿耳忒弥斯。紧随其后的是阿瑞斯、一个女性形象和小爱神厄洛斯。

赫拉坐着，背景是伊利斯（众神的信使）。

① 狄俄尼索斯与厄琉西斯秘仪 狄俄尼索斯神可能与科瑞（珀耳塞福涅）及其母得墨忒耳，即厄琉西斯秘仪的同伴一起出现。
🏛 雅典卫城博物馆

东山墙

　　这面山墙上几乎所有被保存下来的人物的身份，无论是局部还是细微处，都存在争议。此外，两位主要人物——雅典娜和宙斯——已经完全消失了。所描绘的场景发生在黎明时分的奥林匹

---

[11] 得墨忒耳（Demeter）是希腊神话中的谷物女神，在罗马神话中名为刻瑞斯（Ceres）。得墨忒耳的女儿叫珀耳塞福涅（Perséfone），对应的罗马名是科瑞（Core），原文中此处混用了希腊名和罗马名。——译者注

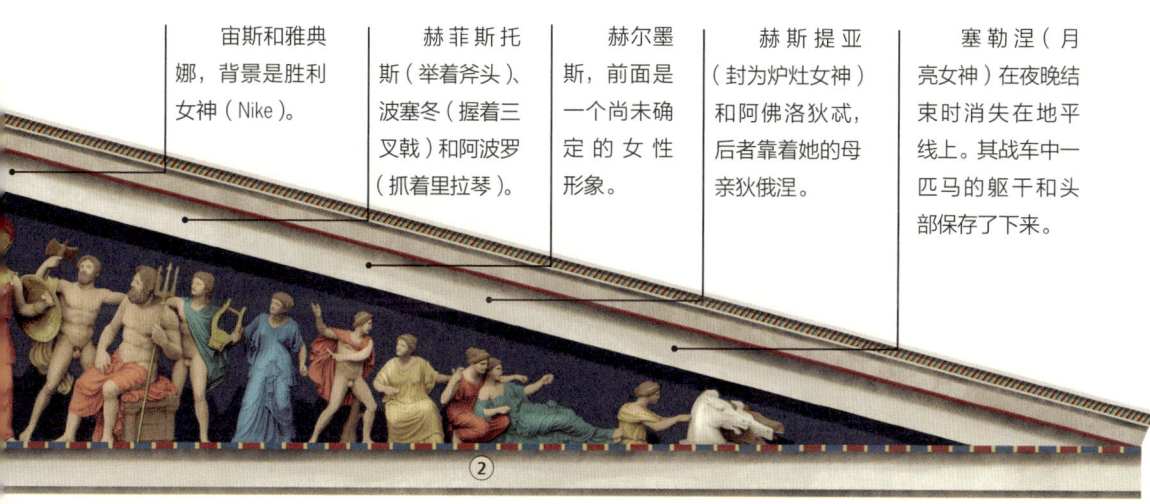

宙斯和雅典娜，背景是胜利女神（Nike）。

赫菲斯托斯（举着斧头）、波塞冬（握着三叉戟）和阿波罗（抓着里拉琴）。

赫尔墨斯，前面是一个尚未确定的女性形象。

赫斯提亚（封为炉灶女神）和阿佛洛狄忒，后者靠着她的母亲狄俄涅。

塞勒涅（月亮女神）在夜晚结束时消失在地平线上。其战车中一匹马的躯干和头部保存了下来。

斯山上，雅典娜在其他神的面前诞生。不可能展现所有神，也不知道选择标准，这使得我们对整体的解释更加复杂。

马匹和一个女性形象的痕迹让我们猜测，出现在最左边的是赫利俄斯（太阳神）的战车，而消失在右边的塞勒涅（月亮女

② **摩伊拉或阿佛洛狄忒**

之前被称为"命运三女神"[12]的组雕最近得到了一种新的解释，将这个性感斜倚的人物形象与女神阿佛洛狄忒联系起来，旁边相伴的是赫斯提亚和狄俄涅。

🏛 雅典卫城博物馆

[12] 摩伊拉是希腊神话中命运三女神的总称，传说她们是神王宙斯和正义女神忒弥斯的女儿。——译者注

神）的战车代表着黎明。据推断，赫菲斯托斯用他的斧头劈开了宙斯的头颅，让全副武装的雅典娜跳了出来，事实上，遗迹中出现的一个肌肉发达的躯干可能与这位神圣的铁匠相吻合。然而，应该提到的是，这一事实与希腊神话中一个普遍的说法不一致，即赫菲斯托斯是赫拉独自孕育而生的儿子，赫拉为了回应丈夫宙斯所生的雅典娜而用这种方式诞下赫菲斯托斯。因此，时间上的矛盾是显而易见的。赫菲斯托斯不可能在雅典娜之后来到这个世界，因为他曾帮助雅典娜出生。

保存下来的两个部分的戴披肩的女性形象被认为属于赫拉，在奥林匹斯山上，赫拉应该在她的丈夫宙斯身边。而在她的身边，人们推测可能会出现长着翅膀的伊利斯和由阿佛洛狄忒陪伴的小厄洛斯。但后来的研究推翻了这一假设，因为阿佛洛狄忒已经被确认在山墙的另一处。

菲狄亚斯的非凡技艺可以从整体左侧的一组三个人物看出，其中一个人物是躺着的狄俄尼索斯，其肌肉组织和比例超过了波利克里托斯（Policleto）的《执矛者》（Doríforo）[13]。在右边的另一组三个人物中，他在技术上也取得了卓越的成就，由于采用了"湿布"技术，使他能够在遵守裸体禁忌的同时展示女性的身体。同样地，在塞勒涅的一匹马的头部，他通过娴熟的解剖学处理手法，成功地表现出动物在拉了一整天车后的疲惫。

---

[13] 波利克里托斯，古希腊著名雕塑家和艺术家，主要活动时期是公元前5世纪后半期，在当时是与菲狄亚斯齐名的雕塑大师。代表作有《执矛者》《束发带的青年》《受伤的亚马孙人》等。——译者注

西山墙

在这面山墙中,少量保存了雅典娜的躯干和头部的残片、一个奔跑的女人的健美身体(伊利斯)、一个面向前方斜倚的男性身体(伊利索斯?)、一个男性和一个女性的身体交缠在一起,还有其他一些残片。似乎这面山墙的构造非常对称,雅典娜和波塞冬的身影相互交叉,伴随着他们各自的马车和战车。战车后面是神圣的信使赫尔墨斯和伊利斯。无法识别山墙中央背景中的雕刻,如果这个场景是重现雅典娜与波塞冬争夺阿提卡的那一刻,那背景中的可能是雅典娜发芽的橄榄树;但是,如果描绘的是这段神话的后续,当时波塞冬被比赛的结果激怒,威胁要用他的三叉戟引发洪水,那么展现的对象可能是宙斯为阻止洪水而发出的闪电。这两个场景可以在阿提卡的花瓶画中找到,这些画可能是这座山墙的灵感来源。

最大的困难在于识别其余人物。由于我们不在奥林匹斯山,而是在雅典卫城,我们希望找到与阿提卡特别相关的英雄和人物。左边可能是传说中的英雄刻克洛普斯,他的形象是一位身旁有蛇的老人,他的女儿阿伽劳洛斯用手臂环绕着他,还有刻克洛普斯的另外两个女儿潘德罗索斯和赫尔塞,她们是雅典娜为埃里克托尼奥斯找来的乳母。最后的两个人也可能是阿提卡的古代国王,尽管最普遍的看法认为他们是伊利索斯河和基菲索斯河[14]的化身。

山墙的右翼回应了所描绘的人物是雅典人的假设,但有一个新的解读认为,由于厄琉西斯加入雅典城邦是整个联合进程中最迫切和最重要的事件,因此雅典娜和波塞冬之间的争端可能反映了这种古老的二元对立。在这种情况下,山墙的那一翼原本是献给波塞冬的后裔厄琉西斯人的,有两个孩子的那个女人是墨塔涅拉,而少年特里普托勒摩斯则作为雅典人埃里克托尼奥斯成为厄琉西斯的对立面。

---

[14] 基菲索斯河也流经雅典平原,是希腊的母亲河。——译者注

传统上认为这是伊利索斯河[15]的化身，以奥林匹亚为对照，现在认为这个人物可能是阿提卡的一位国王。

神话中的雅典蛇王刻克洛普斯及其女儿阿伽劳洛斯。右边是刻克洛普斯的另外两个女儿和埃里克托尼奥斯（Erictonio）[16]，她们是埃里克托尼奥斯的乳母。

尼克作为胜利女神的化身，驾驶着雅典娜的战车。背景中是众神的使者赫尔墨斯。

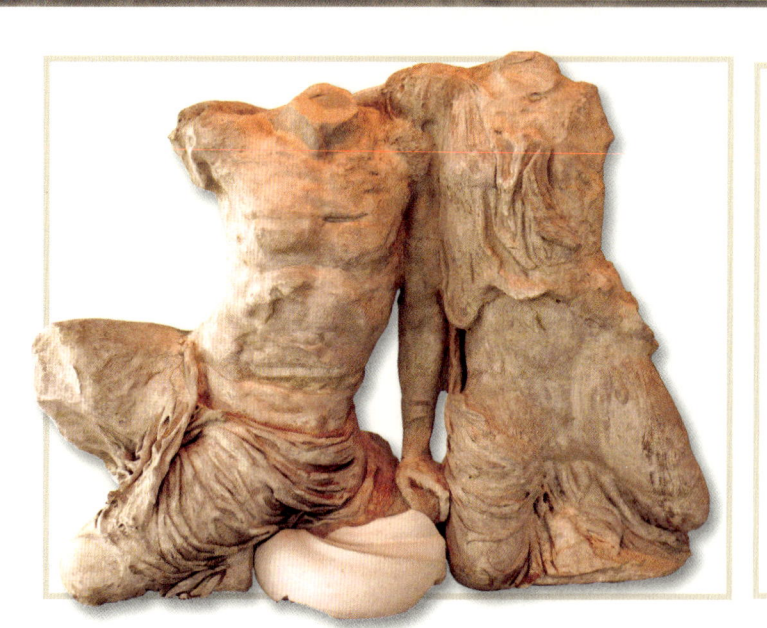

顶饰 帕提侬神庙屋顶上的126个彭特利库斯大理石顶饰中的一个，上面有螺旋形和棕榈形的装饰。古希腊神庙的习俗是用陶瓷制作顶饰，就像屋顶的瓦片一样，并把它们放在每行瓦片的末端。在帕提侬神庙中，它们被放置在屋顶瓦片行的末端。
🏠 雅典卫城博物馆

① **刻克洛普斯家族** 这个组合展现了神话中雅典的蛇王刻克洛普斯，可能与他的女儿阿伽劳洛斯在一起，她是刻克洛普斯家族的大女儿。
🏠 雅典卫城博物馆

陇间壁

帕提侬神庙的多立克浮雕带有92块陇间壁（metopas），雕刻于公元前442年至公元前437年。与山墙一样，这些陇间壁在希腊人的神话历史中具有说教的功

---

[15] 伊利索斯河是阿提卡的一条小河，流经雅典平原。——译者注
[16] 一种说法是，埃里克托尼奥斯是希腊神话中火与锻冶之神赫菲斯托斯和大地之神盖亚的儿子，半人半蛇，被盖亚遗弃后由雅典娜收养。——译者注

雅典娜和波塞冬。背景是雅典娜贡献的橄榄树。

波塞冬的战车由他的妻子安菲特里忒控制。背景是奔跑着的众神信使彩虹女神伊利斯。

1674年图画中一位坐着的女性形象已修复，她身旁有一对双胞胎，推测该女性为厄瑞克透斯的一个女儿奥瑞提亚。

最边上的两个人可能是欧律斯透斯（Euristeo）的已婚女儿克瑞乌萨和她的儿子伊翁，或普罗克里斯和她的丈夫刻法罗斯，在躲避黎明女神厄俄斯。

能，但最重要的是，它们将雅典作为希腊文化的真正代表加以推崇。为陇间壁装饰选择的主题使用这些方形空间来创造人物，其中也包括神的形象。

神庙的东、北、西三面都被基督徒用锤子砸碎，当时他们将神庙改为教堂，入口在北面。这可能挽救了南面的建筑，尽管其中间的部分和许多其他立面的外墙在爆炸中完全毁灭。

❷ **伊利索斯河的化身** 传统上被解释为流经雅典的伊利索斯河的化身。不过，他也可能是其国王之一。
🏠 雅典卫城博物馆

▲ **半人马** 拉皮斯人用盾牌保护自己免受半人马的攻击，半人马以大瓦罐作为临时武器（南侧4号陇间壁，专用于描绘半人马之战）。半人马受邀参加拉皮斯国王庇里托俄斯的婚礼，喝醉之后企图绑架女人。
🏛 伦敦大英博物馆

南面两端部分损坏的墙壁都幸存了下来，足以从其他方面辨认其主题。每一边都讲述了一个神话故事（提坦之战、特洛伊战争、亚马孙之战和半人马之战），其中希腊人代表了受到野蛮威胁的文明。在众神的帮助下，尤其是得到作为秩序保障者的雅典娜及其父亲宙斯相助，希腊人总能获取胜利。

在南面的陇间壁上，拉皮斯人—半人马组合占主导地位，但也出现了绑架拉皮斯女人的半人马。

▲ 陇间壁的彩色版本 南侧4号陇间壁的彩色复原。三陇板是蓝色的，陇间壁的背景色为白色。

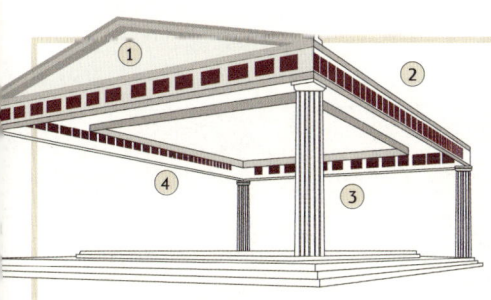

① **东面** 诸神与提坦巨人之战（Gigantomaquia），提坦试图袭击奥林匹斯山并摧毁宇宙秩序。

② **北面** 希腊人在东方史诗般的战争中与特洛伊人对峙。

③ **西面** 希腊人与亚马孙人之战（Amazonomaquia），这是野蛮人对希腊人威胁的象征。

④ **南面** 希腊人对抗半人马，半人马是人与马共生、狂野而睿智的战士族群。

陇间壁的复原

博物馆中保存的希腊或罗马雕塑不允许我们按照艺术家的构想来思考其原貌。其中大多数已经失去了色彩,且残缺不全,部分残片散落在不同的地方。幸运的是,一些原作完好时绘制的图画以及过去目击者的描述,对我们想象其原貌有无价的帮助。凭借我们现有的技术,可以通过整合上述数据和元素来可靠地重现原貌,并取得惊人的效果。

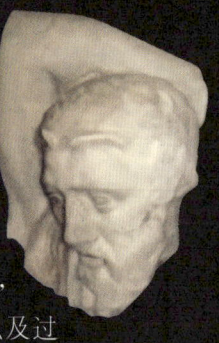

▲ 保存在哥本哈根国家博物馆的半人马头像。

1 残缺的陇间壁
在1687年的爆炸和长期的风化影响之后,现场发现陇间壁呈现残缺的状态。1802年,它被埃尔金勋爵拆除,然后卖给了大英博物馆,在那里与其他展品一起展出。

4 复原丢失的人像
这张图使我们有可能在三维复原中取得进展,增加了缺失的部分——拉皮斯人的右臂和腿,半人马的左臂、腿和尾巴,以及大瓦罐的其余部分。

5 拉皮斯人的披风
还添加了从右大腿下方露出的斗篷或披风的其余部分。左大腿上的一些痕迹表明它有明显的褶皱,可能是石膏。

2 整体扫描

通过三维激光扫描仪,哥本哈根国家博物馆从一名海员处获得的陇间壁残存部分(其中还包括两个头)恢复出陇间壁的外观。

3 对照保存的图画

1674年,艺术家雅克·凯瑞受诺恩泰尔侯爵(Nointel)的委托,手工绘制了爆炸前完好的山墙、浮雕和陇间壁。这些图画可用于再创作。

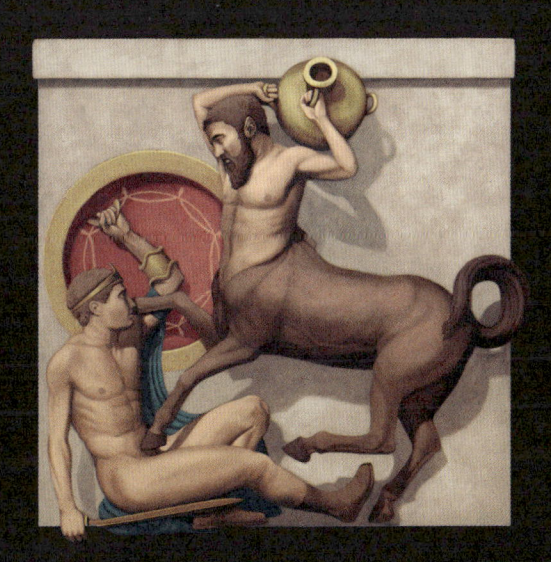

6 金属部件

拉皮斯人头部的一个洞和一个凹槽表明他戴着一个金属头饰,可以通过这一设想来复原。很明显,他右手握着一把剑。

7 彩色加工

如此复原非常合理,这两个人物充满了生命力和戏剧性,尽管它强调了人体与马身结合所产生的奇怪感觉。

■ 古典时期的雅典

▶罗马时期（公元2世纪）的彭特利库斯大理石祭祀雕塑，与菲狄亚斯的原作形状相同（高1.05米）。

🏛 雅典考古博物馆

雅典娜·波利亚斯（Atenea Parteno）[17]是一座巨大的黄金与象牙雕塑

高11.5米，包括一个1.2米的基座——木制框架内衬有青铜板，上面满满覆盖着黄金、象牙和宝石。所用的1150公斤黄金是神庙宝藏的一部分，在需要时可以拆卸。象牙被切成薄片，用化学物质软化，使其呈现手臂和面部所需的形状。伴随她的是一个约2米高的胜利女神形象和一条代表她的儿子埃里克托尼奥斯的蛇。

[17] 意为"城市女神"。——译者注

奥林匹斯女神雅典娜

雅典娜女神在希腊神话中无所不在,她的四个神话在公元前5世纪的雅典尤为重要。

第一个神话与她的出生有关。宙斯在使墨提斯(智慧女神)怀孕后吞下她,并将胎儿转移到自己的头上。他的女儿雅典娜全副武装地从他的头部出来,发出战斗的呼喊。雅典娜也继承了母亲的谨慎精神,用自己的武艺为宙斯主持的正义秩序效力,并独自或作为英雄们的导师行事。

第二个神话是她参与了提坦之战。这个神话的重要性证据是这个场景被绣到了新的佩普洛斯长裙(peplo)上,这种长裙是雅典崇拜和仪式中献给雅典娜最重要的祭品。同样的神话也出现在帕提侬神庙正门东侧的陇间壁上。

第三个神话关于她与波塞冬争夺阿提卡的统治权。在雅典城的起源故事中,雅典娜和波塞冬竞争成为阿提卡领土的保护神。波塞冬用三叉戟把盐水带到卫城,而雅典娜则种下了第一棵橄榄树。由于众神认为第二份礼物更有用,他们判定雅典娜胜利。然而,关于这场比赛的故事还有其他版本,而且在雅典娜神庙的主踏板中央看到波塞冬的身影也是令人惊讶的。因此,人们怀疑这个神话来自公元前5世纪雅典的演绎,它实际上是为了促进海神成为雅典的领导神,而不是听命于雅典娜。这是有原因的:一场海战成功地打消了波斯人的威胁;一个海洋帝国确保了雅典人对希腊人的政治和经济霸权;最后,雅典议会中最活跃的公民是桨手。

第四个神话关于她作为处女母亲的身份。赫菲斯托斯试图与雅典娜结合,但被拒绝,精液落到了地上。九个月后,女神盖亚(大地)生下了一个孩子,并把这个孩子送给雅典娜作为她的儿子。这个有父亲在场的场景经常被描绘在当时的阿提卡花瓶上,因为它以一种没有渗透的母性升华了女性的性别角色。小家伙埃里克托尼奥斯

> 古典时期的雅典

菲狄亚斯——帕提侬神庙雕塑工程的大师

　　菲狄亚斯是雅典的雕塑家、画家和建筑师，出生于公元前490年左右。普鲁塔克认为他在整个雅典卫城的工程中发挥了重要作用，因此他得到了伯里克利的尊敬。菲狄亚斯同时也在奥林匹亚工作，因为在那里发现了他的工作室，以及一只以其名字命名的花瓶。雅典人指责他偷存了雅典娜黄金像的黄金，还诟病他不虔诚，因为他把自己和伯里克利的脸刻在了女神的盾牌上。在古代，他被认为是伟大的希腊雕塑家，就像荷马在诗歌历史中的地位一样。虽然有其他雕塑家在表现人体（男性和女性）方面超过了他，但没有人能够像他那样在拟人化的形象中体现出神性的光辉，也没有人敢于像他那样使用所有已知的技术。他为奥林匹亚建造的黄金宙斯像被列为古代七大奇迹之一；而他在卫城的三座雅典娜雕像中，为列姆尼人的祭礼制作的那座雕像似乎是最美的。但这些作品据说只能从罗马的仿制品和古代的描述中被世人得知。

▲ **菲狄亚斯**　正如让·多米尼克·安格尔（Jean-Dominique Ingres）[18]在1827年左右潜心绘制画作《荷马被神格化》（Apoteosis de Homero）时想象的那样，古代人物这样表现比较常见，这里传递的雕塑家形象并不依照可靠的肖像，而是对传统图像的反映。
🏠 圣地亚哥艺术博物馆

---

[18] 让·多米尼克·安格尔（1780—1867），出生于法国蒙托邦（Montauban），新古典主义画家、美学理论家和教育家。代表作品有《大宫女》《土耳其浴室》等。《荷马被神格化》也称为《荷马封神》，把荷马这位古希腊著名诗人表现为一位神祇，神话人物胜利女神为他加冕月桂王冠。——译者注

（生于大地）认为自己就是英雄厄瑞克透斯。雅典人因此强化了他们的本土神话，并加入了他们是雅典娜和赫菲斯托斯后裔的神话。

多面的神性

雅典娜·波利亚斯（住在卫城，城市的守护者）是一个古老的宗教崇拜形象，一种具有传奇起源的护身符。雅典人在面对波斯的威胁撤离城市时带走了她。据说她换了衣服，戴了珠宝；据推测，她在庆典中被用作活动的塑像。她右手可能拿着一个烧瓶、一个深盘，左手托着一只小猫头鹰，这是她的标志性动物。她住在厄瑞克透斯，她在那里的泛雅典人节宴会上接受了佩普洛斯等祭品。

但在公元前5世纪，雅典人从不同的角度理解他们的守护神。各种雅典娜在形象上彼此区别开来，尽管她们总是看起来全副武装。帕特诺斯（处女）的穿着和发型像科拉伊（korai，意为"少女"），向尼克（胜利女神）显现。她的贞洁象征着城墙的不可侵犯，她试图保证这一点。普罗马科斯（前线战士）经验丰富，她愿意保护卫城山门，这座山门从海上就能看到，跟雅典娜胜利女神的小神庙在一起。人们认为雅典娜·埃尔贡（Ergane，意为"工艺女神"）用勤劳和智慧发明了最能代表文明的家庭和手工技术的犁、织布机、帆船、桨、陶器和铸造技术，她甚至还发明了马的缰绳，这些为她赢得了"希皮亚"的绰号。因此，她与神圣的铁匠赫菲斯托斯和海神波塞冬还有战神阿瑞斯重叠。但当他们以力量的钥匙统治这些领域时，她以智慧的钥匙统领。在雅典，性别宗教并不完全是性别歧视。众神之父宙斯从制度上代表了人类的文明生活，但帮助文明生活成为可能的神是他的女儿雅典娜。

■ 古典时期的雅典

雅典娜的盛大典礼

环绕着帕提侬神庙的内部浮雕带异常生动地描绘了公元前5世纪雅典人生活的一个重要时刻——泛雅典人节（Panateneas），每年在"百年大祭月"（Hecatombeo）的第28天（7月和8月之间）庆祝。节日中游行队伍为女神献上祭礼，包括一件长裙（佩普洛斯）以及各种祭品和一百头祭祀牛。游行队伍从接近城市郊区的陶瓷区开始，上行到卫城，并在神庙结束。据传说，节日典礼还伴随着骑兵游行和战车比赛。该浮雕带以两个平行的顺序描绘了游行的所有阶段，从西侧的骑兵和战车队伍开始，沿南北两侧进行，直到在东侧的立面相遇，朝圣者在那里向神灵献上他们的祭品。根据雅克·凯瑞的绘画，浮雕带也得以复原。

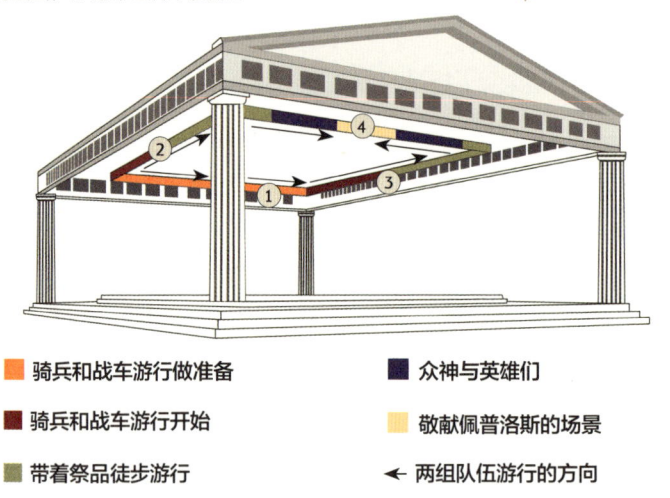

■ 骑兵和战车游行做准备　　■ 众神与英雄们
■ 骑兵和战车游行开始　　　■ 敬献佩普洛斯的场景
■ 带着祭品徒步游行　　　　← 两组队伍游行的方向

泛雅典人节的浮雕带

这是一个160米长的连续的爱奥尼亚式浮雕带，它取代了最初计划的带有三个陇板和陇间壁的多立克式浮雕带。这些石块呈长方形（宽60厘米，高120厘米），从公元前438年开始在脚手架上进行浮雕。该建筑的80%被保存了下来，还有建筑被炸毁前的图纸。从外面看，那些柱子阻碍了观看者对浮雕带的连续浏览；而从围廊的内部看，离地面12米的高度意味着观看者的脖子必定过度紧张。有人认为，这是一种祭祀浮雕，就像那些已知的来自私人的浮雕，但在雅典人的演示中这是献给神的，而不是献给人的。菲狄亚斯的设计由几个雕塑家团队同时进行。

① **西面浮雕带**

🏛 **伦敦大英博物馆**

可以看到两位骑兵，一名少年（无胡须，留着长发，脖子上系着一件简单的斗篷）和一名成年男子（穿着短袍，留着雅典公民特有的头发和胡须）。

② **南面浮雕带**

🏛 **伦敦大英博物馆**

三个年轻人试图控制一头牛，而牛却拒绝服从。泛雅典人节中一百头牛的祭祀是对神的尊重，而且吃这些牛的肉会使人变得神圣，这些肉在雅典的十个部落中分发。

③ **北面浮雕带**

🏛 **雅典卫城博物馆**

三个披着长斗篷的年轻人肩扛着装有祭祀用水的大瓦罐，而第四个年轻人把自己的那罐水放在了地上。细节的多样性巧妙地打破了画面的单调。

④ **东面浮雕带**

🏛 **巴黎卢浮宫博物馆**

六位女性从东北侧带领游行队伍。她们身着佩普洛斯，肩上挂着轻纱。她们手持用于祭礼的物品。两名男性在祭礼中协助并指导她们。

■ 古典时期的雅典

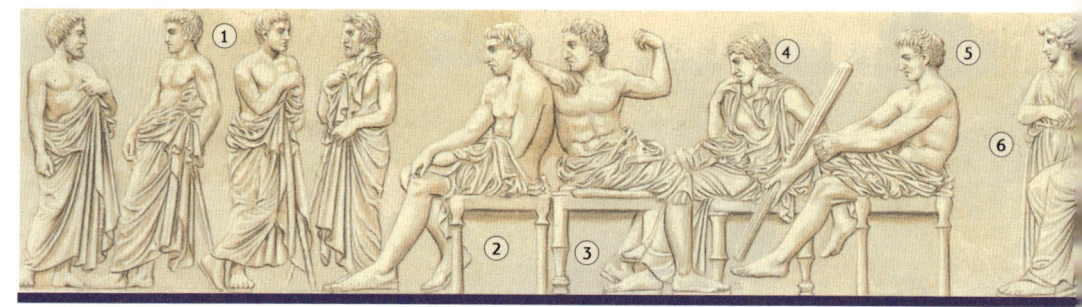

奥林匹斯山众神和名祖[19]　标注①的是十位名祖中的四位,信使伊利斯或胜利女神⑥,其他几位依次是赫尔墨斯②、狄俄尼索斯③、得墨忒耳④、阿瑞斯⑤、赫拉⑦和宙斯⑧。

奥林匹斯山众神和名祖　波塞冬⑬、阿波罗⑭、阿耳忒弥斯⑮、阿佛洛狄忒⑯以及厄洛斯⑰。接下来是十位名祖中的另外四位:假设的雅典国王刻克洛普斯二世⑱、埃勾斯⑲、潘狄翁⑳和厄瑞克透斯㉑。

佩普洛斯的敬献仪式

　　东面浮雕带的中央场景被认为是代表了雅典娜的新佩普洛斯的敬献仪式,这也是泛雅典人节庆典的高潮。这件佩普洛斯长裙如斗篷大小,上面绣有女神在提坦之战中的场景,在游行中,它被展示在一艘船的桅杆上。左右两边坐着十二位奥林匹斯主神,他们的身份很清楚。侧面的男性人物可能是作为部落的

---

[19] 给部落、民族、城市、时期等命名的英雄或人物。——译者注

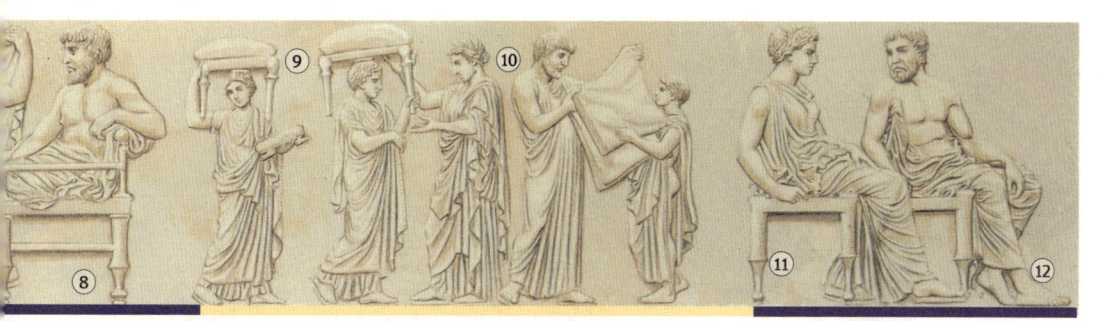

佩普洛斯的敬献仪式 左边的两个人物可能是"提篮女孩儿"⑨。然后是一个女祭司和一个司礼官⑩。

奥林匹斯众神 雅典娜⑪和赫菲斯托斯⑫。

司礼官和游行的女性 （携带具有特色的仪式工具）一种香炉架㉒、用于饮酒的罐子㉓和深盘㉔。

主要名祖（雅典神话中的国王）或作为雅典公民出现。

这些浮雕使研究者提出了许多问题，也做出了各种解释。它们可能是一年一度的泛雅典人节或大泛雅典人节（每四年一次的雅典主要节日的扩展版本），也可能是以一种通用的方式表现出来的；另一种假设指向第一个神话中的泛雅典人节（由厄瑞克透斯或埃里克托尼奥斯创立）或纪念马拉松战役的泛雅典人节（可以数出192名士兵，恰好与雅典人阵亡人数相吻合）。它也可能是与帕提侬神庙的建造同时进行的泛雅典人节（这是颂扬雅典人民的一种方式）。

浮雕带的多色性

构成浮雕带的370多个人物和神像、200多匹马、祭祀用的动物和战车都在抛光的五彩大理石上进行了全面而精美的多色性处理，就像爱奥尼亚式冠冕的造型。正如这个拟议的复原计划中所显示的那样，为了更好地区分人类和马匹的所有细节，使用了对比强烈的颜色。蓝色的背景突出了深度感。然而，在这种严重偏向古典主义的实践中，人物的多色性已经失去了以往的装饰功能。梁格结构是光滑的，因为其折叠的细化是为了突出浮雕，同时使身体的形式清晰可见，这与要求边框和图画表面光滑是不相容的。基本的颜色甚至通过添加白色来调和，使其不那么花哨，有利于新的明暗对比。

希腊和罗马的大理石通常会保留多色的痕迹，但也会用漂白剂进行清洗，以去除在欧洲古

▲ **骑兵**（北面浮雕带）。帕提侬神庙雕塑中的骑兵展示出战士的优越性，而雅典的军事力量主要由重装步兵和桨手组成。

🏛 伦敦大英博物馆

典主义的观念中玷污大理石崇高白色的东西。此外，在古代，最高质量的大理石和良好的抛光被认为是雕塑传达生命所需的理想的多色性处理。画家的工作与雕塑家的工作相结合，才是对杰作的认可。通过扫描和 X 射线技术，有可能恢复不再可见的颜料痕迹，使我们找到其原始颜色。在其他情况下，这些颜料可以通过它们在消失前对大理石提供的不同类型的保护来识别。这是一项非常细致的工作，有时会出现有争议的结果，而且它只能恢复基本的颜色。深浅不一的阴影必须在现存几幅画的基础上进行重塑。只有这样，才有可能了解当时希腊人的所见所闻以及他们与所谓的造型艺术的真正互动。

■ 古典时期的雅典

厄瑞克透斯神庙

厄瑞克透斯神庙实际上是一组巧妙融合的宗教建筑。公元前480年被波斯人摧毁的雅典娜·波利亚斯神庙的废墟是这个建筑群的一部分，周围环绕着一堵墙。这个建筑很可能是伯里克利的功劳，而那位不知名的建筑师是伟大的穆内西克莱斯（Mnesicles），他承担了一个非常困难的挑战，建造这个神庙和卫城山门的情形一样，一方面缺乏以前的模型，另一方面又需要保留早期的元素以及地形的特点。它建于公元前421年至公元前406年——伯罗奔尼撒战争的和平时期。它是雅典娜·波利亚斯、波塞冬、厄瑞克透斯和雅典神话中厄瑞克透斯的父亲赫菲斯托斯的崇拜场所。西侧的附属建筑是一堵围墙，其中包括雅典第一任国

▶ 复杂而精致的平面厄瑞克透斯神庙西立面的当前视图，显示女像柱门廊的一侧和北门廊的一侧。前景是潘德罗索斯的围墙。

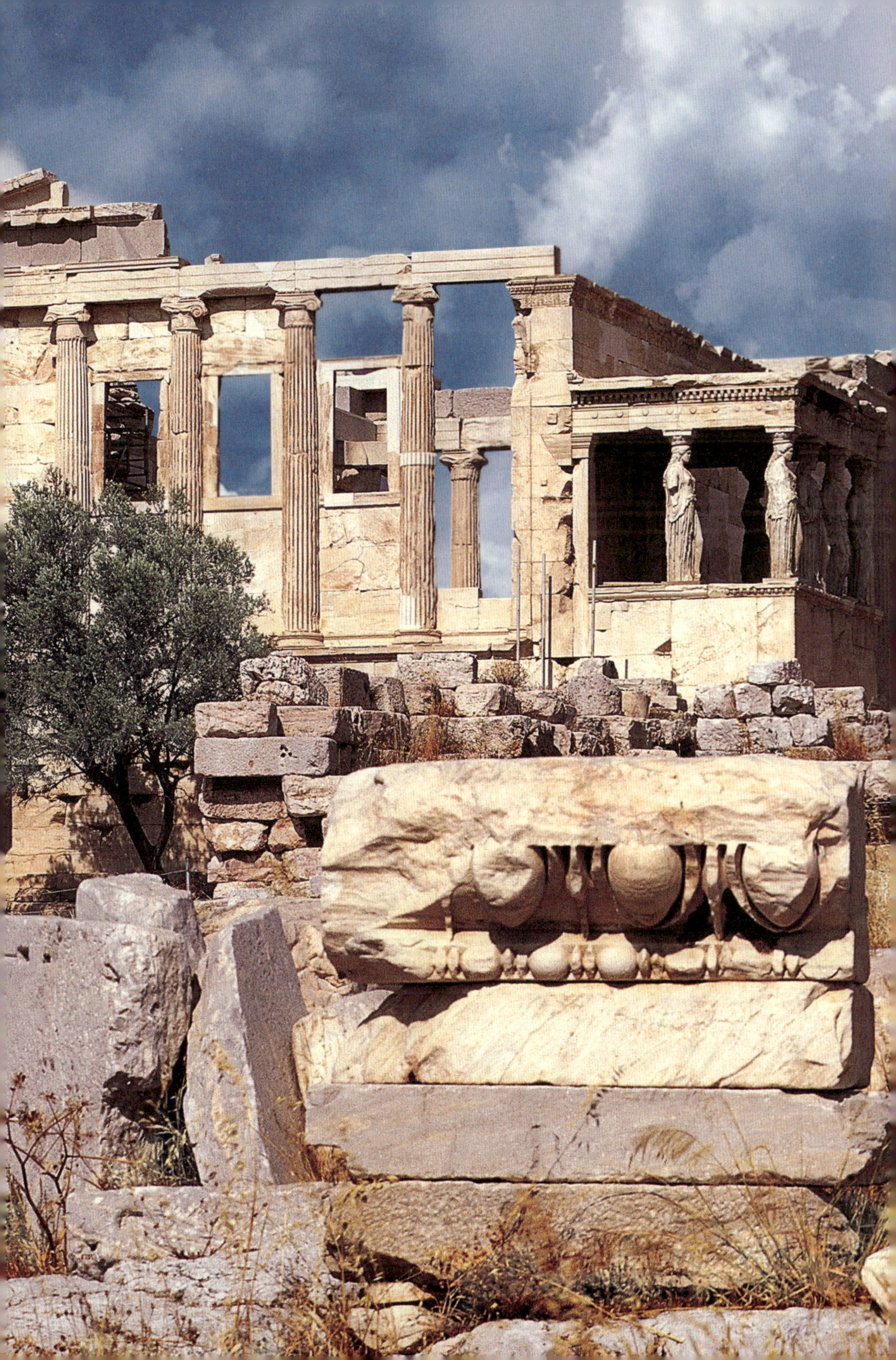

古典时期的雅典

王刻克洛普斯的陵墓（他拥有人的身体，蛇的尾巴。他的一个女儿潘德罗索斯是埃里克托尼奥斯温顺的乳母），还有雅典娜种下的神圣橄榄树，这棵橄榄树在被波斯人摧毁后成功再生，树枝下有一个祭坛。

厄瑞克透斯神庙的首要目标是以一种更奢华的方式容纳受人尊敬的雅典娜·波利亚斯的塑像，在她的神庙被毁后，该塑像被保存在一个小礼拜堂中。似乎是把它放在了一个通过东侧门廊进入的小礼拜堂里，门两侧有两扇窗户采光。一堵南北向的实心墙将这个小礼拜堂与另一个有两个入口的小礼拜堂隔开，主要入口在北门廊，由于地势不平，这个入口的高度要低很多。它的西面，也就是从卫城山门看到的那一面，看起来像宫殿的正面，有四根半柱子连接在第二层的反面，靠在挖了一个门洞的实心墙上。现在人们知道，罗马人在改建神庙的过程中，在柱间和栅栏上设置了窗户，在中世纪时期照明依靠南北两侧的五个小窗。南侧有一个门廊，即女

❶ 东立面　东门廊有六根爱奥尼克柱，顶部是山墙，可通往内殿，内殿设有雅典娜·波利亚斯的小礼拜堂和祭品殿，祭品中包括女神在大泛雅典人节期间获得的新佩普洛斯长裙。"提篮女孩儿"是两个贵族少女，她们在雅典卫城要度过六个月，参与佩普洛斯的缝制。

雅典娜·波利亚斯的内殿。构成神庙双内殿的东部。从外面看不到对支撑必不可少的厚中间墙。

传说中宙斯的雷霆击中厄瑞克透斯的印记。在卫城的岩石上，通过神庙的阶梯平台可以看到。

❷ **北立面** 由于地形的高差，这个入口位置比东侧入口低，并配了一个带有六根爱奥尼克柱的大型四柱门廊（正面有四柱）。

❸ **女像柱门廊** 位于南侧，这个门廊实际上是一种从神庙内部进入的高台。它可能是厄瑞克透斯女儿们的纪念碑。

❹ **潘德罗索斯围墙** 神庙被一堵墙包围着，墙内包括刻克洛普斯虔诚的女儿（埃里克托尼奥斯之乳母）的礼拜堂，刻克洛普斯这位神话般的雅典开邦君主的墓祠，以及神圣的橄榄树。

波塞冬厄瑞克透斯内殿，供奉赫菲斯托斯和当地名祖布特斯和潘迪翁。它包括岩石地上的一个洞，上面有波塞冬三叉戟的标记，还有一个曾作为埃里克托尼奥斯藏身处的蛇洞。

雅典娜种下的神圣橄榄树，据说在被波斯人摧毁后重生。

潘德罗索斯小礼拜堂，雅典娜将埃里克托尼奥斯托付给潘德罗索斯及其姐妹阿伽劳洛斯和赫尔塞，由她们来照顾。

爱奥尼亚式浮雕带位于双内殿和北门廊周围。展示了厄瑞克透斯和埃里克托尼奥斯有关的神话。涉及雅典娜、赫菲斯托斯和波塞冬。仅保留了片段，无法进行全面重建。

像柱[20]门廊，可以通过一个楼梯从里面进入。这与被毁坏的雅典娜·波利亚斯神庙的围墙融为一体，该神庙有一个露天祭坛，作为整个建筑群的圣殿。

厄瑞克透斯神庙的多次改建使我们无法知道其内部空间是如何构造的，特别是西面的内殿，它似乎建在古代厄瑞克透斯的城邑。这里保留了波塞冬的三叉戟激起盐水涌出卫城时留下的痕迹，从北门廊可以看到宙斯的雷电击中厄瑞克透斯的痕迹，以及阿伽劳洛斯和赫尔塞（另外两个乳母）不服从雅典娜的命令，打开小埃里克托尼奥斯藏身的篮子和让他逃走时经过的蛇洞，都保存了下来。还留下了崇拜雅典家族的名祖布特斯（Butes）的痕迹，他垄断了雅典娜和波塞冬的祭司职位，应该还参加过阿尔戈英雄的远征。

雕塑装饰

神庙的立面采用了古典爱奥尼亚风格，其柱顶由顶梁、连续的浮雕带和屋顶所依靠的檐口组成。山墙缺乏雕塑装饰，而北门廊的顶梁则做工精致。相连的浮雕带是由大理石和多色材料雕刻的人物和群体组成的高浮雕。他们被嵌在深蓝色的厄琉西斯石灰石背景上，这样就省去了那种特别昂贵的绘画颜料。主要场景在阿提卡陶器中很有名，可能描绘了雅典娜认养埃里克托尼奥斯为儿子的场景，雅典娜从大地女神盖亚的怀抱中接过他，而盖亚用赫菲斯托斯的精液孕育了他。还有成年厄瑞克透斯的神话，以及他们各自后代的神话，神庙中极可能已完成了这个主题。

---

[20] "女像柱"，希腊语称为"卡利亚蒂德"（Caryatid），意思是"卡利亚的少女"。——译者注

女像柱门廊

它是雅典卫城最著名,也是最神秘的标志之一。它并没有装饰在建筑物的入口处,而是建在一个石台上,离地面有相当的高度。六个女性形象构成高约2.28米的女像柱,分成两组对称地支撑着屋顶,分别用不同的腿承受身体的重量。她们的头发和发饰都经过精心加工,在整体统一的基础上有轻微的个体差异。她们是整个建筑群中最丰富的装饰元素,但她们只有在雅典娜·波利亚斯神庙的围墙内才能看到,这表明这六个人物与围墙内的一些庆祝仪式有关。但她们的真正含义是什么?

在关于厄瑞克透斯的记录中,这些人物被标记为科拉伊("少女"),与其长及腰部的头发相对应(科拉伊也是两个女像柱的名字,她们支撑着公元前525年左右在德尔斐建造的锡弗诺斯人宝库的入口门廊)。希腊人早在古典时代就把这些支撑物命名为"卡利亚蒂德",似乎是源于伯罗奔尼撒半岛卡利亚城的阿耳忒弥斯·卡利亚蒂斯(Ártemis Cariatis)崇拜中的舞者,她们也是科拉伊。维特鲁威记录了一个较晚的、未经证实的传说,说的是在希波战争时期被雅典人俘虏的一些卡利亚妇女,她们被描绘成"穿着长袍,显然承受着沉重的负担,作为对其人民与波斯人勾结的赎罪"。此外,公元前4世纪的一位作者声称,埃里克托尼奥斯的六个女儿被称为帕特诺伊("处女"),即科拉伊;她们以这个名字获得荣誉。另一个值得注意的事实是,另外两个门廊的柱子还有西立面的半柱(如果也算在内)加起来有六根。

圣殿的神话

最近,对欧里庇得斯的悲剧《厄瑞克透斯》(与厄瑞克透斯神庙建造工程同时代)残存片段的研究,使我们能够重现其情节,这有助于我们理解整个建筑的意

■ 古典时期的雅典

义。波塞冬曾是雅典卫城第一个接受崇拜的神，但雅典娜用橄榄树这一无法抗拒的礼物推翻了他——雅典人的第一个国王刻克洛普斯向众神表明，橄榄树是比波塞冬的咸水泉更好的礼物。然后，水神之子、当时的厄琉西斯国王欧摩尔波斯自称为父报仇，率军攻打雅典。厄瑞克透斯从德尔斐的神谕中得知，只有牺牲一个女儿，他才能在肉搏战中击败欧摩尔波斯。在妻子普拉克西提亚（Praxitea）的帮助下，他胜利了，但也失去了两个女儿——她们不得不自杀，因为她们承诺不会比姐姐长寿。然而，欧摩尔波斯的死再次激怒了波塞冬，尽管宙斯试图通过用雷电击打厄瑞克透斯来弥补，但波塞冬还是威胁要引发地震，摧毁雅典。

在这部作品的最后，雅典娜向忧郁的普拉克西提亚提出了最终的

▶ 女像柱。雅典卫城博物馆展示了五件原始雕像，从各个有利位置都可以详细看到。第六件由埃尔金勋爵移至伦敦，现藏于大英博物馆。

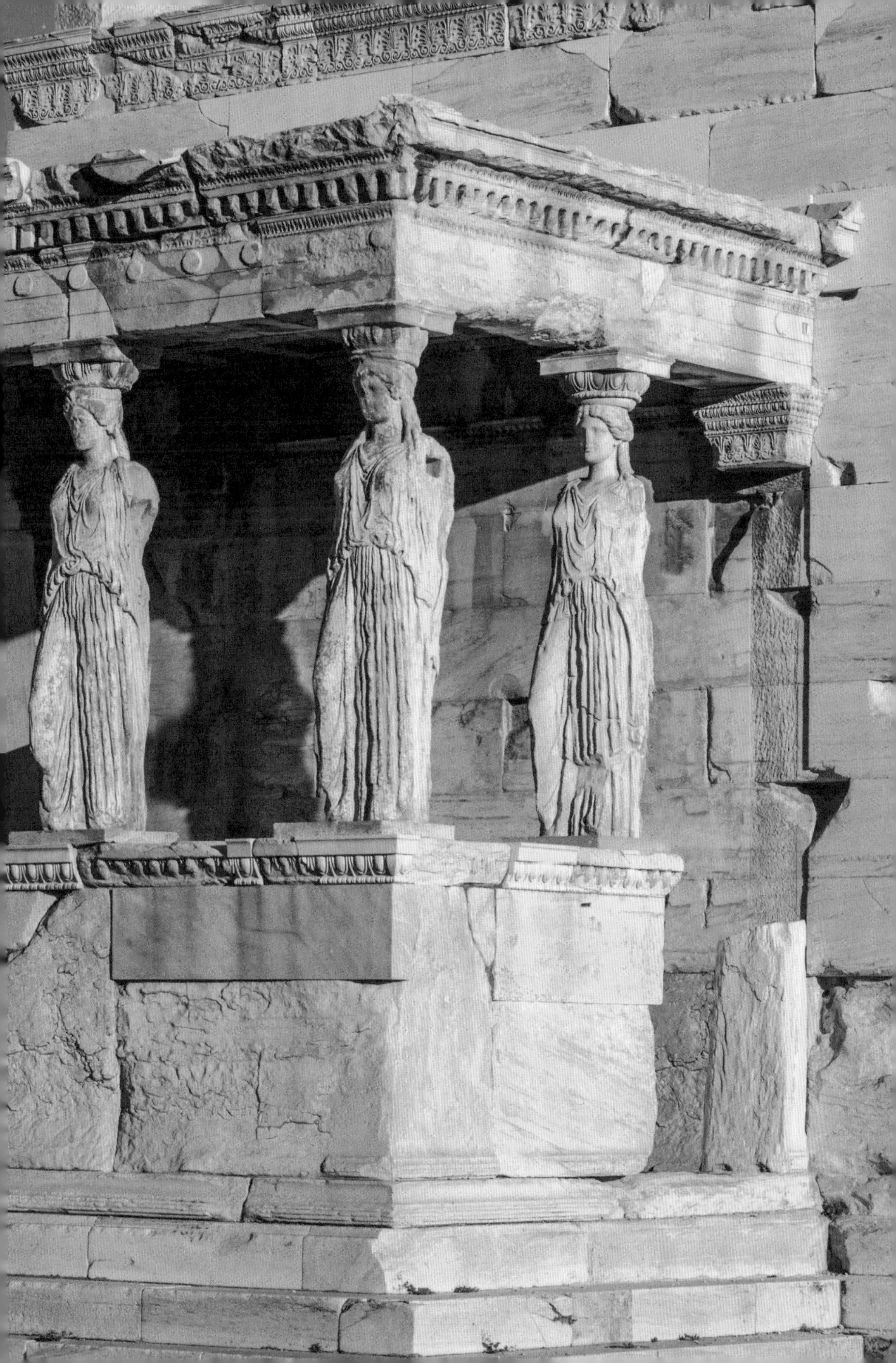

■ 古典时期的雅典

解决方案——那些为拯救雅典而死的女儿们跻身于众神之列，将在一年一度的节日中受到膜拜，而厄瑞克透斯将在卫城上建造一座石庙，但是波塞冬将以波塞冬·厄瑞克修斯的名义在那里接受崇拜。因此，伯里克利计划建造的神庙，一方面是为了重新安置古代雅典娜·波利亚斯，另一方面是为了用适应新时代的方式复兴对同样古老的厄瑞克透斯的崇拜。厄瑞克透斯对孩子埃里克托尼奥斯的认同使这个"生于大地"的人成为雅典娜和赫菲斯托斯的儿子。他保卫雅典反对欧摩尔波斯的行动使他失去了生命，但最终却成为英雄，与波塞冬和解，并与波塞冬共同接受崇拜。他为祖国牺牲的三个女儿与其他三个女儿一起参与其中，他的女儿们在各自的神话中对雅典也很重要。

头发处理得很精致。与科拉伊的形象相吻合，这些未婚女孩儿编着长长的辫子，辫尾披在背部和领口之间的位置。

① **爱奥尼亚式门廊** 卡利亚蒂德的门廊如果真是一个门廊，可视为一个柱式门廊，六根柱子由女像柱代替。

作为柱子，厄瑞克透斯神庙的女像柱通过用作柱头的拱顶花边（cymacio）支撑门廊的屋顶。

多立克的羊毛长袍（不像爱奥尼亚的亚麻长袍），虽然有垂饰，但允许使用"湿布技术"来雕刻女性的身体。

女像柱的每一位少女都在左手或右手抓着一个深盘，这是一种稍凹的祭品盘，作为参与仪式的独特标志。

②**六位少女** 这些女孩儿的原型可能是雅典神话中最重要的国王厄瑞克透斯的六个女儿，但她们的身份仍然是谜。

③**门廊的基座** 这一部分在整个建筑的结构上似乎是必要的。它可能是在第一阶段建造的，当时的战争还没有迫使工程缩减。

■ 古典时期的雅典

卫城山门和雅典娜胜利女神神庙

直到公元前5世纪中叶,通往卫城的坡道可能都是用泥土铺就的,长80米,宽10米。伯里克利推动的一项新工程将宽度加倍,据说是为了容纳泛雅典人节盛大游行的观众。它也被铺上了路面(带有某种类型的凹槽以防止打滑),从而将它整合到由卫城山门和雅典娜胜利女神神庙形成的巨大建筑群中。建筑师穆内西克莱斯设法克服了地形的影响,在卫城的那个区域,构造多达六个不同的层次。这是一个具有建设性的大胆而出色的奇迹。

希腊语中的"propylaion"一词特指一座带有大厅的建筑,位于门前。就卫城而言,这个词是复数,因为它是一个有入口和出口的宏伟建筑群。在最初的工程中,卫城的

▶ 雅典卫城宏伟山门的当前视图,右侧是所谓的艺术画廊,左侧是雅典娜胜利女神神庙。

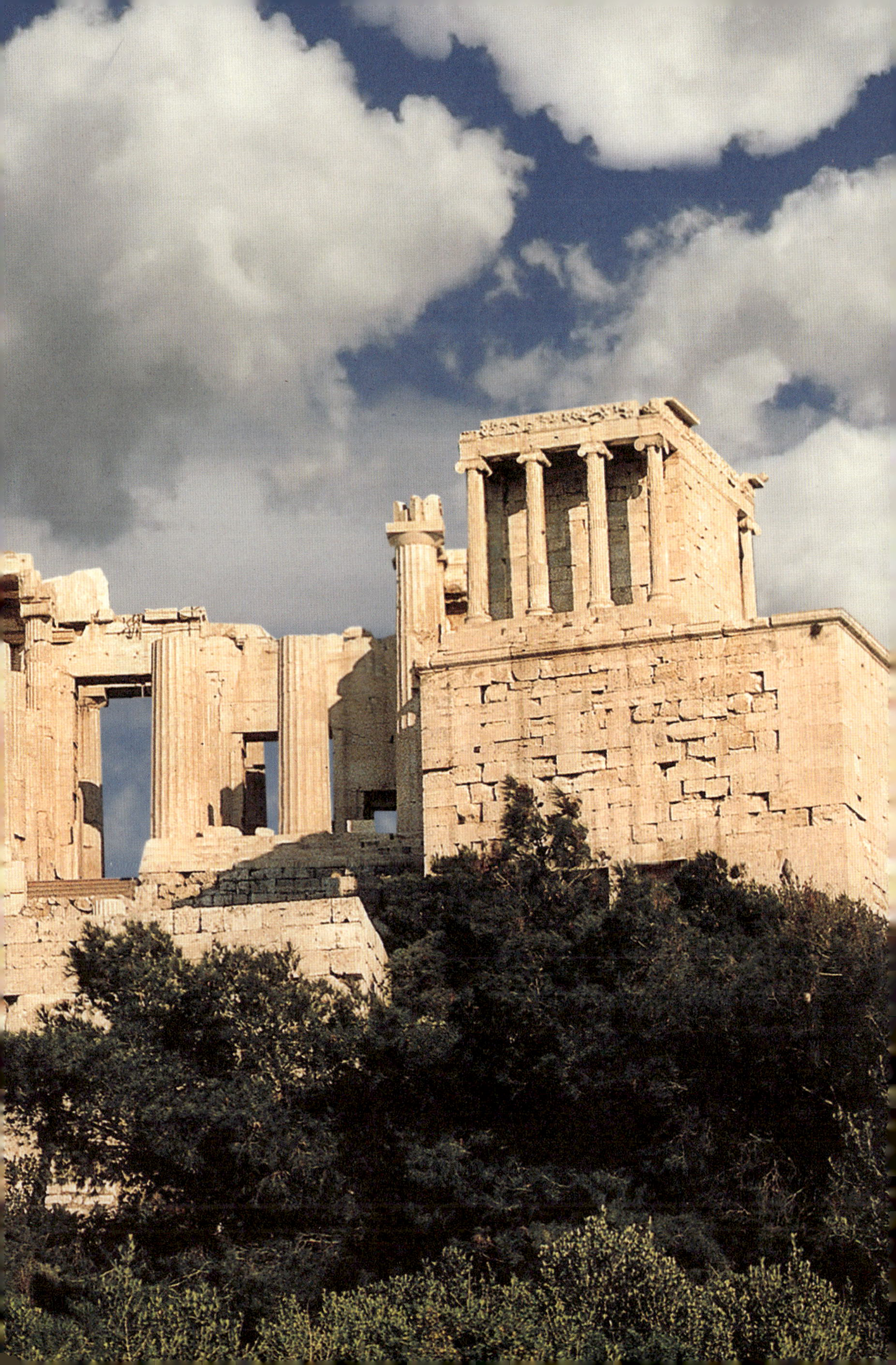

古典时期的雅典

山门有几个组成部分,其中斜坡延伸的道路是对称轴。中央主体由一个倒 U 形门廊组成,中间有六根柱子,两侧各有三根柱子,构成了通往卫城的宏伟坡道。为了连接雅典娜胜利女神神庙的入口,其中一个侧面更宽,从坡道上看不到。入口处的门廊由道路两侧的两个三柱式门廊向内延伸,最后在出口处形成另一个六角形门廊。其风格是多立克式的,但在山墙和墙面上没有雕塑,那是只为神庙保留的。此外,计划建造的四个侧翼中只有一个较小的在公元 2 世纪建成。帕萨尼亚斯[21]把它称为画廊,因为它的墙壁上挂满了画;然而,考古证明,它是祭祀活动后举行宴会的房间。工程开始于公元前 437 年,可能在公元前 432 年,因伯罗奔尼撒战争的爆发而中断。

坡道需要有连续性,这就解释了在对应于山门中央柱间部分的地板水平比其他四个宽的原因。两侧有三个台阶,分别代表多立克脚座和立体

❶ **铺设的坡道** 是泛雅典之路的延伸。骑士和战车经过这条坡道进入卫城。斜坡路陡,所以要挖出凹槽来防止滑倒。

❷ **卫城山门** 这座多立克风格的宏伟大门,没有雕塑装饰,是通往卫城的通道。中间的柱廊比较宽,可以让战车通过。

U 形门廊的两边之一,也就是通向画廊的那一边,是山门最初规划的四座建筑中唯一真正建成的。

多立克风格的浮雕带上有未加装饰的陇间壁。

---

[21] Pausanias,也译为"鲍萨尼亚斯"。——译者注

❸ **雅典娜胜利女神神庙** 以爱奥尼亚风格建造，这一点从它的涡卷式柱头、柱顶的连廊式浮雕带和三个线脚的顶梁可以证明。进入这个神庙要通过隐藏的门廊。

雅典娜胜利女神神庙顶部的主要山墙顶饰（acrotera）应该是胜利女神的形象。

这是根据穆内西克莱斯的设计方案复原的殿墙。

阶座。为了使山门的轴线与帕提侬神庙的轴线平行（而帕提侬神庙的比例体现了数学细化和视觉矫正），卫城入口的轴线被纠正了27度。这就需要对地形进行重大改造。因此，用比雷埃夫斯石灰岩建造的令人印象深刻的挡土墙使东面的卫城看似一座坚不可摧的堡垒。这也是雅典娜胜利女神像矗立在悬崖边上的原因。穆内西克莱斯的技术可能会让人相信这是工程的一部分，但实际上，这个不可触及的宗教场所需要做出让步，而事实证明这种让步是高明的。

崇拜胜利女神雅典娜的神庙似乎建于公元前6世纪中叶，位于卫城入口处的一堵围墙内。公元前480年，波斯人将其夷为平地并加以亵渎，据推测，雅典人在公元前427年左右决定建立祭司制度，并以巨大的规模重建这座圣殿，即在穆内西克莱斯的工程所涉及的空间里建造一座神庙。

最后造出来的是一座小型爱奥尼亚神庙，有一个四边形的门廊，地面面积为11.2米×5.1米，高度为3米，根据伊克蒂诺斯在建造帕提侬神庙时的合作者卡利克拉特斯的设计建造。这个小神庙有两个立面，有四根细长的爱奥尼克柱子，门楣上精美地装饰着与波斯人战争的场景，里面有一个非常古老的木质雅典娜祭祀雕像。

雅典圣岩废墟

公元前480年，波斯人摧毁了希腊卫城的防御墙，并放火烧毁了神庙，其中的木结构倒塌，石塑陶瓷雕塑和铭文也被摧毁了。只有那些青铜雕塑被带走用来熔化或作为战利品展示。由皮西斯特拉图斯（Pisistrátidas）家族精挑细琢的神岩——希腊卫城，遭受破坏变成了一片废墟。

当时的雅典人并没有清理掉波斯人摧毁雅典卫城建筑后留下的废墟，因为他们认为神殿和其中的一切都是神圣的。他们把废墟和必要的拆除物都掩埋在同一块圣岩中。由此形成的考古学层称为"波斯废墟"（Perserschutt），其中包括了一些典型的公元前6世纪的"少女像"，现在存放在卫城博物馆中，这些身着华丽服饰、色彩艳丽的雕塑是作为献给雅典娜的祭品而制作的。

在挖掘这些波斯废墟时，考古学家测定这些雕塑创作于公元前480年之前，其雕塑风格属于"古典主义前期"，这个定义虽然有些争议，但长期以来一直被广泛接受。其中一件由查尔斯·欧内斯特·贝雷（Charles Ernest Beulé）在1865年发现的雕塑，由雕塑家克里蒂奥斯（Kritios）创作，体现了所谓的对立式平衡，即身体的重量分布在左腿上（右腿略微弯曲放松），这是一项对骨盆和脊柱在解剖学原理上改进的创新。几十年后，在伯里克利提倡和支持建造的建筑废墟的最底层，这个雕塑的头部被发现，它不再有古风时期雕塑中惯有的微笑，而是表现出了严肃的古典主义风格。此外，头部与躯干的比例符合波留克列特斯法则。所有这些都表明它与公元前480年之后的刺杀者群像是同时期制作的。

后来的研究表明，当时的第一次发掘行动过于匆忙，挖掘现场的记录不够完善。此外，似乎雅典人最初就决定保留破坏现场，以作为波斯人野蛮行径的生动记忆。

事实是，雅典卫城的壮丽建筑无法追溯到公元前450年以前。在这段时间内，

■ 古典时期的雅典

在南北两侧修建了新的防御墙，并对西侧的墙进行了修复。所有传统的卫城崇拜活动仍在进行，但只提供最基本的设施，献祭活动也继续进行。在这一时期的第一阶段（公元前479年—公元前475年），有代表性的克里蒂奥斯少年、被称为"金发少年"的头像、胜利女神雕像和著名的"沉思的雅典娜"浮雕都是祭品雕塑。这些作品并没有被波斯人毁坏，但是在运输过程中意外破损，因此被整合到"波斯废墟"的最后一层。除了解决这些作品的年代问题，这种新方法还进一步凸显了伯里克利的倡议确保雅典卫城不再是雅典人所受苦难的纪念碑，而是为了展示他们比其他希腊人更优越的纪念碑。波斯人不再是一个问题。现在需要在意识形态上证明雅典的伟大。

▶ **克里蒂奥斯少年**
一件86厘米长的多色大理石祭祀品。它已经显示了古典主义希腊雕像的重要创新。
🏛 雅典卫城博物馆

历史事件

帕提侬神庙经历了时间和人类的洗礼，但它仍然屹立不倒，挑战着岁月，吸引着所有凝视它的人。

公元前480年
被摧毁的卫城 第一座帕提侬神庙是在马拉松战役（公元前490年）后开始建造的，但遭到波斯人的入侵破坏。

公元前447—公元前432年
新的帕提侬神庙 在伯里克利的监督下，于公元前447年在原有的基础上建造了一座新的帕提侬神庙。公元前432年，放置最后一批雕像。

公元6—16世纪
用途的变化 帕提侬神庙先后成为拜占庭教堂、天主教堂和清真寺，但几乎保留了其所有的结构和雕塑。

德普费尔德和波斯废墟的发现

▲▶ 威廉·德普费尔德（1853—1940年）。右图中是胜利女神雕像、荷牛人（背着小牛的男人的古代祭祀雕像）和克里蒂奥斯少年雕塑。
🏛 雅典卫城博物馆

第一批波斯废墟雕塑发现于1863年至1866年，由法国考古学家查尔斯·欧内斯特·贝雷（Charles Ernest Beulé）完成，但真正的系统性挖掘是由希腊考古学家帕纳吉奥蒂斯·卡瓦迪亚斯（Panagiotis Kavvadias）在1885年至1890年进行的，并得到了建筑师威廉·德普费尔德（Wilhelm Dörpfeld）和乔治·卡韦劳（Georg Kawerau）的协助。德普费尔德专门研究应用于考古学的建筑，他曾在奥林匹亚、特洛伊、提林斯、佩尔加莫和雅典（包括雅典的市政广场和卫城）工作，他曾负责被波斯人摧毁的雅典娜·波利亚斯神庙的建造工作。

公元1687年
威尼斯炮弹 威尼斯炮兵向帕提侬神庙发射了炮弹，因为奥斯曼土耳其人在神庙中存储了火药，引爆了整个神庙。

公元1801—1811年
埃尔金勋爵的搬迁 这位英国驻奥斯曼帝国特使带走了神庙中大部分留存的雕像，并将其带回英国。

公元1863—1890年
恢复 考古学家贝雷、卡瓦迪亚斯和德普费尔德先后挖掘出了公元前5世纪被波斯人破坏后埋藏的古迹。

公元19—20世纪
希腊独立 从1833年希腊独立于奥斯曼帝国统治后，开始进行帕提侬神庙的修复和恢复工作。

71

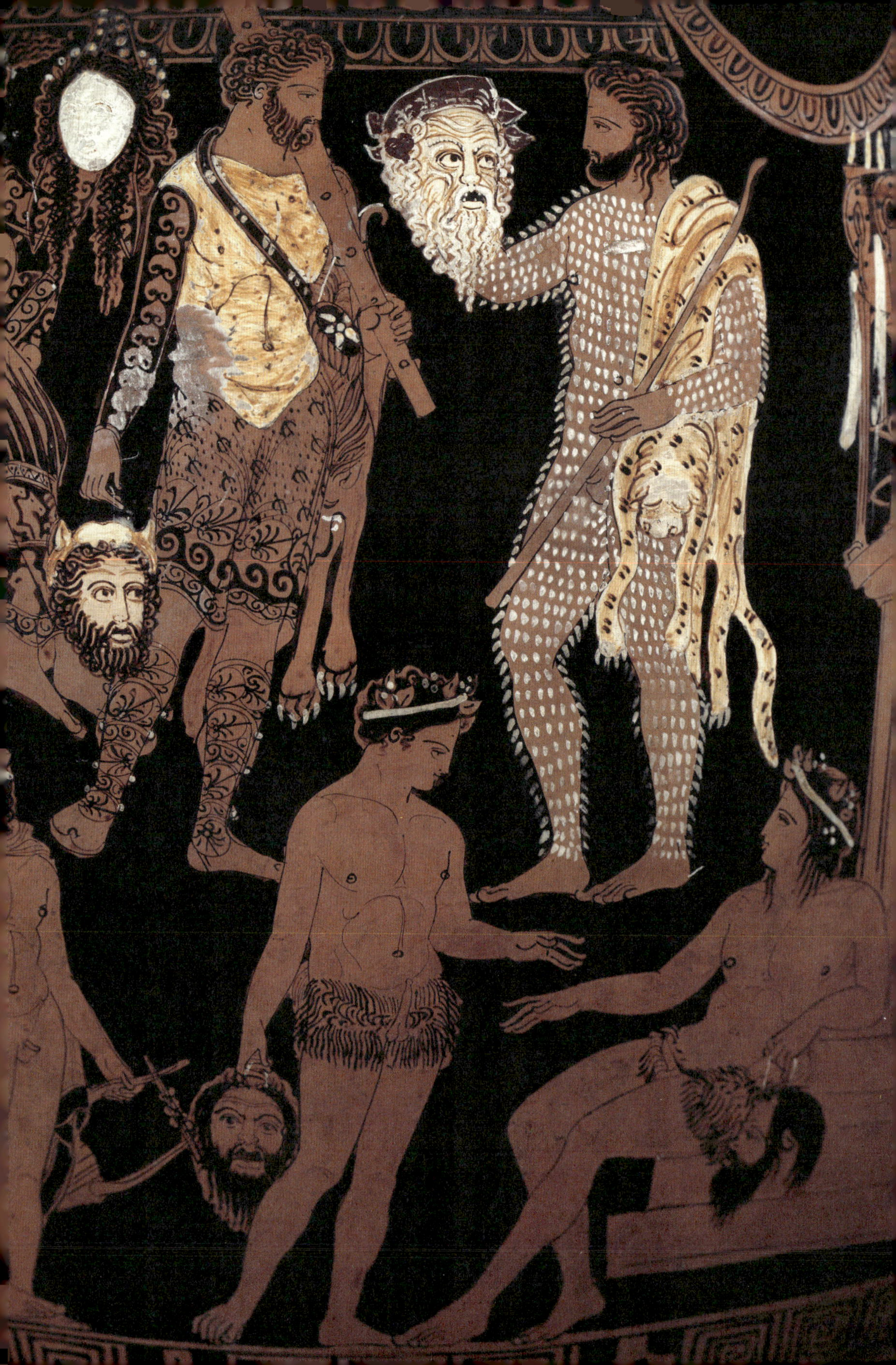

下城和比雷埃夫斯

下城是对卫城("上城")周围城墙内地区的称呼,大多数雅典人都住在这里。人们或住在狭窄街道上的两层小楼里,或住在有花园的小房子里,或住在更大、更豪华的地方。这里还有专为祭祀神灵而设的地方,不仅有神庙还有露天祭坛。下城还设有公共空间,其中最具代表性的是集会广场,这是公民集会或戏剧演出的场所。

对希腊人来说,所有空间都是神圣的,因为一定有神在周围保护着所有人。房屋也是如此,供奉给代表家庭之火的奥林匹斯神赫斯提亚;街道和广场亦然,到处都是赫尔墨斯神的祭坛,他是那些离乡者的守护神;剧场也是如此,当然还有作为公共生活中心的集会广场。

通过圣门进入城墙,往厄琉西斯方向,是整个希腊古代时期最大的墓地。虽然在城墙外,但墓地仍然属于下城区,正是在那里,雅典人接受葬礼仪式,这些仪式是由妇女进行的,她们也把这里作为一个聚会场所。

6公里外的比雷埃夫斯港是雅典的另一个重要组成部分,那里经常举办非常独特和丰富的活动。下城区和比雷埃夫斯港形成了必要的联系,这一点可以通过为连接两端的道路建造两堵墙(称为"长墙")得到证明。在公元前480年波斯人入侵后,这两堵墙被重建,以加固城市和港口,从而确保雅典在控制出海口的同时不会被切断供应。

▲ 狄俄尼索斯剧场。位于卫城南坡的古希腊剧场建于公元前5世纪，经历了多次改建，最终将其观众容量扩大到17000人。

◀◀ 公元前5世纪的普罗诺摩斯陨石坑剧场，演员们正在准备一出滑稽剧。
🏛 那不勒斯考古博物馆

剧场和音乐厅

在庇西斯特拉图[22]时期，为纪念狄俄尼索斯而举行的二重奏、讽刺剧、戏剧和喜剧比赛，在例纳节[23]和狄俄尼索斯节期间举行。观众们坐在高达八层的木制看台上观看比赛。但是在公元前498年，这座建筑倒塌了，因此在卫城的半山腰上建造了一座剧场。随后搭建了石制看台。选址时选择了最靠近狄俄尼索斯自由者神殿的地方，这是一个小型石灰石寺庙，建于公元前6世纪，用于安置神像。很可

---

[22] Pisístrato（约公元前600年—公元前527年），古希腊雅典城邦的僭主。——译者注
[23] Leneas，也是希腊提洛历的第一天，纪念酒神狄俄尼索斯被女祭司美娜德撕碎并吃掉又转生成婴儿。——译者注

能有一个露天祭坛，用于举行狄俄尼索斯节的仪式。

和所有古希腊剧场一样，在狄俄尼索斯剧场里，乐池用于合唱表演，演员站立在舞台后方，这是一个长而窄的平台，嵌在一个有门的建筑中，允许演员进出。它还隐藏了用于特技的吊车，这是一种假定来自天空的神灵，常常在剧情的结局中出现，以解决冲突。舞台后台还用作演员的服装间，演员的服装和面具都存放在那里，演员通常以男性为主，根据悲剧和喜剧所需的原型进行特别的特征标记。

虽然许多面具的石制或陶制复制品通过绘画的形式保存了下来，但实际上它们的外观有很大的不同。它们是用山羊皮和毛发制作的，固定在用黏土、石膏或木头精心塑造的面具上，完全覆盖头部。羊皮干燥后开出对应眼睛、嘴和鼻子的洞，并

▲ 公元前5世纪的狄俄尼索斯剧场和伯里克利音乐厅。早在公元前11世纪末，狄俄尼索斯周围，在舞台后面举行了包括音乐和戏剧表演在内的第一系列仪式。下面是悲剧中的青铜面具。
🏛 比雷埃夫斯港阿克罗波利博物馆

狄俄尼索斯节和例纳节

追溯希腊历史，对酒神狄俄尼索斯的崇拜在暴君统治时期发展迅速，暴君们试图赢得广大农民和工匠群众的支持以对抗他们的贵族对手。这位神祇主持着高级府邸的酒宴，而这种传统一直延续至今。于是，献给狄俄尼索斯的节日——也叫酒神节，将舞曲、悲剧和喜剧融为一体，成为一种在大量饮酒的宗教集体体验下流行的演出形式。后来，通过比赛的方式，这些艺术形式在城市狄俄尼索斯节上达到了最高的文学和音乐水准，这些节日和乡村的狄俄尼索斯节形成了鲜明对比。

另一个庆祝狄俄尼索斯的节日——例纳节，与喜剧有关，但在公元前5世纪，它也演出一些悲剧，这些戏剧演出在新剧场里举行。由于对宗教方面的细节知之甚少，人们难以准确理解雅典陶器上频繁出现的形象。我们知道，女性在这些庆典中拥有特殊的地位，她们扮演神灵随行人员的主要角色，同时也是仪式酒令的发放者。例纳节中酒神的随行队伍象征着对自然力量的崇拜和打破社会秩序，上图所示神明被加冕，而不是象征他的到来。在这个场景中，狄俄尼索斯手持代表生命之酒的酒杯，森林之神被描绘成性欲旺盛的野蛮生物，狂女则被描绘成能够孕育的容器。尽管这些描绘是象征性的，但在公元前5世纪随行队伍的图像中，狂女和森林之神之间的交配场面已经不再出现了。

● 狄俄尼索斯及其随行队伍　狄俄尼索斯的随行队伍到来时没有人能够阻拦。酒神杯中所盛的酒象征着通过打破既定秩序规则的盛宴来实现更新。这个队伍经常跟着许多醉汉。在罗马时代，最宏伟的场景是跟随酒神从"印度"凯旋的队伍。

● 追随狄俄尼索斯的狂女们　这些女性代表着神话中狄俄尼索斯婴孩时期的乳母，她们在仪式上寻找自我认同。在绘画中，她们经常被表现为在一种狂热状态下舞蹈，以至于失去了意识。在欧里庇得斯的悲剧《酒神的伴侣》中，他描述了神的惩罚会带来禁令，禁止这些仪式。

● 萨提尔　这些是狄俄尼索斯随从队伍中的人形形象，具有明显的阴茎形状，长有马尾巴和马耳朵。马象征着自然的野性力量，这与人类理性不矛盾。因此，就有了聪明的半人马的神话，他是英雄们的教育者。同时，萨提尔队伍中的主要人物西勒努斯（Sileno），也是一位智者。

● 希腊抒情诗的竞赛　这是唱诗比赛的场景，图像摘自一件雅典家庭用陶瓷珍品。图像中的人物是希腊抒情诗大师阿尔卡埃乌斯（Alceo）和萨福（Safo），他们似乎正在竞赛，这可能是在雅典的竞赛中。竞赛中，每个人都拿着自己的巴尔比通（barbitón）——一种用于伴奏单声部歌唱的七弦琴。

希腊戏剧的黄金时代

在伯里克利领导下，雅典成为古代无可比拟的艺术和文学之都。这座希腊首都的戏剧文化繁荣发展，孕育出四位杰出的希腊戏剧大师。

埃斯库罗斯（Esquilo）

最伟大的悲剧作家之一，特别擅长描写"悲剧性错误"（hamartia）问题，即人类失去控制时所犯下的错误。物质过剩（Koros）引发了人类的过度自信、傲慢与放纵（hybris），而过度自信、放纵又引发了神明的愤怒和惩罚。

索福克勒斯（Sófocles）

在索福克勒斯的作品中，突出表现了一种冲突，即传统规定家庭伦理和城邦政权之间的矛盾。女性代表了前者，特别是他的作品《安提戈涅》成为家庭意识和集体意识之间紧张关系的不朽象征。

欧里庇得斯（Eurípides）

他是三位大悲剧家中最人性化的一位，他刻画的人物，因戏剧需要而置身于具有可怕后果的"悲剧性错误"的极限境地，表现出比其他悲剧家更接近现实生活的一面。在他的作品中，女性人物占据了重要位置。

阿里斯托芬（Aristófanes）

他是所谓的古代喜剧诗人中最伟大的一位，与在公元前4世纪由米南德（Menandro）代表的社会喜剧不同，后者不使用真实生活中的情节和人物。阿里斯托芬喜欢歪曲现实，将其扭曲到夸张和荒谬的极致，但同时也是对当代现实的精准批判。

涂上化妆品。虽然面具是静态的，但非常逼真。有不同性别和年龄的面具，并区分自由人和奴隶角色。

一个为音乐而设的空间

公元前 435 年，伴随着戏剧神殿的建设，伯里克利主张建造一种方形建筑物，名为音乐厅（odeón），其功能是为雅典节的音乐比赛提供场所，同时也用于悲剧和喜剧合唱团的排练。如今，这座建筑的顶部由九排十根木柱支撑。根据普鲁塔克（Plutarco）的描述，内部有看台，顶部是一个尖屋顶，实际上是波斯国王薛西斯一世使用过的帐篷的复制品。据推测，这个由柱子支撑的帐篷是一种可移动的阿帕达纳（波斯宫殿中的观众厅）。它可能于公元前 480 年被安装在狄俄尼索斯的辖区内，作为雅典人从敌人手中缴获的战利品。它会随着时间的推移而损坏，这可能导致在公元前 435 年决定以更坚固的方式重新建造它，但无法确定建造时是否使用了外墙或帆布。伯里克利音乐厅一直保存到公元前 86 年苏拉洗劫雅典。它原本是与剧场分开的，但后来随着剧场的不断扩建，其中一个角嵌入了看台中。

城市广场

城市广场（Agora）是城邦都市规划的标志性建筑，是一个宽敞的开放空间。作为市民们进行各种活动的聚集和会议之地，它既是市场，也是政治空间，用于传递重要消息以及向他人表达自己的想法。此外，它还用于举办体育比赛、军事演习，以及包括游行和表演在内的宗教活动。在这个广阔的开放空间中，私人建筑和被判定为不道德行为的市民都是禁止进入的。现存的所有考古遗迹中，保存有一个标志广场周边的里程碑。一些公共建筑的遗迹也可见，现场发现的物品证明了这里举办过特定活动。此外，空间中点缀着许多专门供奉各种神祇的小教堂。

主要建筑物

最初的雅典城市广场位于卫城旁，最开始是暴君庇西斯特拉图在公元前6世纪为他自己发起的大型庆祝活动而创造了一个巨大空间。新的泛雅典娜路斜穿城市广场。一个矩形的中央场地用于举办马术比赛和田径比赛。中央有一个乐池用于其他类型的演出和比赛。周围种植了很多梧桐树，它们交织的树枝在炎热的夏季为人们提供了必要的绿荫。

在这个广场周围，建造了多个柱廊或者长柱廊。最重要的两个位于西北端，毗邻着泛雅典娜路的入口，与重建后的皇家柱廊相邻，后者是国家宗教最高权威——巴赛勒斯（basileo）执政官的官邸。而宙斯自由柱廊（Zeus Eleuterio）则在公元前430年至公元前420年取代了一座献给同名神祇的小型神庙。它很可能是六位律师官（arcontes tesmotetes）的工作所在地。柱廊外部采用了彭特利库斯大理石，但是和质量较差的黑彼娜大理石（Himeto）混用。立面带有两个突出的翼部，有25根多立克柱子，而内部由9根爱奥尼亚柱子支撑着屋顶。墙壁上悬挂着绘有十二神祇和忒修斯的壁画，也绘有代表民间和民主的拟人形象。苏格拉底和他的弟子柏拉图经常在这里交谈。

公元前475年至公元前450年，修建了裴奇洛（Pecilo）柱廊，现在保存有

古典时期的雅典

11.5 米宽的阶梯平台。据推测，它的外部是多立克柱式，内部是爱奥尼克柱式。它的用途是展示像波利格诺托（Polignoto）或迈孔（Micón）等大师的画作，这些画作以大尺寸逼真地呈现出雅典人的光荣事迹，例如他们的英雄忒修斯与入侵的亚马孙人之间的斗争，当然也包括马拉松战役。

议事厅群

西南地区的议事厅群经过重新修建，其中包括用于五百人会议的议事厅。五百人会议是克里斯提尼创建的，取代了亚略巴古山上的会议。虽然最著名的议事厅是公元前412年的扩建版，并建有城邦档案馆（metroon）。公元前465年左右，在这个区域内建造了一个简单的圆形建筑，称为圆议事厅（Tholos）。可能因五百人会议的成员来自阿提卡半岛的各个地方，它便不能成为永久代表的政治机构。于是他们决定，

▶ 雅典大城市广场的全景。这里聚集了公共建筑、法院和廊柱建筑，是雅典人集会、进行商业交易或哲学辩论的场所。

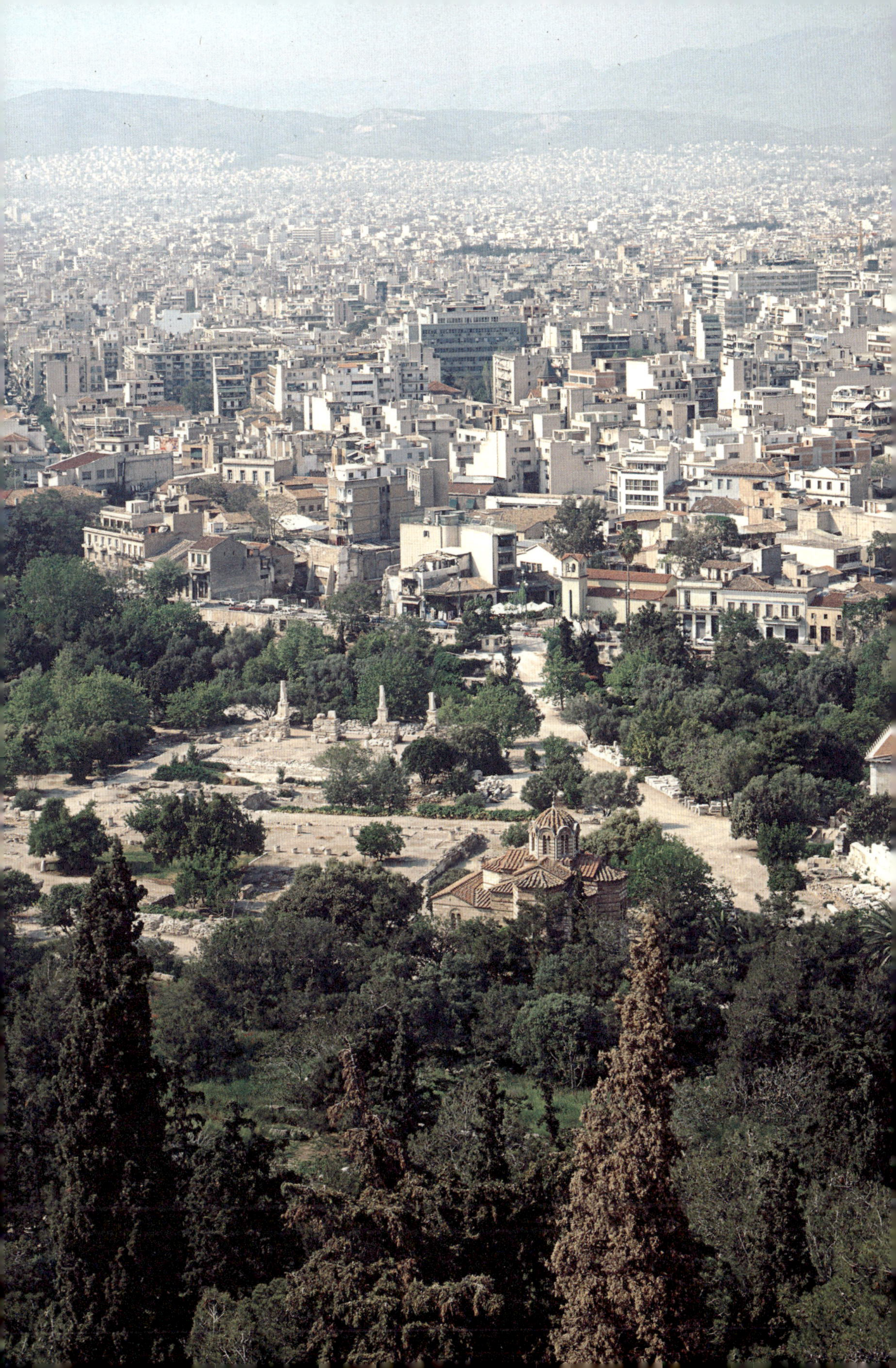

■ 古典时期的雅典

在正式历法的十个月中,每个月轮流,同一部族的 50 名成员将居住在城市里,构成一个永久的政府,并在圆形厅堂中履行职责。此外,这里可以提供餐饮和住宿,至少有三分之一的会议成员可以在里面过夜。这组建筑与另一组建筑同时完成,以满足九位将军的需要。

① 泛雅典娜大道
② 斯多葛柱廊（Stoa Poikile）
③ 皇家柱廊（Stoa Basileios）
④ 自由之神宙斯柱廊（Stoa Zeus Eleutherios）
⑤ 十二神祇祭坛
⑥ 赫菲斯托斯神庙（Hephaisteion）
⑦ 新议事厅（Bouleuterion）
⑧ 城邦档案馆
⑨ 圆议事厅
⑩ 西蒙之家
⑪ 齐名英雄纪念碑
⑫ 埃阿科斯神庙
⑬ 南柱廊I
⑭ 九渠喷泉（Enneákrounos）
⑮ 造币厂
⑯ 民众法庭（Heliea）

■ 古典时期的雅典

▲ 赫菲斯托斯神庙位于雅典集会广场的山顶上，是献给这位锻造神的庙宇。该神庙建于公元前449年至公元前415年，平面尺寸为31.7米×13.7米。

赫菲斯托斯神庙

赫菲斯托斯神庙建于公元前450年左右的伯里克利时期，是一座前后六柱围廊式神庙，两侧各有十三根柱子[24]。它坐落在西侧的山丘上，俯瞰着雅典的集市。赫菲斯托斯神庙是希腊现存最完好的多立克式神庙，供奉着神话中的锻造神赫菲斯托斯，他是赫拉女神孤雌生育的儿子，也是

---

[24] 赫菲斯托斯神庙一共有34根柱子，前后廊各6根，两侧各13根（包括前后廊两端的两根，减掉那两根是11根）。——译者注

雅典国王厄瑞克透斯-埃里克托尼奥斯的生父。此外，雅典娜作为这个民族英雄的养母，也在这里受到崇拜，这个庙宇成为许多锻造工坊和附近活跃的铸造厂的守护神所在之地。

每年的赫菲斯托斯庆典有合唱队演唱神话传说中赫菲斯托斯的赞美诗，并有火炬赛跑，十个克里斯提尼部落之间进行竞赛，这一场景经常在古代雅典的陶器上出现。这个庆典很可能是公元前6世纪末雅典城邦设立的一项传统庆典，但相应的庙宇可能只是一个简单的场所，只有一个

▲赫菲斯托斯神庙的前殿和后殿都装饰有爱奥尼亚式的浮雕壁画，由帕罗斯大理石制成。上图为西侧的壁画细节，描绘了半人马和拉庇特之间的战斗场面，这个主题也出现在帕提侬神庙南侧的陇间壁上。

祭坛，因为在伯里克利之前没有记录这个庙宇的建筑。

因此，修建这座新神庙的目的并不是重建波斯人摧毁的建筑，而是用一个新的神庙来将该地神圣化，并将其奉献给厄瑞克透斯，这位奥林匹斯神，雅典人将其追溯为自己的祖先。公元前5世纪大量的阿提卡陶器描绘了厄瑞克透斯的神话，表明其功能是雅典议会在公元前451年通过的法律的象征性参考，该法律要求母亲拥有公民身份的人才能登记为新的雅典公民。雅典娜本人将成为这些母亲的典范。

装饰里的忒修斯

赫菲斯托斯神庙的装饰富丽程度仅次于帕提侬神庙。在将其改建为基督教教堂后，其大理石不再被用于新建筑或制作石灰；那些被认为是恶魔怪物的雕像被保留下来，而那些异教徒雕像的头部则被破坏。因此，在东侧的十个陇间壁浮雕中，可以辨认出赫拉克勒斯（海格力斯）和忒修斯的故事，忒修斯是雅典的国民英雄，在南北两侧最靠近东侧的四个陇间壁浮雕中也有其事迹的描绘。在建筑顶部的带状装饰上，可以看到忒修斯成为城市之王的场景。因此，尽管帕萨尼亚斯在其《希腊志》（*Descripción de Grecia*）中有记载，这座神庙仍在很长一段时间被错认为忒修斯神庙。

正义与民主

每年，雅典人通过抽签选择6000名陪审员（heliastas），把他们分配到不同的案件陪审团中。审判在位于广场东侧的建筑中进行，那里发现了一个用于计算控辩双方时间的水钟（clepsidra），以及用于投票的铜牌。每个法官会收到两个铜牌零件，其中具有空心柄的零件用于定罪，具有实心柄的零件用于判定无罪。他们将铜牌零件放入两个罐子中，一个是有效的，另一个是无效的，在没有人能看到它们的情况下，他们必须用拇指和食指捏住零件的柄进行投票。黎明时分，人们在场地门口排队，希望尽早被选为当天投票所需的人选。为了避免贿赂，人们通过一个复杂的抽签系统，即古希腊投票器（cleroterio），选出所需的陪审团成员。这也解释了投票必须在同一天进行的原因。在激进的民主雅典，各种类型的审判大量涌现；许多法庭辩论的记录保存至今，它们在整个古希腊时期被用作现场说服艺术的范本。

在雅典的集会广场上，宗教活动和政治活动紧密交织在一起，成为城邦的一个典型特征。奥林匹斯宗教规范适用于所有希腊人。十二神祇包括六位男神和六位女神，他们拥有不同的人格和职责、独特的关系以及各自的好恶，但是他们都受到其中一位的权威统治 基于公正的父权制，这构成了凡人社会的典范。因此，十二神祇祭坛是民主广场的重要组成部分。

克里斯提尼的政治组织，旨在推动民主城邦的诞生，并在市民广场上得以体现。市民被分为十个部族，这些部族被视为神圣的，与被命名和赞助他们的十个古老英雄人物的名字相对应。在每个英雄人物下方都放置着针对相应部族市民的通告，包括动员的士兵名单和民众大会应投票的法案。

在广场的雕像中也出现了暴君杀手哈莫迪乌斯（Harmodio）和阿里斯托吉顿（Aristogitón）的形象，如今这些形象通过罗马人留下的一些大理石复制品得以还

■ 古典时期的雅典

政治山丘普尼克斯和亚略巴古

在雅典卫城的西南方，有一座名为普尼克斯的山丘，雅典城邦公民议会（ekklesia）最初是在市民广场召开，但在公元前5世纪移到了普尼克斯山上。与会者挤在北侧的山坡上，这里安设了一个简单的平台供演讲者使用。在这种直接民主的形式中，所有公民都可以投票表决，并有权对提案发表意见，但在实际操作中，会议时间限制了许多人的发言机会。虽然任何人都可以发言，但只有少数人能够得到发言的机会。

亚略巴古山丘离卫城更近，站在亚略巴古山丘上可以俯瞰市民广场，这是雅典贵族委员会的传统集会地点，但在伯里克利时期这座山丘已经失去了所有的政治功能。这座山丘上有一座献给厄里倪厄斯（Erinias）的神殿，厄里倪厄斯是有关血腥罪行的复仇之神，这也解释了在那里审判故意杀人案的原因。这个山丘的名字可能是从厄里倪厄斯的名字派生而来，而不是像人们一直认为的那样来自战神阿瑞斯。

▶ 历史上第一个"议会"。这个半圆形的岩石平台，也被称为普尼克斯，是历史上第一个"议会"，许多伟大的政治演说家如伯里克利和阿尔基比阿德斯[25]在这里发表了演讲。

▶ 铜牌 这些是法官们用来投票的铜牌。发现于雅典民众法庭下面。
🏛 阿戈拉博物馆

---

[25] Alcibíades，也译为"阿尔西比亚德斯""阿基比阿德""阿尔基比阿德"。——译者注

原。原始雕像是用铜制成的，具有非常逼真的彩绘。尽管暴君杀手未能终结暴政，但个人权力作为暴君的标志已被视为民主最大的敌人。

■ 古典时期的雅典

◀ 赫格索的墓碑

该墓碑由彭特利库斯大理石制成，制作于公元前410年，被认为是卡利马科斯的作品。墓碑上描绘了一位名叫赫格索（Hegeso）的女性，她从珠宝盒中取出一条项链，身旁的女奴手持珠宝盒。

🏛 雅典考古博物馆

城墙和城外地区

公元前479年，当雅典人战胜波斯人并回到城市后，雅典人接受了战略家泰米斯托克勒斯（Temístocles）的建议，建造了一道防御城墙以保证城市的安全。这道城墙高8米，宽2米，周长6.5千米。所有的雅典居民，无论男女老少，都参与了城墙的建造工作，建造中他们拆除了所有阻碍城墙建设的公共和私人建筑。现代的挖掘工作已经证实了城墙的建设速度之快，并且证实了建造时使用的各种材料，包括一些此前一直保存完好的古代雕塑。快速建造城墙不是为了应对波斯人迫在眉睫

的威胁，而是因为斯巴达没有城墙，并反对雅典修建城墙。因此，泰米斯托克勒斯欺骗斯巴达大使，直到城墙全部建好。

城墙保护的不是城市区域本身，而是所有公共空间，因为它从原则上具有神圣的性质。因此，一部分农民庄园占据的土地在墙内保留下来，在伯罗奔尼撒战争期间被用作居住在城墙外的市民的避难所。但城墙也将陶瓷区分成两个部分，这里因其陶器作坊的数量而被称为陶瓷区

▲▼凯拉米克斯因其陶器工作坊而闻名。下图是在凯拉米克斯遗迹墓地发现的一尊陪葬品的底座细节，细节显示两个年轻人在进行类似曲棍球的运动。

🏛 雅典考古博物馆

伯里克利的葬礼演说

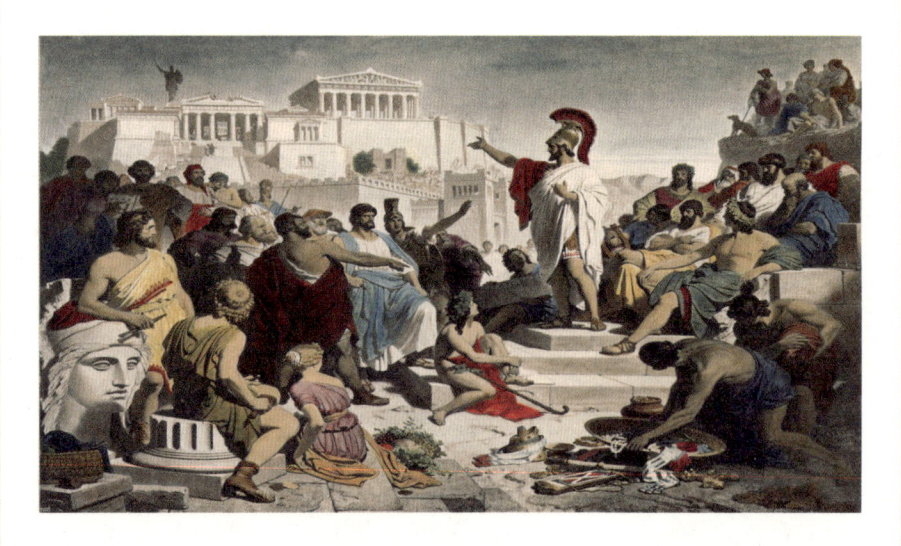

这幅19世纪德国历史画家菲利普·福尔茨（Philipp Foltz）的画作展示了历史学家修昔底德（Thucydides）讲述同时代的伯里克利某次演讲所产生的作用。据说这次演讲是在凯拉米克斯举行的一场公共葬礼上进行的，为了纪念在伯罗奔尼撒战争第一年中牺牲的雅典公民。这篇演讲稿被认为是有史以来最好的民主颂歌。但修昔底德的书也成为历史学界之后几十年的批评对象，因为它并不是在战争开始时写的，而是在雅典战败后写成的；而苏格拉底本人在与弟子柏拉图的对话《美涅克塞努篇》（Menéxeno）中也对此表达了极具贬低性的讽刺。因此，它也可以被看作雅典败给斯巴达后，为帝国主义和军国主义民主服务的爱国主义对历史的篡改。

（附近的厄里达诺斯河为陶器作坊提供了水和宝贵的泥土），陶瓷区的部分保留在墙内。陶瓷区是议会广场向西北的延续，连接厄琉西斯、比雷埃夫斯和通往伯罗奔尼撒的道路。最重要的大门就建在这里。圣门通向厄里达诺斯河与圣道；在厄琉西斯秘仪庆典期间，前往得墨忒耳神殿的22千米的队伍穿过它。主要入口为陶瓷门或迪普利翁门（即"双门"，因为它有双拱），距离圣门仅60米。从议会广场延伸出来的宽阔道路，在这里成为雅典主要的出城道路。在两个大门之间建造了庞贝翁（Pompeion，源自 pompe 一词，意为"游行"），一个宽敞的庭院，用于准备泛雅典娜游行，并且有房间专门用于摆放这些节日中食用祭品的肉类。

凯拉米克斯遗迹

在一年的大部分时间里，凯拉米克斯（Cerámico）地区的厄里达诺斯河畔会被淹没，因此这些区域无法居住。该区域自古以来被用作墓地，公元前 6 世纪时，墓地延伸至圣道以及厄里达诺斯河的南岸。当人们决定在其背后修建城墙时，这些墓地被用于建造城墙，这使整个区域变得更加空旷，而坟墓则迁移至城墙外。

政府在迪普利翁门的两侧，即人流量最多的地区，为那些有资格享受特殊待遇的人提供了墓地，比如，克里斯提尼和伯里克利的纪念碑都得以保留下来。两侧的圣道和一个新的中间街道，共同构成了这个墓地的空间。在公元前 5 世纪和公元前 4 世纪前叶，这个墓地上出现了许多非常不同的纪念碑，其中一些具有很高的艺术价值，直到公元前 317 年，它们被禁止使用，而用小圆柱或大理石块取代。幸运的是，这个古典墓地的很大一部分被保存下来，留下了很多装饰丰富的纪念碑和铭文，这些为我们提供了关于雅典生活各个方面的丰富信息。由此可以推断，当时人们对女性高度重视，这在已知的文学文本中并未反映出来；或者其中有享有一定地位的外邦人。因此，我们可以确定这些墓葬的精确年代，这使得其提供的信息更加具有说服力。

比雷埃夫斯港

在城墙外，还有一个在军事和商业方面对雅典城非常重要的部分——6 公里外的比雷埃夫斯港口。这里是一座半岛，有几个岬角，包括三个天然港口：从西到东是坎塔罗斯（Cántaro）、齐亚（Zea）和穆尼基亚（Muniquia）。雅典人一直使用东部的帕勒隆湾作为港口，但在公元前 484 年，在南阿提卡的劳里厄姆矿山发现了大量银矿后，特米斯托克利斯建议，议会与其将所有的利益分配给所有公民，不如

■ 古典时期的雅典

比雷埃夫斯港和雅典防御墙

在与斯巴达冲突的早期，雅典在伯里克利的指挥下，依靠其海上舰队的力量和连接城市与比雷埃夫斯港的城墙防御力量进行防御。斯巴达人每年都会入侵阿提卡，破坏庄稼。在舰队进攻伯罗奔尼撒海岸的时候，受到惊吓的人们躲在城市里，不做任何反抗。雅典人拥挤在长长的城墙里，恶劣的生活条件导致公元前429年暴发了一场瘟疫，夺去了许多雅典人的生命，包括伟大的伯里克利。

▲ 雅典港口比雷埃夫斯。上图是复原的坎塔罗斯内部，可以看到长廊和临海的交易市场。

建造一支由 200 艘战舰组成的舰队，这样便能解释德尔斐的一则神谕，该神谕建议雅典用一道木墙来防御波斯人的入侵，而公元前 490 年马拉松的胜利并未消除这种威胁。他还提议，比雷埃夫斯的三个港口应该整修，并用石头建造一道双层城墙将其包围。齐亚是主要的军事港口，准备将 196 艘三桅帆船停靠在船棚里，以保护它们不受天气影响；穆尼基亚的港口也建造了 82 个三层战舰停泊棚屋，并在坎塔罗斯港的外部建造了同样的设施。比雷埃夫斯的城墙与城市的城墙通过所谓的"长城"相连，留有一条路可通行。城墙的末端也是帕勒隆湾的城墙，只有通过海上才能攻击帕勒隆港口。

在公元前 5 世纪，比雷埃夫斯成为希腊最繁忙的海港。坎塔罗斯港可供货船进入。五个长廊连成一排，长廊前有一个开阔的中央空地，被称为"交易市场"（deigma），货物在这里展示，货币兑换商在这里摆放桌子。此外，该地区的现代建筑出现了许多不同类型的住宅，这表明作为当时海洋帝国的雅典开始了重要的发展。据推测，居住在这些新房子里的主要是来自不同国家的外籍居民，其中一些非常富有。因该地区的高度发展，在穆尼基亚的一侧山坡上修建了一座剧场。

城镇和商业广场

实际上，比雷埃夫斯有双重身份。一方面，它是一个规模不算大的沿海城镇，它与其他来自内陆和城市的城镇一起，被纳入克里斯提尼的十个部落之一。它有自己的公民人口，并像阿提卡其他城镇一样按照内部规则管理。另一方面，它又是通往雅典城的门户，作为第二个商业广场，拥有同样类型的行政官员。在十个重量和尺寸的监管者（metronomoi）、十个警察（agoranomoi）和十个面粉供应监管者（sitophylakes）中，重量和尺寸的监管者、警察和面粉供应监管者各五个，在比雷埃夫斯港工作，另外各五个在城市广场工作。雅典人将比雷埃夫斯港称为贸易中心（emporion），该术语对应于一个国家作为商业交流场所而建立的所有沿海定居点。这里成为众多外来客和从事港口活动流动人口的多元文化聚集地。

■ 古典时期的雅典

雅典陶器中展现的日常生活

雅典制造的大量高品质陶器，既供本国使用，也出口到国外。从公元前 6 世纪开始，这些陶瓷品的形式和用途变得多种多样，上面装饰有日常生活场景的绘画。尽管这些绘画对于当时的陶器主人来说很容易识别，但在现在的人来看，有时会对画中的景物产生一些疑问。

保存下来的一些陶器绘画作品描绘了神话场景，可以通过其中的人物和怪物来区分。这些绘画中出现的人物和背景与大多数描绘日常生活的陶瓷产品非常相似，因此前者在此功能中与后者相结合。奥德修斯的妻子珀涅罗珀和她的织布机就是其中的一个例子。一件著名的陶酒罐上描绘在特洛伊战争中的英雄阿奎尔斯和阿贾克斯实际上展现的是两个雅典装备齐备的重装步兵，他们正在放松地玩"抛球游戏"(chaquete)。特洛伊人赫克托尔为了战斗而告别妻子安德洛玛卡的场景，也符合雅典装备齐整的步兵在相同情况下告别时的场景，这种场景在这些陶瓷品中也很常见。

此外，日常生活场景并不是瞬间的照片，而是一种组合，将形状特定的器皿中所需的元素整合起来，以唤起某种事件或常见情境的感觉。

市民被描绘为全副武装的步兵，穿着长袍并拿着手杖作为行走的辅助工具。但是，当他们出现在锻造或陶瓷作坊，如鞋匠、小贩、农夫或桨手，他们的着装就与外邦人或奴隶没有区别了。同样的情况也适用于女性。她们可能出现在性别图像中，如公民的妻子和母亲，但在许多其他情况下，她们无法与娼妓或外邦人的妻子区分开来。甚至某些露骨的性爱场景，如妓女或异性恋者，也可能代表作为母亲所必需的性交，因为发现这些作品的地方表明它们是作为祭品敬献的。

祭品和牺牲品

这个大型酒器（公元前 430 年—公元前 420 年）中四个戴着月桂花冠的人表明这是一个庆祝祭典的场景。该瞬间记录了祭品的具体献祭过程：祭品被点燃，动物内脏穿在烤串上，一块蛋糕和倒出的酒。背景中的树表明这不是一个房子的庭院，而是一个户外的神殿，有一个露天的祭坛。有胡须的人在女祭司的陪同下首先会宰杀牺牲品，后者也会分解牲畜的肉，并将其切片以供后来的参与者食用。

🏛 巴黎卢浮宫博物馆

婚礼游行

这个展品是一件制于公元前 550 年左右的贮藏香料或油的容器,被称为"lécito",上面描绘了古希腊婚礼仪式的典型场景。在为期三天的婚礼仪式中,夕阳下,新郎和新娘乘坐一辆马车,在亲戚和朋友的陪伴下穿过雅典的街道。新郎把新娘带到他们未来的住所,由新郎的岳母接待。在古代雅典,女孩儿的结婚年龄通常是 14 岁,而男性则通常不会在 30 岁之前结婚。

🏛 纽约大都会艺术博物馆

葬礼仪式

白底黑彩绘制的阿提克陶器显示了古希腊的葬礼仪式,我们可以看到殓房仪式(prothesis)(在房子里展示死者)、出殡队伍(ekphora)(前往埋葬地点方向的送葬队伍)以及女性在坟墓上献祭的场景。一幅典型的场景是逝者需要搭载摆渡人卡戎特的渡船去往"阴司",而赫尔墨斯则是引领逝者前往渡口的向导。这幅画作大约创作于公元前 450 年。

🏛 纽约大都会艺术博物馆

橄榄树,雅典的圣树

在雅典,无论是公共的还私人的,砍伐或移植橄榄树会被判处流放和没收财产,为橄榄树是神圣的。它们之以神圣,是因为雅典人需消大量的橄榄油(食用、身体理和照明),并且由于出口榄油,他们可以进口谷物。只约公元前 520 年的罐子描了采摘橄榄的场景。

伦敦大英博物馆

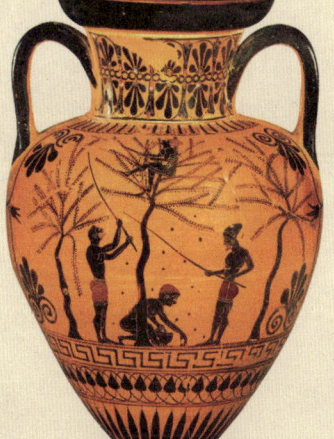

饮宴

饮宴是指起源于贵族阶层的男性聚会,他们在私人住宅里喝酒、聊天和娱乐。在这件陶器(约公元前 430 年)上,可以看到一对男性恋人(一名无胡须的年轻人和一名有胡须的成年人,后者在玩一种饮酒游戏)躺在一张床上,另一个男人在演奏巴尔比通。站着的是服务人员——一个女艺人(奴隶或妓女)吹奏长笛,一个年轻人负责酒水。

🏛 慕尼黑雕塑博物馆

泛雅典娜节

泛雅典娜节庆典中,会举行不同的田径比赛,人们利用广场的中央空间和延伸到迪普利翁门口的空间比赛。其中包括长跑比赛和短跑比赛,就像这只双耳瓶(公元前 530 年左右)所描绘的一样。这些装饰有黑色图案的陶器和 45 升油一起颁发给获胜者。

🏛 纽约大都会艺术博物馆

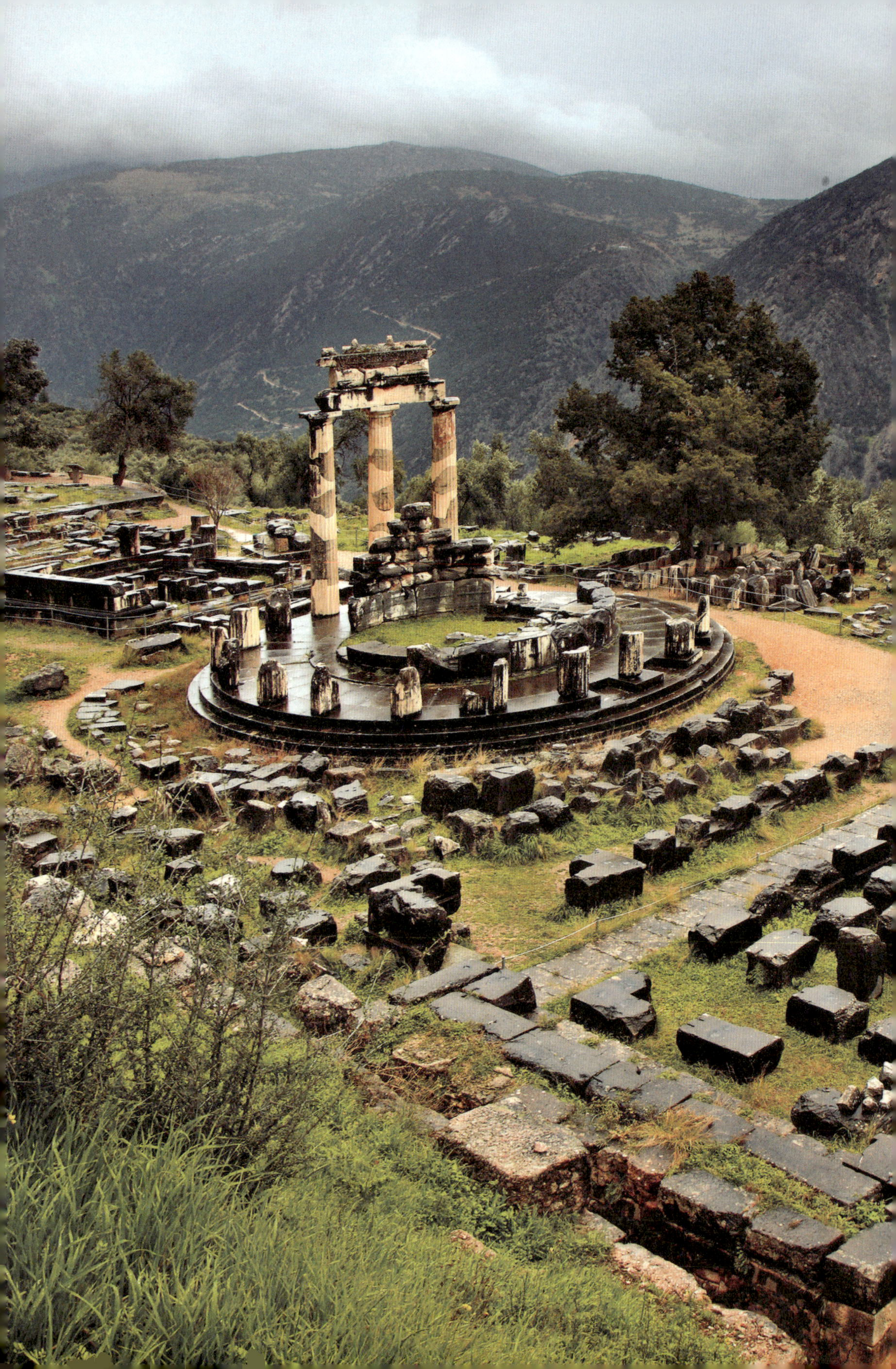

德尔斐神庙

德尔斐神庙是最著名的古代泛希腊神庙之一。它在许多神话传说和重要政治事件中扮演了关键角色,在公元前 5 世纪和公元前 4 世纪达到了鼎盛时期,并吸引了来自整个地中海地区的朝圣者。

纪念阿波罗

德尔斐神庙建在帕尔纳索斯山脚下，古希腊人认为这里是"世界的肚脐"。数个世纪以来，来自希腊各地的朝圣者、运动员、城市代表和杰出人物前来参拜阿波罗并获取神谕，中途会停留在卡斯塔利亚圣泉（Castalia），泉水从费德里亚德斯（Fedriades，意为"闪光的岩石"）山岩中涌出，朝拜者在这里净化自己。各个城市在这里建造了宝库，保存着供奉给阿波罗和雅典娜的祭品，但相比之下供奉给雅典娜的祭品较少。

①	体育场	⑩	西锡安宝库
②	剧场	⑪	阿戈斯国王纪念碑
③	卡尼多斯人墓地	⑫	体育馆
④	阿波罗神庙	⑬	卡斯塔利亚圣泉
⑤	科林斯宝库	⑭	新雅典娜神庙
⑥	议会大厅	⑮	圆形神庙
⑦	雅典人宝库	⑯	爱奥尼亚宝库
⑧	底比斯宝库	⑰	多里亚宝库
⑨	锡弗诺斯人宝库	⑱	旧雅典娜神庙

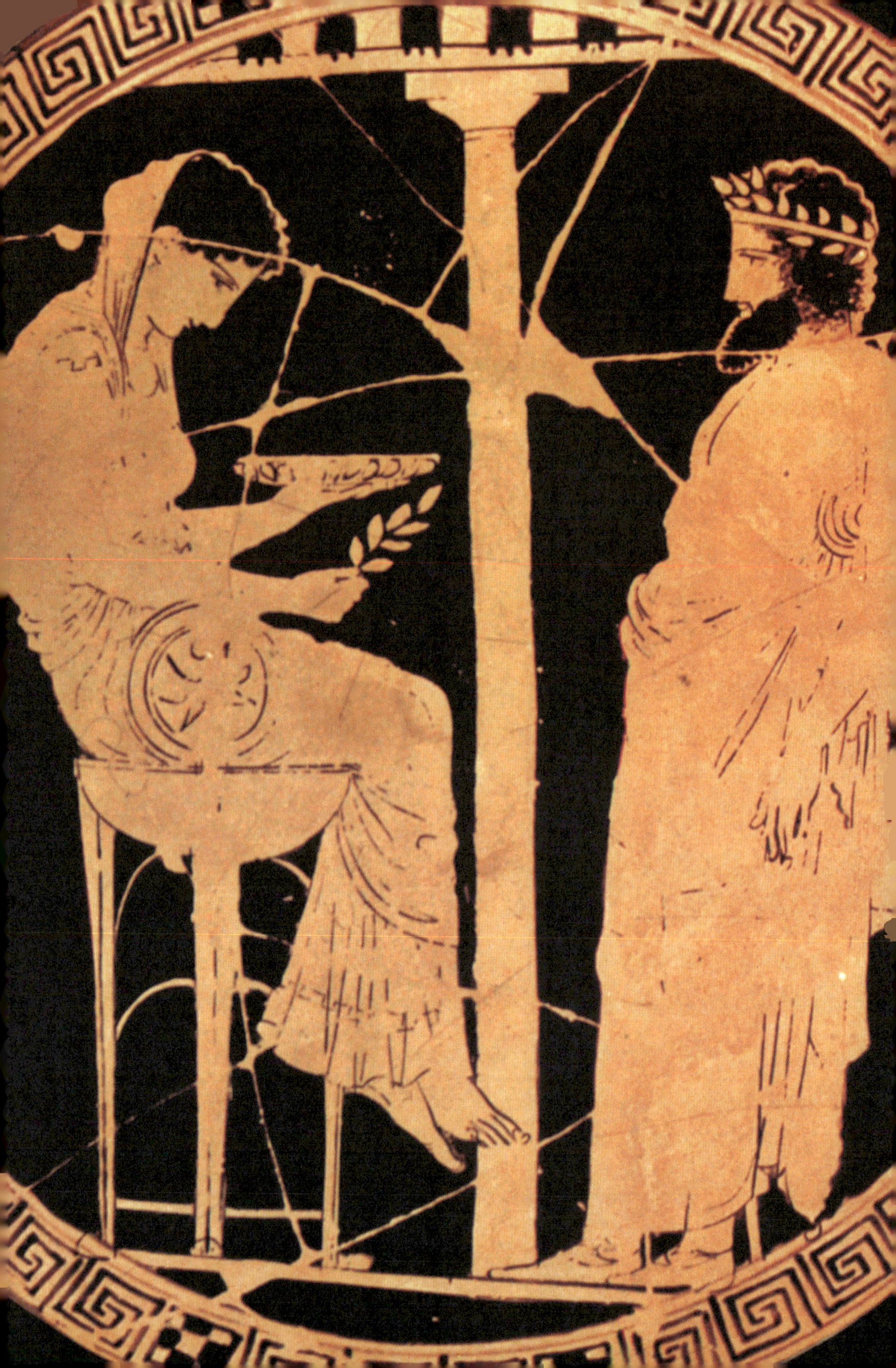

阿波罗圣殿

不同城市的朝圣者代表团到达德尔斐神庙所在的达帕尔纳索斯山脚下后，由相应城市在圣殿中设的亲善大使迎接。这个人既照顾来自本城的公使，也照顾私人来访者。可以想象，在圣殿开放的日子里，一定会有很多人聚集在这里，进入圣殿的人络绎不绝。在这方面，一些城市（如雅典或斯巴达）享有优先咨询的特权（promanteia），这对公民和公共代表团都有好处。

圣殿并不总是开放的，代表团只有在适合获取神谕时才会派出。最初，只在比西欧斯月[26]的第七天即阿波罗诞辰日举行问询仪式，但后来演变为每个月的第七天。同时，圣殿在特殊场合也会开放，每八年一次的庆祝活动，如卡里拉节（Carila）或阿波罗祀祝节（Septerion）[27]，以及每四年一次的皮媞亚运动会（losJuegosPíticos）夏季庆祝活动，这些时候也被认为是到圣殿咨询神谕的好时机。

如果城市有迫切的问题需要解决，经神庙批准，也可以定期派出代表团。例如，雅典人组织了一支前往德尔斐的游行队伍，称为"皮西厄斯"[28]，这取决于是否看到闪电击中某个地方。所有这些都是与其他城市建立关系的适当时机。为此，使节们前来参加在神庙内进行的仪式和祭祀。然而，除了节日、商业活动和运动比赛之外，神谕才是神庙的真正吸引力，周围的所有活动都围绕着它展开，就像诗人埃皮达鲁斯的伊西洛（Isilo de Epidamno）问是否适合为阿波罗谱写一首赞歌，神谕回答他肯定适合。

朝圣者从西部来德尔斐时，会直接进入阿波罗神庙的场地。但在进入之前，他们

---

[26] 在公历的 2 月到 3 月。——译者注
[27] 每八年在德尔斐举行的节日，为了纪念阿波罗，庆祝他战胜蟒蛇皮同。——译者注
[28] Pythais，生活在公元前 3 世纪左右的希腊人，是富有探索精神的航海家、地理学家和天文学家。他冒着生命危险从地中海航行到大西洋，有可能到达过北极圈附近的冰封海面。——译者注

▲ **阿波罗神庙遗址** 阿波罗神庙①、雅典人的宝库②、锡弗诺斯人的宝库③和剧场④的鸟瞰图。

◀◀ **德尔斐的皮媞亚女神** 代表阿波罗发表预言，国王埃癸斯向她咨询。公元前4世纪的圆盘式杯图案。

会走到卡斯塔利亚圣泉，泉水从费德里亚德斯的岩石中涌出，用于净化。随后，他们会进入阿波罗的神圣场所，通过被称为"神圣之路"的街道游行。这条街道沿着一个陡峭的山坡蜿蜒延伸，两侧是众多希腊知名城市的纪念碑或宝库，如锡西翁、锡弗诺斯岛、克尼多斯、底比斯、雅典、科林斯和马萨利亚，一直到达阿波罗神庙所在的平台，这是神庙区的主要建筑。

❶ **阿波罗神庙** 位于德尔斐神圣场所最高处的宽阔平台上。阿波罗神庙供奉着德尔斐的神谕。神庙内,神职人员即祭司称作"皮媞亚"(pitia),代表阿波罗神回答来自古代世界各城邦的使者提出的问题。

❷ **雅典人宝库** 雅典城市为献祭而修建了这个作为纪念物的宝库,它是德尔斐最华丽的宝库之一。这个宝库是除了帕提侬神庙之外最古老的多立克式建筑,浮雕带的陇间壁突出,雕刻着海格力斯和忒修斯的壮举。

❸ **锡弗诺斯人宝库** 德尔斐的锡弗诺斯岛(基克拉泽斯群岛)为了向阿波罗神献祭而建造的宝库是所有宝库中最夺目的,其建筑外部被浮雕环绕,描绘了提坦之战和其他主题。宝库的入口两侧各有一个女像柱。

❹ **剧场** 剧场是阿波罗神庙周围所有建筑中最北面的一座。其观众席沿着山坡的自然倾斜而建,向北和向西两侧依附于山体上。这个剧场是比特战(每四年举办一次的神圣比赛)等各种文艺活动的举办场所。

■ 德尔斐神庙

阿波罗神庙

从古希腊的品达（公元前 5 世纪写下诗歌）到公元 2 世纪的希腊历史学家和旅行家帕萨尼亚斯，他们通过古代文献给我们留下了一则传说，即在德尔斐的阿波罗神庙里，建造了四座不同材料的神庙。据说它们中最古老的是一座树屋，由阿波罗的象征之一月桂树制成，其枝条用于制作皮媞亚运动会胜利者的头冠，也用于皮媞亚女祭司的仪式；第二座神庙是由蜜蜂和鸟群用自己的蜂蜡和羽毛建造的——据希腊人的说法，蜜蜂和鸟群都有占卜的能力；第三座神庙是由锻造神赫菲斯托斯和雅典娜建造的青铜神庙，在其山墙上雕刻了塞勒冬（类似于海怪塞壬的女妖），她们吟唱预言；第四座神庙是由传说中生活在特洛伊战争之前的建筑师阿加梅德斯（Agamedes）和特洛芬尼奥

▶ 今天竖立在阿波罗神庙主立面东侧的柱子是现代的考古学家使用在遗迹中发现的原始柱鼓重建的。

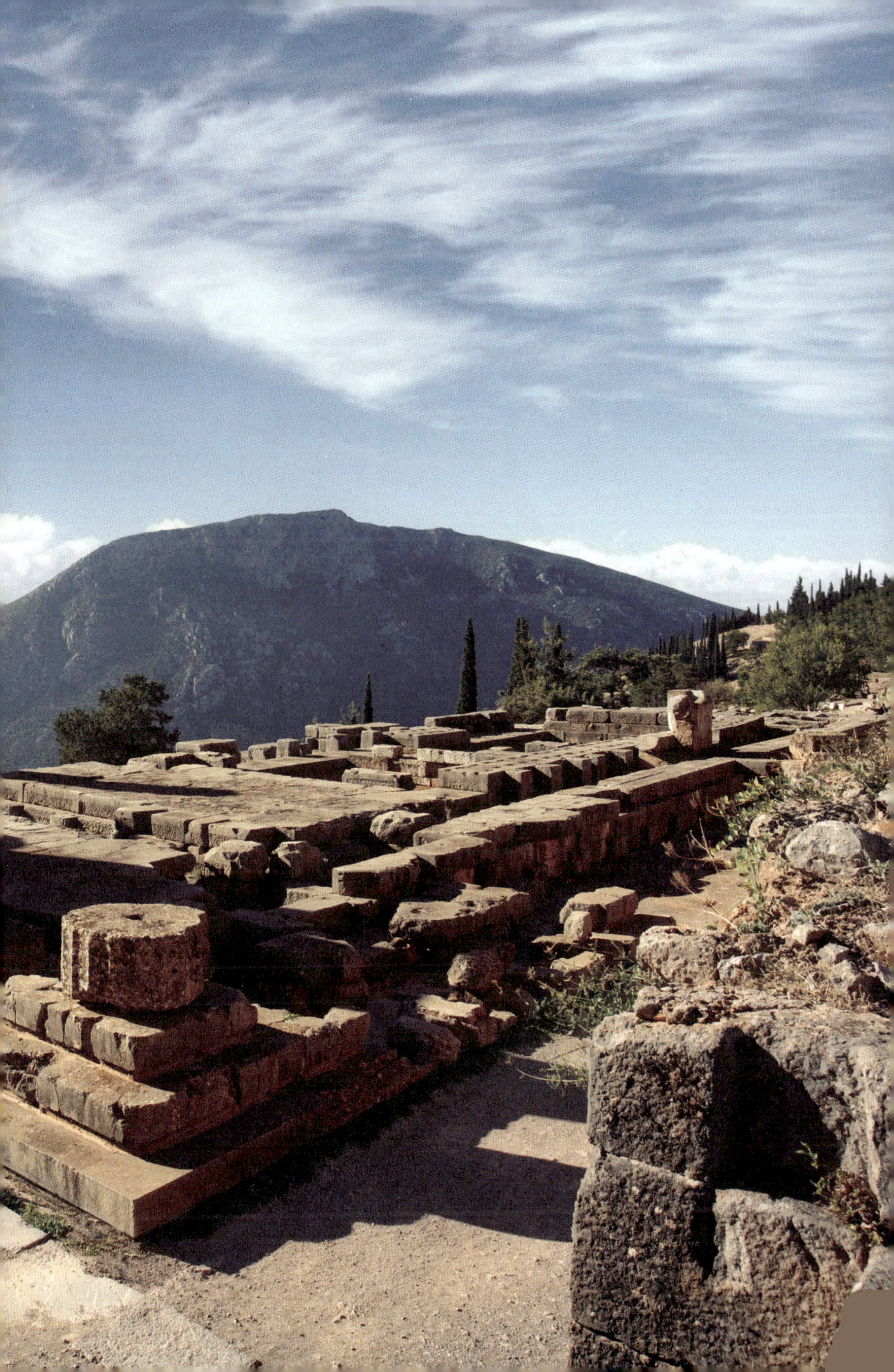

■ 德尔斐神庙

（Trofonio）用石头建造的。

虽然这四座神话中的神庙是否真实存在还有待考证，但有记录表明，公元前548年，这里有一座由石头和木材建造的神庙失火，这座神庙可能从公元前7世纪起就存在了，事后建造了一座新神庙。为了令工程顺利进行，希腊城市向安菲克塞尼（希腊城市联合组织，负责组织工作）提供资源和工人。

新神庙的复杂工程导致工期延迟，似乎无法完成建设。最

主要的山墙顶饰是一个穿着带翼飞鞋的人物形象，其四肢呈现奔跑的姿态。

南墙支撑着建造神庙的大平台，并使其高出阿波罗圣殿遗址中除剧场外的所有建筑。

根据普鲁塔克的说法，字母"E"可能指的是希腊语连词"ei"（"如果"），因为对神谕的询问始终以条件疑问句"我，（名字），问是否能……"开头。

受到地震的影响

山墙四个角的女性形象展现的是有翼的狮身人面像。

这座建于公元前 6 世纪的神庙,在原有建筑被火灾摧毁后重建,但在公元前 4 世纪又因地震遭到了严重损坏,因此不得不再次重建。这里呈现的是这座建筑在古典时期(公元前 5 世纪)的外观。

该神庙周围的柱廊每个立面有 6 根柱子,侧面有 15 根柱子。

金色盾牌是在马拉松战役后(公元前 490 年)由雅典人安置的。然而,不久之后,底比斯人将其解读为攻击性元素,并将这些盾牌拆下。

① **山墙** 因建于公元前 6 世纪,其形式仍保留了一些古老的细节。因此,紧挨在一起的站立人物可以解释为试图在他们之间寻求叙事的连贯性。

② **浮雕带** 阿波罗神庙的浮雕带的陇间壁从未装饰过雕像。但是,在不同的时期,它们内部曾装有金色盾牌。

③ **前殿** 阿波罗神庙的前殿是通往主殿的入口,由两根柱子支撑。入口处设有一道金属栅栏。这个开放的空间上装饰有诗人荷马的雕像和一些铭文。

■ 德尔斐神庙

德尔斐的"石头"

德尔斐神庙被认为是整个古代世界的中心。传说中，宙斯为了找到地球的中心，放飞了两只鹰，一只飞往世界的东端，另一只飞往西端，它们飞行到德尔斐正上方时相遇。之后，宙斯用一块石头标记了这个地方，这块石头被称为omphalos（希腊语中的"肚脐"）。这并不是普通的石头，而是宙斯的母亲瑞亚送给克洛诺斯代替宙斯被吞噬的那块石头。这样，宙斯得以免于父亲的杀害，并最终战胜父亲，成为众神之父。传说中，石头的原件在阿波罗神庙的内殿里，覆盖着一层羊毛，上面缀有宝石和蛇妖头像。这个原件，还有其他几份复制品，都是私人或城市捐赠的，分布在神殿的各个地方。复制品通常由石头或大理石制成，通常以浮雕形式模仿羊毛的线结，表面平滑。

▲ 这是一块希腊化时期的石头，发现于阿波罗神庙前的广场。古代的描述提到了一块位于神庙内部的石头，但是没有保存下来。

🏠 德尔斐考古博物馆

终，因与其他敌对派系的政治斗争而被流放离开雅典的阿尔克迈尼德（Alcmeónidas）家族决定完成工程，他们甚至还从帕罗斯岛运来大理石来完成主立面。他们对圣地投入极大，以至于恶言恶语的人们说他们影响了女先知所发表的神谕——当时女先知坚持需要解放统治雅典的暴君，以便阿尔克迈尼德家族能够回到自己的城市。无论这个指控是否属实，这座建筑于公元前506年完工，就是品达、欧里庇得斯和希罗多德所提到的神庙，也是公元前5世纪希腊人所参观的神庙之一。在那个时候，只有雅典的卫城可以与德尔斐的阿波罗神庙相媲美。

该建筑矗立在一个三级台阶的平台上，四周环绕着柱廊，

正面有 6 根柱子，两侧有 15 根柱子。它的大致面积为 21 米×58 米。内殿是在岩石地基上用石灰石建造的。可通过一条石坡道进入，该坡道于 1950 年由考古学家修复，如今可以在重建的柱子前看到。虽然装饰有浮雕的陇间壁没有保存下来，但是前廊的山墙仍然保存着。主要的山墙顶饰，即立于人字顶的雕像现陈列在德尔斐考古博物馆中，然而都是些残片。

建筑师利用周围的泉水资源，将卡索泰德河（Casótide）的河水引入神庙。两个管道从建筑物下方穿过，一个将水引到南侧的喷泉，而另一个似乎是做神庙内的循环水，可能是为了方便女祭司皮媞亚举行仪式。

在前部的开放空间即前室中，墙上有黄金字母的铭文，被认为是古代世界的不同哲学家留下的。德尔斐的座右铭"认识自己"和三个大写字母"E"（希腊字母表的第五个字母 epsilon），其确切含义仍存在争议。在该字母的论述中，对该神殿有深入了解的普鲁塔克指出，公元 2 世纪的一份有关该字母的著作记载，它可能指的是数字"5"并代表古代的五位哲人——根据这种解释，它的含义不会是传统的七位哲人，或者它可能指的是"如果"这个连词的第一个字母（希腊语中的 ei），因为向神谕提出的所有问题都以"我，（名字），问是否能获得/得到/应该……"这种形式进行。在前室内，设有一道金属栅栏，还设有一个银质的混酒器和荷马的雕像。

进入室内，地面铺有灰色石头，中央设有波塞冬的祭坛，在两侧分别设有宙斯、阿波罗和命运女神的雕像，以及一把铁椅，这是诗人品达到神庙唱赞歌时坐的位置。

除了雕像和其他装饰品，阿波罗神庙最大的秘密在于解密预言仪式，因为一些古代文献，尤其是一些神秘的文献，声称预言女祭司隐藏在一个秘密的地下室里。然而，在神庙的地基中并没有找到类似的房间。今天人们认为，很有可能，在室内的尽头有一个房间，女祭司在那里半隐藏在帷幕之后。建筑物的后部有一个基座，上面放置着原始的"肚脐"[29]圣石，象征着世界的中心，还有阿波罗的雕像，以及皮媞亚坐于其上的德尔斐三脚凳，旁边有一座始终燃烧的祭坛。

---

[29] 意为"神圣的石头"，源自希腊语 omphalos，字面意思为"肚脐"，后来也指"中心"。特别是指德尔斐神庙中的圆形或锥形石头，被古人视为世界的中心。——译者注

▲ 支撑阿波罗神庙的大型人工平台的南墙被称为"多边形墙",因其用不规则的石块紧密地拼接在一起,比方形石块更能增强平台的支撑力。

◂◂ 阿波罗神庙主要的山墙顶饰雕塑(位于中央的雕塑)原本是彩色的。雕塑的鞋子上有双翼,人物是奔跑的样子。
⌂ 德尔斐考古博物馆

平台

　　这座神庙坐落在一个特制的大型人工平台上,平台是支撑这座宏伟建筑的基础。支撑平台的南墙被称为多边形墙,因其石块的形状而得名,这些石块不是正方形的,它们安全地相互嵌合,增强了建筑和平台的支撑力。神庙前面,有一个巨大的阿波罗祭坛,一些城市和富人捐赠的柱子和柱形纪念物,以及阿波罗的巨型雕像。在平台的南侧,有一个祭献给缪斯女神的喷泉,似乎是一个小教堂或神殿,专门供奉盖亚女神,至少还有两个其他的捐赠纪念柱。在多边形墙的石头上,仍然可以看到铭文,其中一些带有填充字母的红色颜料残留,以便阅读。这些铭文中大多与解放奴隶(解放奴隶的公告)以及由阿芬尼亚颁发的命令或特权有关。该神庙建于公元前 6 世纪，由于公元前 373 年的一次地震而遭到严重损坏，因此需要再次重建，由德尔斐市政会和近邻同盟（anfictionía）提供资金。这次重建一直拖延到第三次神圣战争结束（公元前 356 年—公元前 346 年），当时战败的福西亚人支付了巨额罚款，这笔巨款加速了新建筑的建设。这座最后的阿波罗神庙建于公元前 327 年左右，建筑风格与前一座非常相似，一直存留到神庙关闭。现在仍可以看到它的遗迹。

山墙

公元前 548 年，阿波罗神庙遭大火烧毁，之后由阿尔克迈尼德家族出资重建，重新雕刻建筑的两面山墙，原物已经不复存在。这些公元前 6 世纪的新浮雕由雅典艺术家安特诺尔创作完成。它们于公元前 510 年左右竣工，描绘了阿波罗到达德尔斐的场景（东面或正门）和提坦之战的场景（西面）。这些雕塑保存了超过一个世纪，直到公元前 373 年地震摧毁了该建筑的大部分，不得不重建。地震摧毁的山墙雕像埋在神庙的北部平台下，正因为它们一直埋着，其保存状况比之后的雕像好得多。这座神庙的新山墙直到公元前 327 年才完工，至今只以残片形式保存，山墙上的浮雕内容只能凭感觉猜测东面是阿波罗的场景，西面是狄俄尼索斯的场景。

在东山墙上描绘了阿波罗到达德尔斐的场景，中央的组合展示了阿波罗的驷马战车，四匹马为正面雕刻。在战车的两侧有两组雕像——左侧是三位女性，右侧是三位男性，其中有两位男性是正面像，另一位侧着脸朝女性看。在山墙的角落里，有两组动物搏斗的雕像——左侧是一只狮子和一头公牛，右侧是一只狮子和一只鹿。这些动物仅作为装饰，不是中心场景的一部分，就像可能在每个角落的末端有更多的装饰一样，但现在已经丢失了。

这一场景是阿波罗平静地到达德尔斐的情景，与阿波罗夺取德尔斐神谕和杀死怪物皮同（Python）的神话形成了对比。有人提出，雅典的阿尔克迈尼德家族（他们资助了神庙的完成）可能选择了一个友善的形象来展现阿波罗神从雅典出发并伴随着雅典公民到来，而不是选择令人痛苦的谋杀事件，以确保每个看到东山墙的人

■ 德尔斐神庙

① 东面山墙 古代阿波罗神庙主立面山墙上描绘了阿波罗神驾着驷马战车来到德尔斐神庙的场景，这些塑像用大理石雕刻而成。

艺术家安特诺尔在左侧角落刻有一只狮子和一头斗牛进行搏斗。这些动物与另一端的动物一样，并不是中央场景的一部分。

三个戴白色面纱的女人在左侧围绕阿波罗的驷马战车。

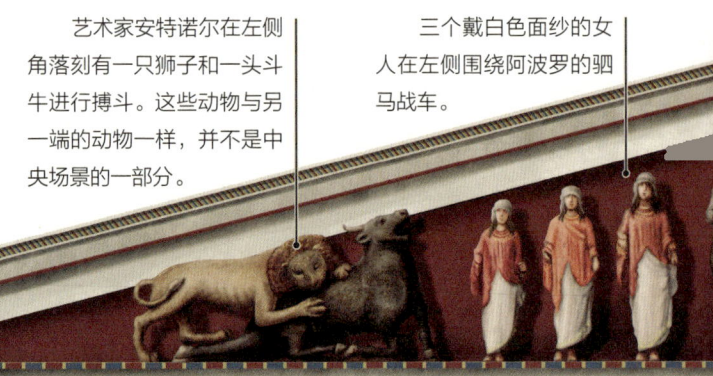

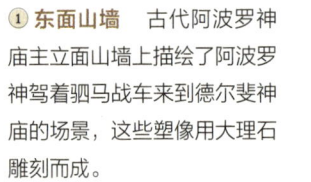

② 西面山墙 西面山墙的主题是奥林匹斯神祇与提坦之间的战斗，即提坦之战。它由石灰石雕刻而成，因此保存状况较差，重建更具挑战性。

在西部的正面，提坦（由大地之母盖亚所生）与奥林匹斯神祇战斗。那个向后倒的人可能是恩克拉多斯。

雅典娜拿着埃癸斯（即"雅典娜之盾"），上面有美杜莎的头像。

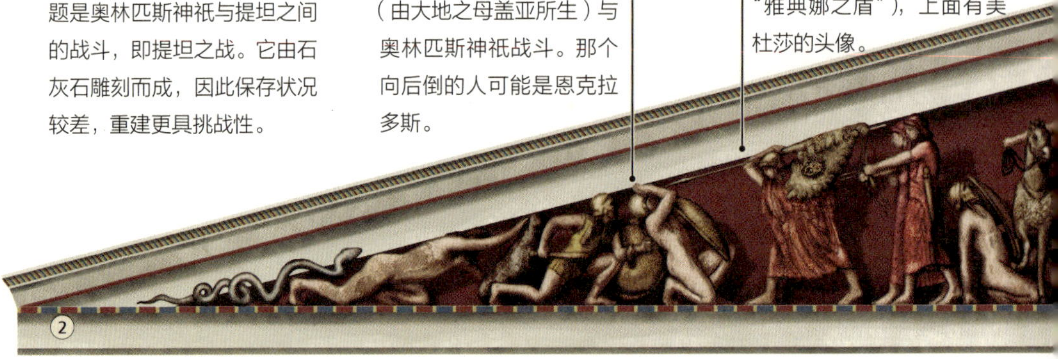

▲ 东面山墙阿波罗战车四匹马中的两匹。
🏛 德尔斐考古博物馆

都联想到雅典城。

尽管发现的所有雕塑都埋在一起，但两面山墙的重建相对容易，因为东面是大理石的，西面是石灰石的。正因为这种材料，西面山墙的残片更多。然而，欧里庇得斯在他的悲剧《伊翁》中提到了西山墙，因此我们知道它描绘了奥林匹斯诸神和提坦之间的战斗，这些提坦是大地之子的怪物。《伊翁》中提到了各种人物（如赫拉克

到达德尔斐圣地的阿波罗的战车。

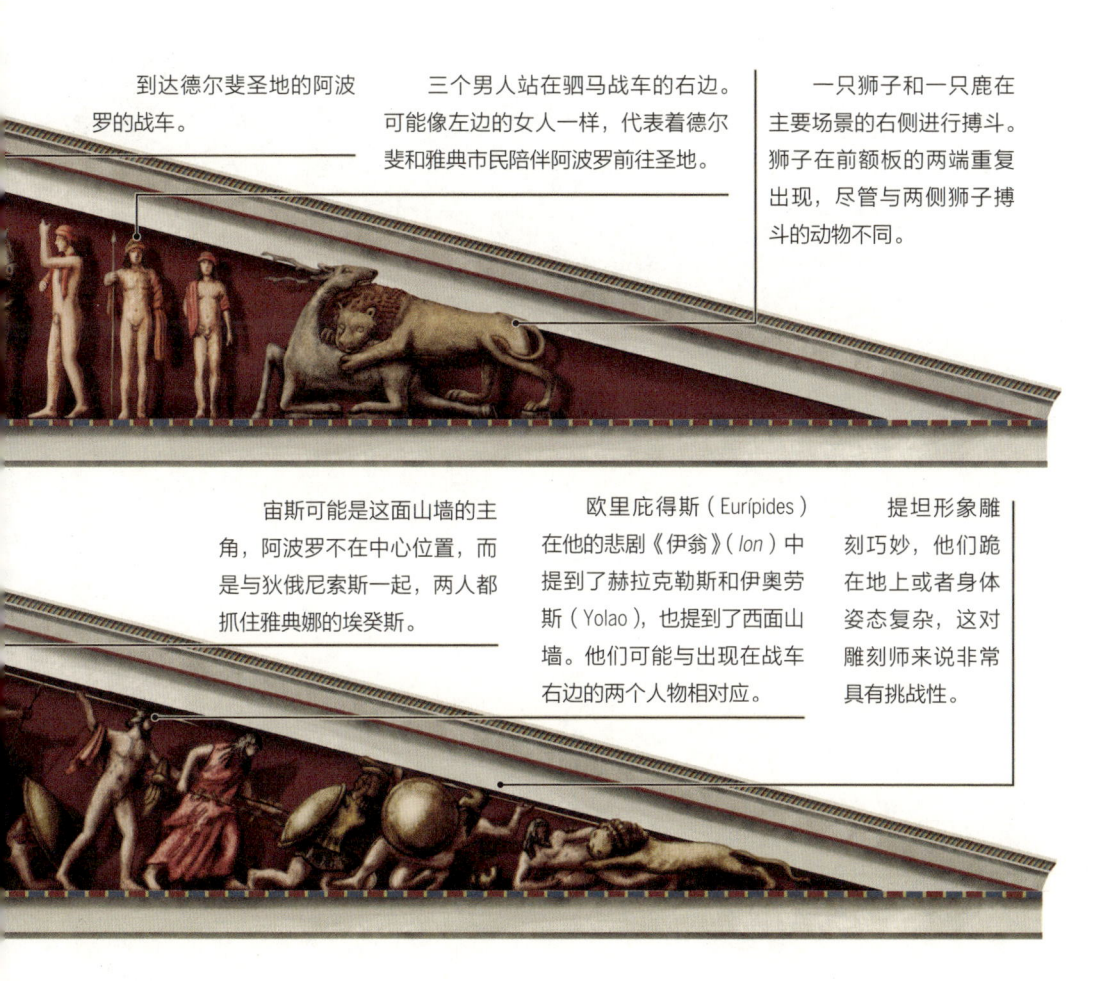

三个男人站在驷马战车的右边。可能像左边的女人一样，代表着德尔斐和雅典市民陪伴阿波罗前往圣地。

一只狮子和一只鹿在主要场景的右侧进行搏斗。狮子在前额板的两端重复出现，尽管与两侧狮子搏斗的动物不同。

宙斯可能是这面山墙的主角，阿波罗不在中心位置，而是与狄俄尼索斯一起，两人都抓住雅典娜的埃癸斯。

欧里庇得斯（Eurípides）在他的悲剧《伊翁》（Ion）中提到了赫拉克勒斯和伊奥劳斯（Yolao），也提到了西面山墙。他们可能与出现在战车右边的两个人物相对应。

提坦形象雕刻巧妙，他们跪在地上或者身体姿态复杂，这对雕刻师来说非常具有挑战性。

勒斯、伊奥劳斯、雅典娜、宙斯或狄俄尼索斯），考古学家根据保存下来的残骸设计了一个相当可靠的重建方案，提坦被描绘为跪着和扭曲着的形象，这也体现了艺术家卓越的技艺。

▲ 狮子的头和公牛的身体是东山墙左角的雕塑中唯一保存下来的，那里曾经有狮子和公牛在搏斗。
🏛 德尔斐考古博物馆

115

祭祀柱

在阿波罗神庙的各个角落都竖立着无数由不同希腊城市献上的雕像、碑文和纪念碑。其中有三根漂亮的祭祀柱非常完整。首先是纳克索斯柱,德尔斐考古博物馆珍藏着柱头上的巨型狮身人面像,这是一件杰出的古代希腊艺术品(同类中最古老的捐赠品,由基克拉泽斯群岛纳克索斯岛的居民于公元前565年左右建造)。其次是舞女柱,来自阿坎托镇(卡尔基迪斯城)[30],描绘了一群手持三脚凳的舞女(因此得名),约建造于公元前330年,与该城市的宝库一起竖立在德尔斐。最后是被称为"蛇柱"的祭祀柱,由在普拉提亚战役中获胜的希腊城市联盟下令竖立(公元前479年),其建造费用大约是从波斯人那里获得的战利品的十分之一。公元330年,当罗马皇帝君士坦丁一世将帝国首都迁往新建的君士坦丁堡(古称拜占庭)时,这座城市经历了深刻的重建,并从地中海各地引进纪念碑作为装饰。德尔斐的蛇柱被安置在竞技场中。

❶ **蛇柱** 蛇柱最初位于阿波罗神庙前面,高约9米,还应加上现已丢失的顶部,其中有蛇头、三脚凳和一个金鼎。

❷ **纳克索斯柱** 纳克索斯柱位于阿波罗神庙平台下的多边形墙柱廊旁边。狮身人面像被固定在一根爱奥尼克柱上,但其朝向未知。整个纳克索斯柱高达12米。

❸ **舞女柱** 阿波罗神庙东北方向发现了一个高3.5米的雕塑群,上面有三个女像,站在一个科林斯柱顶上。据估计,柱子的完整高度与其他两根祭祀柱接近。

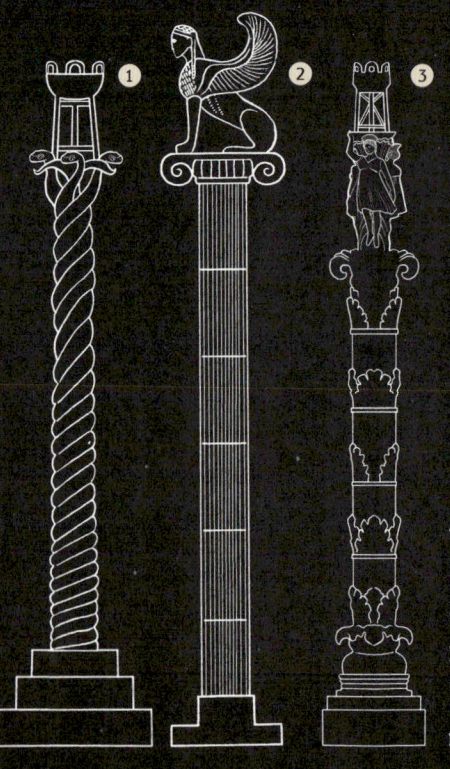

▲ **三条蛇交缠在这根青铜柱上** 史学家帕萨尼亚斯(公元2世纪期,三脚凳和金鼎已经遗失,它熔掉用于支援福西亚军队。而蛇头18世纪脱落,只有一个得以保存。
🏛 伊斯坦布尔考古博物馆

[30] Calcidica,又名"哈尔基季基"。——译者注

▲这座狮身人面像是用纳克索斯岛的大理石雕刻而成的,具有鲜明的崇拜式风格。它有狮子的身体,女人的头部(类似于古老的女像柱风格)和鸟的翅膀。雕像被放置在一个有六个逐渐缩小的柱身和总共44个凹槽的带有爱奥尼亚式柱顶的柱子上。
🏛 德尔斐考古博物馆

▲在这根中央的柱子上,有三位背对背跳舞的女子,由彭特利库斯大理石雕刻而成,可能是负责狄俄尼索斯崇拜的女祭司。她们的动作柔和优美。只有其中一尊雕像的面部得以保存下来,她微微低头,面带微笑。
🏛 德尔斐考古博物馆

■ 德尔斐神庙

德尔斐神谕

直到今天，阿波罗神庙内的宙斯女祭司传达神谕时，神谕是如何产生的仍然是一个谜。关于这些仪式，已经有许多学者提出了很多理论，有些描述甚至涉及神秘主义。但实际上，没有人知道阿波罗在"世界的中心"的神庙内所说的神谕是如何产生的。

许多人对通过皮媞亚解释和传达阿波罗意愿的预言过程进行了推测。关于这一点，在德尔斐提出咨询的程序已经解释得相当详细了，该程序始于神庙前的祭坛，咨询神谕以祭品或圣饼的形式支付费用，也就是说，神庙本身出售用于供奉的动物和献给神的圣饼。虽然我们不知道价格是多少，但假设最低的奉献价格对普通市民来说是合理的。然而，富人除了祭品，通常还会献上其他礼物，如雕像、三脚凳和各种祭品。

▲象征德尔斐的三脚凳画在陶瓷花瓶上的场景细节。在凳子后面，可以看到复仇女神厄里倪厄斯[31]中的一个，她迫使俄瑞斯忒斯[32]杀死了自己的母亲克吕泰涅斯特拉（Clitemnestra）。
🏛 雅典卫城博物馆

神秘的神谕

在完成祭祀仪式后，朝圣者通过保存圣殿档案的神谕撰写室进入圣殿，并在那里提出问题。传统的说法是，在圣殿内部有一个地下室，被称为圣室

---

[31] Erinias，复仇女神（古希腊语：Ερινύες，字面意思为"愤怒"），是希腊神话中的三个复仇女神。在古典时代的阿提卡地区，人们举行祭祀仪式时从不直接提到这些女神的名字，而使用其别名欧墨尼得斯（Εὐμενίδες，意为"善良"）。——译者注

[32] Orestes，希腊神话中的人物，古希腊远征特洛伊的统帅阿伽门农的儿子。——译者注

▶ 德尔斐先知或祭司经常出现在艺术作品中。米开朗琪罗在西斯廷教堂的壁画中为她保留了一席之地（1508—1512年）。
🏛 罗马梵蒂冈博物馆

▶ 根据希腊神话，雅典娜参加了赫拉克勒斯和阿波罗争夺德尔斐三脚凳的斗争。在这个直径为30厘米的古老陶器的中央场景中，女神为阿波罗说情。
🏛 那不勒斯考古博物馆

（adyton），当掌管预言的女祭司戴上月桂花冠并拿着月桂树枝，进入狂热状态与神灵沟通时，她就会来到那里。传说她在那里咀嚼月桂树叶、喝泉水，并坐在一个大的三脚凳上，凳子放在地面的一个天然裂缝上，有蒸汽从中溢出。吸入这些蒸汽后，女祭司会进入狂热或妄想状态，从而说出一些难以理解的话，这些话被圣殿的祭司听取并记录下来，然后交给咨询者。但是，这个传说的问题在于它是晚期出现的，而且更多的是一种对现实的神秘化表述。普鲁塔克是历史学家和传记作家，也是德尔斐阿波罗神庙的神职人员，但他不仅没有描述这种过程，而且他的叙述与之相差甚远。据他说，神庙内的确存在圣室，但对咨询者开放，而不是一个秘密房间；他也没有提到女祭司的狂热状态或话语的不连贯问题。此外，当希罗多德叙述斯巴达立法者利库尔戈（Licurgo）进入女祭司区域时，女祭司直接对他说话，甚至不等他提问，实际上是向他口述了斯巴达的宪法。色诺芬（Jenofonte）似乎也与女祭司有直接关系，因为他问女祭司他应该把自己托付给哪位神灵才能在远征中取得胜利，随后他在《远征记》（*Anábasis*）中叙述了这个过程。总之，至今仍然不清楚圣殿内部发生了什么，还有女先知是如何操作的。

关于她灵感的起源，有人试图解释可能是因为她使用了某些致幻物质，这些物质可能存在于水或月桂树中，或者确实某些气体对她的行为产生了影响（似乎已经证实在德尔斐地下存在乙烯）；甚至有人声称可能使用了催眠或其他形式的暗示。在咨询和祈祷后，朝圣者回到神谕撰写室，先知在那里交给他们一份正式的书面报告，并以庄严的方式解释和表述答复，通常是用诗句。

雅典人宝库

被称为"宝库"（希腊语是thesauroi）的建筑物是虔诚之人对神明的奉献。但它们也是捐赠城市炫耀和纪念某次军事胜利或纯粹展现经济繁荣的一种形式。它们的建筑在小范围内模仿了神庙的样式，大多数有前殿和内殿，以及精美的装饰。在德尔斐，大多数建筑都是多立克柱式，用石灰岩或凝灰岩建造，但马尔马里亚（Marmaria）的多立克柱式宝库和雅典人宝库除外，这两者都是由大理石制成的。

这些宝库用于收藏珍贵的物品、奉献品和城市居民的捐赠物，但也包括外邦人想要与该城市结好的捐赠物。它们保存下来的都是残缺部分，因为在基督教时代，一些被改造成住房或马厩；另一些被拆掉，石头重新用于建造新的建筑物。

阿波罗圣殿的大部分宝库建在圣道（vía Sacra）附近，位于围墙的南部，大台阶的下面。宝库欢迎朝圣者，他们在攀登至阿波罗神庙的过程中可以欣赏捐赠城市的繁荣与部分政治和军事历史。

在圣殿西南部的第一个拐角处，建造了一列宝库，位于人工平台上。其中一个是已经修复目前可看的，并且是圣殿的主要景点。雅典人宝库重建于1903年至1906年。这些作品是由雅典（由马拉松战役所得的财富）资助的，由法国考古学院以相当真实的方式重建，因为他们使用了保存在德尔斐考古博物馆中的浮雕模具。根据古希腊历史学家帕萨尼亚斯的记载，雅典人建造了他们的宝库，得益于从马拉松战役中获得的财富，因此该建筑可能建于公元前490年以后。事实上，波斯人于那一年到达雅典东北部的马拉松平原，雅典人在神秘的神灵的帮助下成功地击退了入侵者并将敌人驱逐出境。战斗后，雅典人咨询了德尔斐的神谕，询问如何感谢帮助他们的神灵，因此，他们在奥林匹亚和德尔斐都建造了纪念性的建筑，其中包括在奥林匹亚他们奉献了战斗中死去的波斯人的盔甲，而在德尔斐他们决定建造一座新宝库。

■ 德尔斐神庙

建造日期不确定

尽管关于该宝库的故事广为流传，但考古研究对其建造日期提出了质疑，因为宝库雕刻装饰的风格表明它可能稍早，可能是公元前 6 世纪末。有多种理论试图解释所保存的遗迹与历史叙述之间的不一致。其中之一是，帕萨尼亚斯可能混淆了建筑物的建造日期与三角形平台上南墙下出现的铭文日期，铭文写着"来自马拉松战役的雅典人献给阿波罗，掠夺自波斯人的赠品"。因此，如果帕萨尼亚斯出错了，就可以推测宝库是在马拉松战役之前建造的，铭文是后来添加的，战争结束后与来自战利品的各种祭品一起添加进去，如盾牌或盔甲。然而，另一种理论认为不能排除宝库可能建于公元前 6 世纪，直到马拉松战役之后才结束，这解释了为什么在数十年的建造期间会出现雕刻风格的混合。最后，还有人提出，新的雅典人宝库实际在马拉松战役后建造，重

▶ 这座宝库——包括其浮雕带的陇间壁——得到重建，加上它位于圣地旁的中心位置，使这座建筑与剧场一起成为德尔斐神庙中极具吸引力的景点。

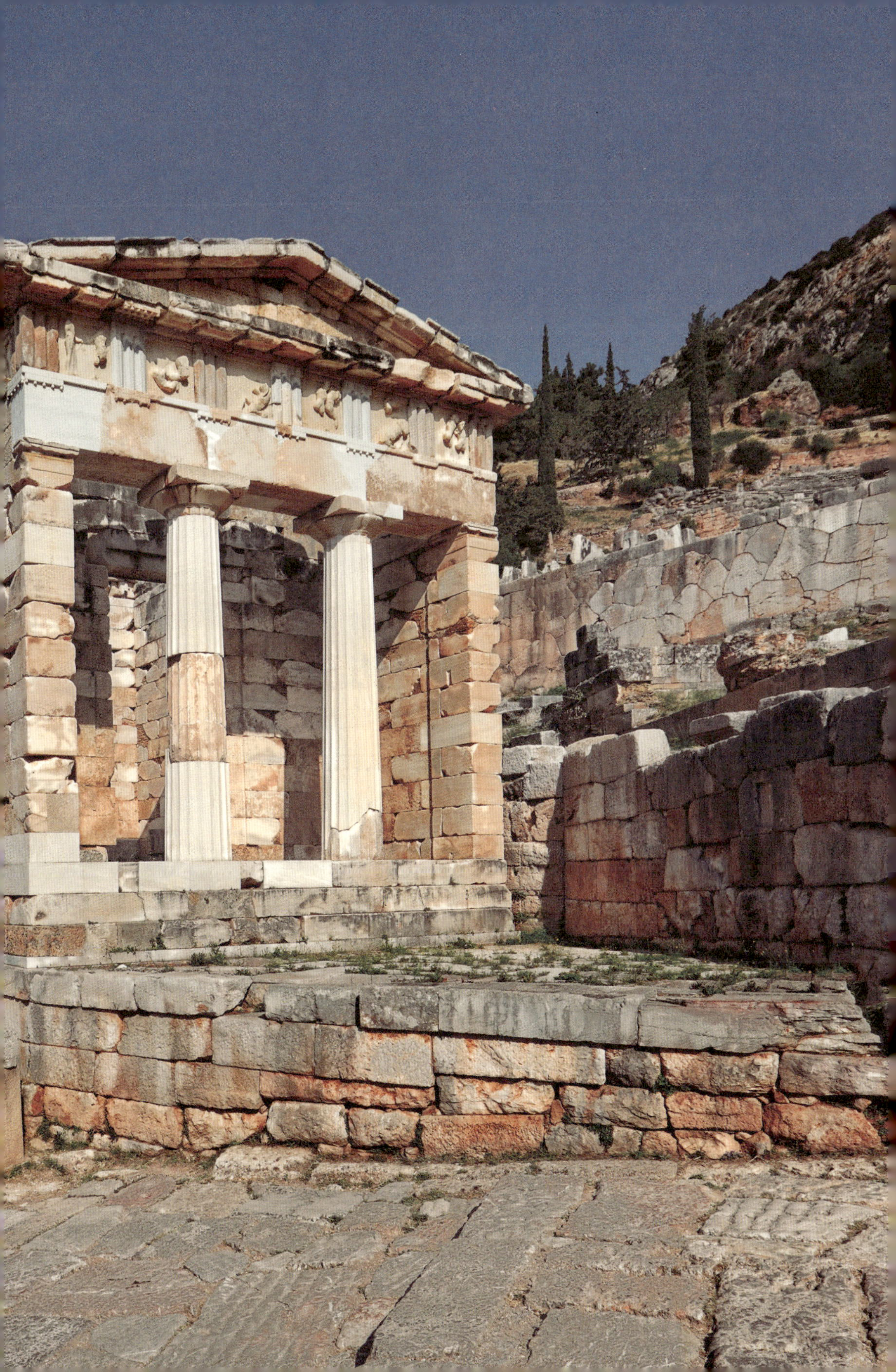

■ 德尔斐神庙

复利用了先前一座小宝库的装饰元素，该宝库曾经存在于同一位置，这可能导致了现有风格的混合。

无论如何，这座建筑最早出现了多立克柱式（即正立面有两根柱子，位于两侧的两个壁柱之间），用阿提卡的彭特利库斯大理石建造而成。它是第一座所有陇间壁都装饰有浮雕的宝库，也是第一座将雅典英雄忒修斯和赫拉克勒斯放在一起描绘的建筑。

这座建筑物长 6.5 米，宽 9.6 米。连续的浮雕带在正面和背面各有六个"田"形，两侧各有九个。在北面和西面，即最不显眼的两面，刻画了海格力斯的事迹；在朝着圣道的南面，刻画了忒修斯的生平；在东面的正面，刻画了亚马孙女战士的战斗场面（两个屋脊上的装饰也是骑在马上的亚马孙女战士）。主立面有两根多立克柱，柱间装有金属门，可能是铁或青铜制的，柱上仍可见的孔可以证明。建筑物并没有建在台阶上，而是直接建在地面上，只有前部有台阶。由于地形的倾斜，人们建造了一个人工平台和一个小型的石灰石挡土墙，

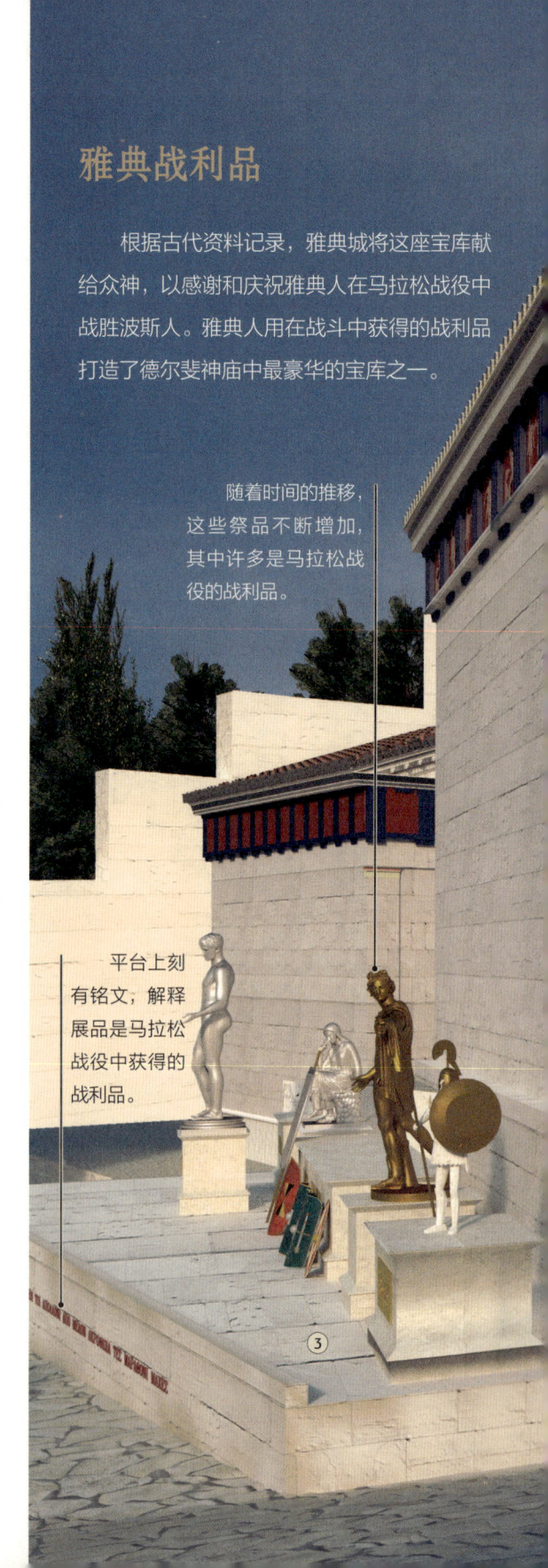

雅典战利品

根据古代资料记录，雅典城将这座宝库献给众神，以感谢和庆祝雅典人在马拉松战役中战胜波斯人。雅典人用在战斗中获得的战利品打造了德尔斐神庙中最豪华的宝库之一。

随着时间的推移，这些祭品不断增加，其中许多是马拉松战役的战利品。

平台上刻有铭文，解释展品是马拉松战役中获得的战利品。

③

在宝库的正上方顶部，是一位骑马的女战士，代表着神话中的人物，装饰着山墙。

这些盾牌是在马拉松战役胜利后放置的，作为战斗胜利的祭品。

阿波罗颂歌，被谱成乐曲并刻在墙上，人们会在游行中歌唱。

宝库直接建在地面上，只有入口处有阶梯。

❶ 正面有两根多立克柱。在中间和柱子与侧墙之间的空隙处，有铁或青铜制成的金属门。

❷ 用于装饰的陇间壁上描绘了赫拉克勒斯的功绩、忒修斯的生活片段以及亚马孙女战士的战斗场面。

❸ 为了克服地形的高差，宝库建在一个人工平台上，平台用石灰石块砌成小型挡土墙。周围放置了供品。

■ 德尔斐神庙

陇间壁

雅典人宝库浮雕带上的 30 块陇间壁（67厘米×60厘米）中只有少部分保存了下来，而保存下来的这些都处于残破状态。然而，可以看出它们是浮雕式的，因为有些人物图案几乎都是突出的。这些人物的身体构造和解剖结构揭示了创作者对自然的深入研究，比同期的其他雕塑作品，如库罗斯更为先进。在重建的宝库正面上放置了保存完好的陇间壁模子，这些模子与原来在这部分浮雕带上的不相符。尽管没有确切的证据，但许多研究认为它们的顺序是这样的：南侧的陇间壁面对着圣道，最容易被看到，展现的是雅典英雄忒修斯的冒险，他被视为阿提卡的统一者；北部和西部最为隐蔽，展现的是泛希腊英雄赫拉克勒斯的功绩；而在东侧主立面的浮雕带上，展现的是亚马孙女战士的战斗场面。

◀ 赫拉克勒斯捕捉刻律涅亚山的牝鹿（他的第三项任务），来自北面浮雕带的第19块陇间壁场景。
🏛 德尔斐考古博物馆

上面建造了宝库；同样地，建筑物的南坡也扩大了，建造了另一个小三角形平台，像一个陈列马拉松战役战利品和后续供品的展台。

游行

公元前 4 世纪末至公元前 3 世纪，尤其是公元前 3 世纪，宝库建筑物的墙壁开始覆盖铭文，甚至在北侧墙壁上也有铭文，这些铭文对游客来说几乎是隐藏的。这使得它几乎成为雅典城市的石头档案。有些铭文与在圣殿内举行的仪式有关，有些证明了雅典人的特权，其中甚至有解放奴隶的铭文（在整个圣殿中都很常见）。最著名的铭文是包含阿波罗赞美诗的铭文——这些音乐诗歌在雅典人举行的游行庆祝活动"皮西厄斯"中歌唱以向神祇致敬，如今在德尔

▲ 代表德尔斐守护神阿波罗的青铜面具。它的历史可以追溯到公元前470年至公元前460年。

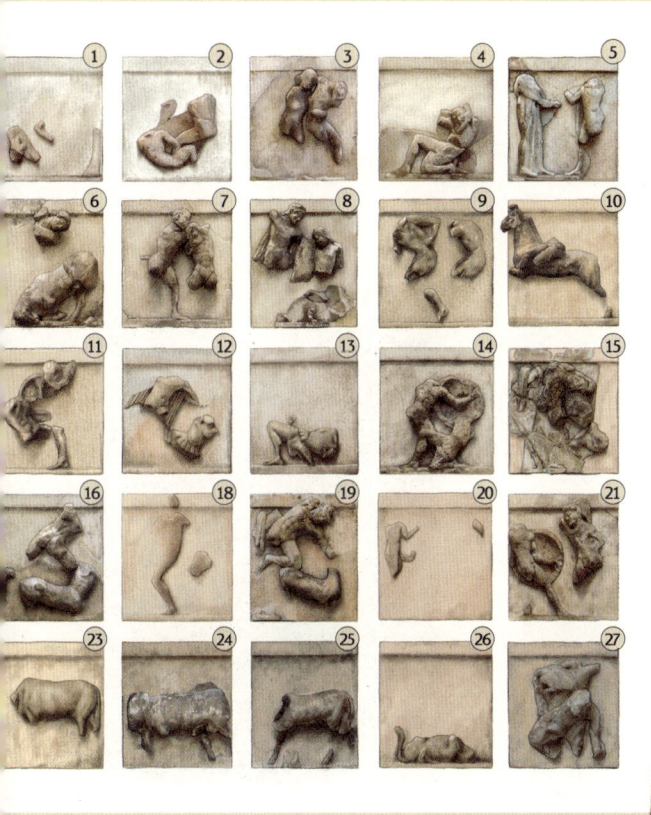

1—8 忒修斯的冒险故事 忒修斯的人生——例如捕捉公牛（6 号浮雕）——在多个浮雕中呈现。

9—14 亚马孙女战士的战斗场面 亚马孙女战士在几个战争场面中扮演主角，但不知道她们是在与谁或什么作战。

15—22 赫拉克勒斯的冒险故事 赫拉克勒斯的功绩成为这一系列浮雕的主题。

23—27 赫拉克勒斯与革律翁的战斗 这几块被认为是英雄赫拉克勒斯与怪物革律翁的搏斗场景。

未保存的 17 号和 22 号浮雕 由于没有任何残片留下来，17 号和 22 号浮雕没能展现出来。

▲安提奥珀（Antíope）和忒修斯是雅典宝库南部浮雕的主角（第八个陇间壁细节）。根据神话，亚马孙女王安提奥珀被忒修斯绑架，导致亚马孙军队入侵阿提卡。
🏛 德尔斐考古博物馆

斐考古博物馆展出。这是地中海最古老的音乐注解铭文（公元前 2 世纪），当其在最初的发掘中被发现时，名噪一时，以至于这张"乐谱"在整个欧洲的节日中被演唱，甚至在 1894 年于巴黎举行决定奥运会时间的会议上演唱。

毫无疑问，这些庆祝活动是希腊城市在德尔斐神庙举行的最重要的活动之一，以纪念阿波罗到达德尔斐，因为据信这位神祇是从阿提卡前往圣殿的。该活动包括从雅典到圣殿的朝圣之旅，在那里举行沿着圣道的游行，然后返回并将阿波罗神殿的圣火带回雅典。随着时间的推移，这个活动从最初只根据特定的神迹举行（根据特定的时间是否有雷击），变成了一个每 8 年举行一次的定期活动，旨在加强雅典和德尔斐之间的联系。

> 德尔斐神庙

德尔斐大发掘

在公元 1892 年至公元 1903 年的十多年间，法国雅典考古学院在狄奥菲勒·霍莫勒（Théophile Homolle，1848—1925 年）的领导下，对希腊的一个遗址进行了最复杂和最广泛的考古发掘。发掘的规模之大，在历史上被称为"大发掘"。

公元 4 世纪，在罗马皇帝狄奥多西一世下令关闭神谕之后，德尔斐被废弃了。山体滑坡和泥石流覆盖了圣殿，后来在废墟上出现了一个新的城镇——卡斯特里（Kastri），世人却不知道它就在德尔斐古城的上面。早在 15 世纪，安科纳的西里亚科（Ciríaco de Ancona），一位人文主义者和古物收藏家，就确信圣殿就在城市的下面，但直到 19 世纪中期希腊独立后，考古队才来到这里进行第一次勘探。

然而，挖掘工作十分复杂：卡斯特里镇的住宅就建在圣殿上。1870 年的一场地震摧毁了城镇的一部分。希腊政府利用这个机会考察了各种考古流派，以寻找城镇和遗址的解决方案。美国古典研究学院提出了为人口转移和挖掘筹集必要的资金，并开始在美国银行家和慈善家之间发起筹款活动，甚至由纽约时报宣布和推动。然而，当他们在美国寻求特许权时，法国学院的考古学家狄奥菲勒·霍莫勒设法说服法国政府向希腊人提供 100 万法郎。美国学派宣布自己无法通过这一提议，于是在 1891 年，法国与希腊签署了租借协议。

▲ 卡斯塔利亚圣泉，位于德尔斐附近费德里亚德斯（Phaedriades）山崖的峡谷中。前往阿波罗圣殿获取神谕的朝圣者和皮媞亚运动会的参赛者在抵达圣殿之前会来到这个圣泉。这里还留有一个古老的泉源和一个罗马时期的泉源遗迹。这幅版画是基于威廉·佩奇的原始草图而制作的。

▶ 1896 年，在法国雅典考古学院挖掘德尔斐神殿的过程中，在左下方发现了战车手雕塑。

ΑΥΤΩΝΟ
ΟΜΑΞΕΝΩΝ

■ 德尔斐神庙

▲ 阿尔戈斯双生子是在另一次大发掘中发现的。这里指的是两尊相同风格的古代雕像，这张照片展示其中一尊正在被挖掘出土。

跟随帕萨尼亚斯

这场挖掘活动是希腊有史以来最复杂、规模最大的一次，无论从参与人数还是从遗址的规模来看。"大发掘"发生在1892年至1903年，并以德尔斐考古博物馆的落成而达到高潮。

第一个挑战是征用卡斯特里的老房子，并将其居民迁移到西边一公里处的新城镇，即现代城镇德尔斐。这并不容易，在希腊

隐藏在卡斯特里镇之下

时间将德尔斐的遗迹掩埋，直到它们消失不见。卡斯特里镇在这些遗迹上建立起来，一度妨碍了挖掘。

1436年
德尔斐重新被发现
在帕尔纳索斯山的山脚下，旅行家和收藏家安科纳的西里亚科重新发现了在地下隐藏了多个世纪的德尔斐。

1871年
一场地震摧毁了卡斯特里
希腊政府利用这场地震来批准人口迁移和开始系统挖掘。

▲ 法国考古学家狄奥菲·霍莫勒（1848—1925年

◀1874年在罗马斯特罗齐别墅拍摄的一张照片，展现法国雅典考古学院的专家们。从右到左分别是：站着的路易斯·杜申，坐着的古斯塔夫·布洛赫、阿尔伯特·杜蒙、欧仁·芒茨、奥东·黎曼、莱昂·克莱达以及墙上的狄奥菲勒·霍莫勒（右）和贝特霍尔德·泽勒。

▶德尔斐考古博物馆最初将在现场发现的几件雕塑保存在这个储藏空间中，然后才展示给公众。中间是舞者的雕塑群，右侧前方是一块圣石（omphalus）。

军队的介入下，搬迁工作才得以完成，这才停止了居民的抱怨和攻击。

在这一事件之后，狄奥菲勒·霍莫勒及其合作者——包括亨利·康福特（工程师、制图师和摄影师）和阿尔伯特·图雷尔（建筑师）——依照

2年

勒发起挖掘活动

开始了由法国雅典考院的领导人狄奥菲勒·勒发起的大规模挖掘活该活动由法国资助。

◀《发掘集》，由法国雅典学院出版。

1903年
博物馆诞生
德尔斐的第一家博物馆以其重建的锡弗诺斯人宝库立面而著称。

1938年
关键性修复
阿波罗神庙和马尔马里亚圆顶墓里一些保存完好的柱子被修复并放置在原来的地方。

1961年
新发掘
第二次世界大战后，新博物馆落成并恢复发掘。

帕萨尼亚斯的描述，开始勘察阿波罗圣殿平台的下部，他们认为这里是圣道的起点。从这一起点开始，雕像和奉献性建筑物就随处可见。当他们发现雅典人的宝库时，兴奋之情达到了顶点。

巨大的失望

但也有挫折。在挖掘阿波罗神庙时，也有过最令人失望的时刻。从一些古代资料来看，预计会找到一个地下室，即圣室（adyton）。然而，尽管对建筑物的地基进行了密集的挖掘，但并没有找到类似的地方；没有圣室，岩石上没有裂缝，也没有关于皮媞亚的故事中提到的令人陶醉的雾气。由于巨大的失望，法国学派过了很长时间才公布发掘结果，因此受到了世界各地的研究人员和考古学家的批评。在随后的活动中，法国考古学家发掘了遗址的其余部分，弥补了他们最初的失望，如发现了金牛座、舞女柱和众多皮媞亚运动会胜利者的雕像和纪念碑。发现完整的阿波罗圣殿后，工作转移到体育馆，最终到了马尔马里亚（Marmaria）即雅典娜神庙。大发掘结束后，霍莫勒致力于重建雅典人宝库以纪念这一成就，并成功获得雅典市的资助。

后来，新一代的法国考古学家接手了这个遗址，其中包括查尔斯·皮卡尔（Charles Picard）和皮埃尔·德·拉·科斯特-梅塞利耶（Pierre de La Coste-Messelière），他们重建了希俄斯（Quíos）的祭坛和现在可以看到的阿波罗神庙和马尔马里亚圆顶墓中的柱子。

从1956年开始，随着电力进入德尔斐，这个遗址成为一个旅游景点：据估计，从15世纪安科纳的西里亚科（Ciríaco de Ancona）访问到1936年，只有不到两百人访问过该遗址，但现在它是希腊最受欢迎的景点之一，每年有近两百万游客参观。

法国考古学院至今仍在遗址的不同区域作业，他们的工作重点是保护、定位和分析遗迹，并让地质学家参与解开德尔斐神庙地下的奥秘。

锡弗诺斯人宝库

锡弗诺斯是爱琴海中心的基克拉迪群岛中的一个小岛，从青铜时代起就成为追寻米诺斯文明和迈锡尼文明矿产的战略要地。这个岛富含铅、银和金，拥有史前的矿山（既有露天采矿也有地下采矿），今天仍可参观。毫无疑问，锡弗诺斯人是基克拉迪群岛中最富有的居民之一。根据古代资料，他们将收益的十分之一捐献给德尔斐的阿波罗神殿，他们的宝库是这种捐献的最好例证。

然而，在历史中，该岛逐渐衰落，可能是由于矿藏的枯竭，尽管帕萨尼亚斯提供了另一种解释：他说，锡弗诺斯人决定不再向阿波罗献礼，作为报复，矿井被海水淹没，以防止他们继续获取矿物。然而，希罗多德的版本稍微不那么像神话：根据这位历史学家的说法，萨摩斯岛（靠近安纳托利亚海岸）的暴君波利克拉底的反对者请求锡弗诺斯人帮助他们推翻暴君，但遭到拒绝，于是萨摩斯人于公元前525年入侵并摧毁了锡弗诺斯，而锡弗诺斯人建在德尔斐的宝库显然已经完工。

与城市大多数宝库不同，这座宝库是爱奥尼亚式的建筑，在建造过程中使用了三种不同的大理石，这表明锡弗诺斯经济繁荣。来自锡弗诺斯岛的大理石块用于建造宝库的墙壁，来自纳克索斯岛的大理石用于建造带有雕刻装饰的檐口，而来自帕罗斯岛的大理石则用于建造浮雕带。由于在挖掘过程中回收的大理石块状况良好，可以看到大部分用于绘制宝库装饰元素的颜色：蓝色用于山墙和连续饰带的背景；红色用于下部柱墩和顶梁的底座，以及部分植物细节和人物服装的装饰；绿色与红色相辅相成，用于装饰檐口；青铜色用于覆盖浮雕带中人物的武器、头盔和其他金属元素。对这些装饰和整个宝库的研究表明，锡弗诺斯人没有发展出本土的风格或技术，而是委托有经验的大陆工匠来完成所有的作品。

一座雕塑里程碑

与其他宝库一样，建造这座建筑的目的是容纳锡弗诺斯人为圣殿献上的供品和祭品。然而，这个宝库本身成为当时最精细的建筑和雕塑作品之一。按照内殿和前

德尔斐神庙

殿、前廊（门廊两侧有两根柱子）的模型，每根柱子有两个女像柱，其中一个保存完好。

　　宝库建在圣道上，坐落在石灰石块砌成的平台上，平整了地势的坡度，宽 6 米，长 8.4 米，高度约为 4.5 米。该基座本身高 1.5 米，另外加上山墙和边饰，两侧还有两个带翼的胜利女神雕像。连续的浮雕带上描绘了提坦之战和特洛伊战争的场景，这是一个泛希腊的传说，毫无疑问对所有沿着圣道前行的游客都很有吸引力。只有东面的山墙雕塑保存了下来，它描绘了宙斯调解阿波罗和赫拉克勒斯为得到德尔斐三脚凳而争斗的场景；有人认为，西面的主山墙上可能描绘了阿波罗驾车到达圣殿的场景，类似于阿波罗神庙的场景。

▶ 在遗址中，锡弗诺斯人宝库的遗迹仅限于围墙的残骸，但在德尔斐考古博物馆中，保存并展示了一个立柱女像和入口部分。

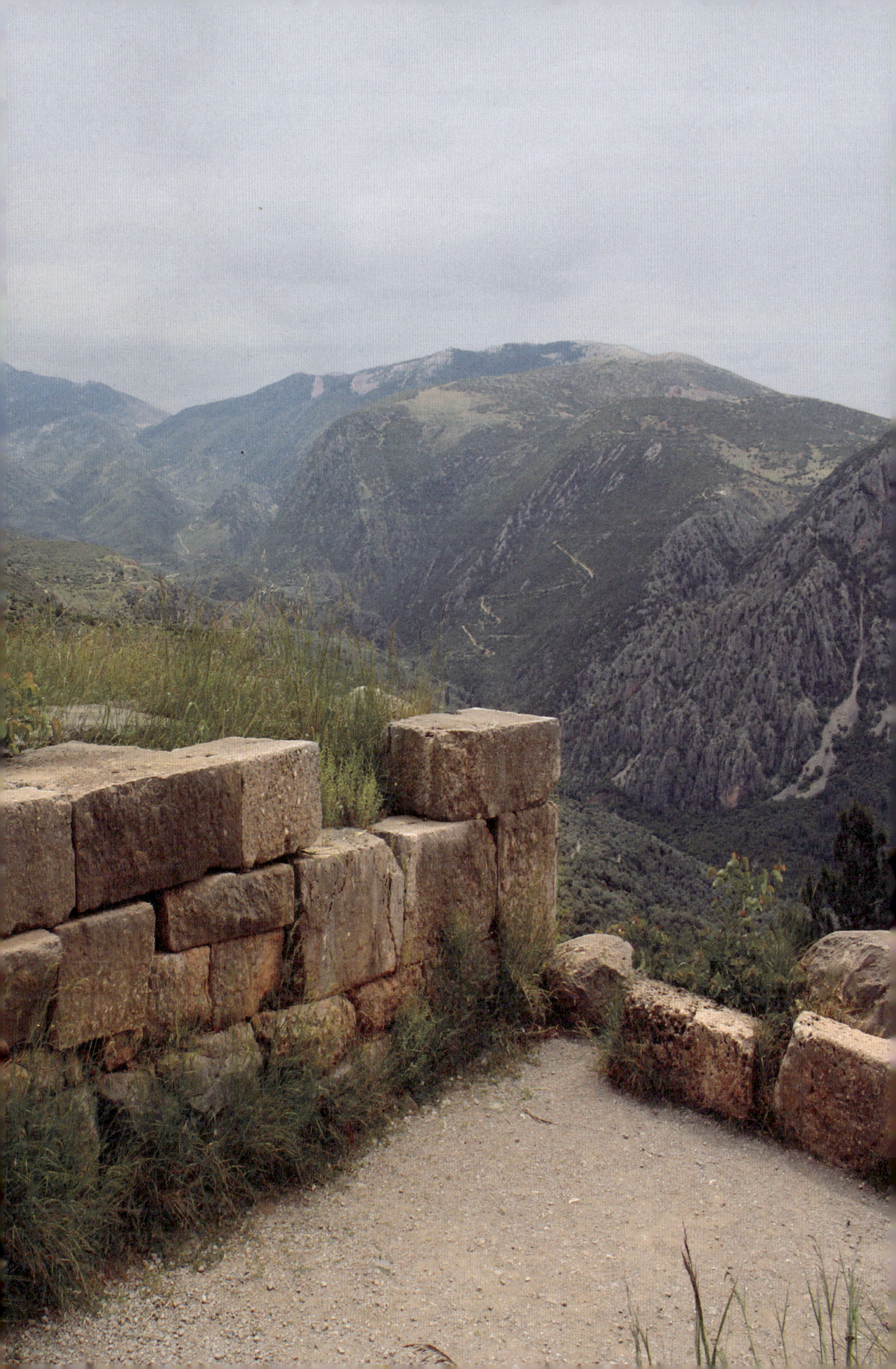

宝库杰作

虽然这座建筑与德尔斐神庙的其他宝库一样，用于存放供奉某个城邦（在本例中为锡弗诺斯岛）的阿波罗神的祭品，但随着时间的推移，它成了古希腊建筑与精致雕塑的典范。

两个翅膀展开的胜利女神，矗立在各自的基座上，装饰了建筑。

北面的浮雕是四面中保存最好的，描绘的是提坦之战。

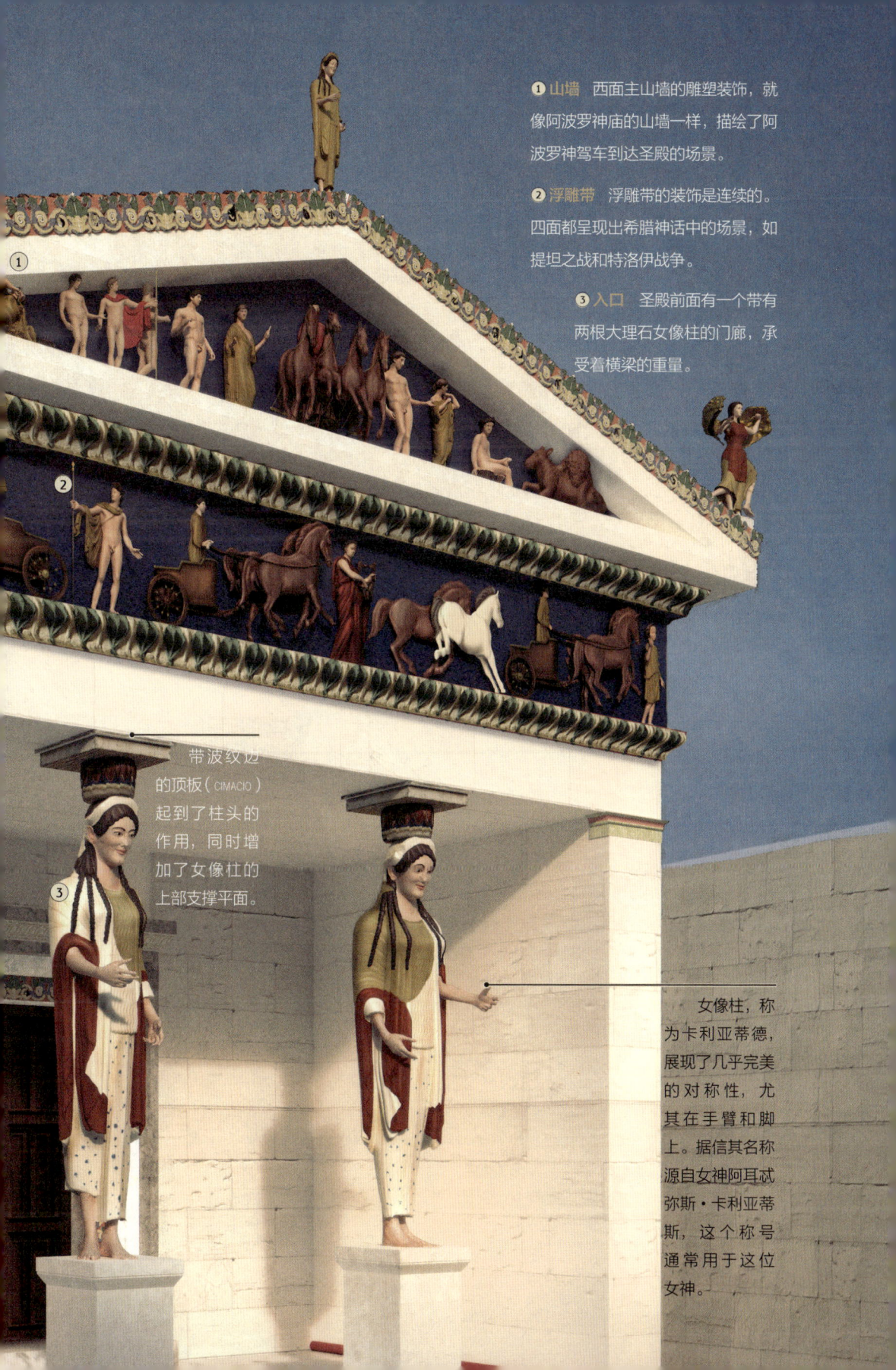

❶ **山墙** 西面主山墙的雕塑装饰，就像阿波罗神庙的山墙一样，描绘了阿波罗神驾车到达圣殿的场景。

❷ **浮雕带** 浮雕带的装饰是连续的。四面都呈现出希腊神话中的场景，如提坦之战和特洛伊战争。

❸ **入口** 圣殿前面有一个带有两根大理石女像柱的门廊，承受着横梁的重量。

带波纹边的顶板（CIMACIO）起到了柱头的作用，同时增加了女像柱的上部支撑平面。

女像柱，称为卡利亚蒂德，展现了几乎完美的对称性，尤其在手臂和脚上。据信其名称源自女神阿耳忒弥斯·卡利亚蒂斯，这个称号通常用于这位女神。

■ 德尔斐神庙

德尔斐主题

两端的人物似乎与山墙中央的场景无关，山墙是整个圣殿中唯一呈现出恰当的德尔斐主题的场景。

马车和仆人

朝左角看去有两座塑像，那里曾经刻着一辆马车（其中一匹马保存完好）。在它旁边可能是一个拉着缰绳的仆人。

阿波罗争夺三脚凳

阿波罗试图从赫拉克勒斯手中夺回德尔斐三脚凳（赫拉克勒斯将其从圣殿偷走），而女神阿耳忒弥斯则在阿波罗身边，试图遏制他的怒火。

女像柱

宝库的入口门廊由两根女像柱支撑。雕像风格古朴，雕刻精美。如其面部所示：正面视角营造了脸颊圆润的错觉，而侧面视角则显得夸张；她们嘴角微微上扬，露出一丝微笑。她们头上戴着一种类似于篮子的高帽子（cálato）。为了很好地保持重量并保持女性形态的比例，女像柱并没有占据所有空间，而是站在一个基座上。

▶ 保存下来的女像柱。
🏠 德尔斐考古博物馆

赫拉克勒斯未获回应

赫拉克勒斯曾去德尔斐的神谕处净化自己,但神谕不想回答他,于是他与阿波罗神对峙,并从后者手中夺走了三脚凳。

调停者宙斯

在浮雕的中央,宙斯抓着正在争夺德尔斐三脚凳的两人——左边是阿波罗,右边是赫拉克勒斯,将他们分开。

英雄的身边

在赫拉克勒斯旁边,没有出现任何试图阻止他的人。据说,右边的三个人物可能是雅典娜、赫尔墨斯和赫拉克勒斯的侄子伊俄拉俄斯。

东山墙

位于后立面的东山墙的雕塑装饰遗迹保存了下来。它展现了一个关于德尔斐神庙的著名传说:赫拉克勒斯和阿波罗争夺神谕三脚凳的战斗。

神话里说,赫拉克勒斯因发疯(赫拉倒在他杯子里的毒药引起的)杀死妻子和孩子而染上疾病后去咨询神谕。显然,神谕不想回答他,英雄试图洗劫神庙并带走皮媞亚坐着的三脚凳(它应该具有占卜的力量),在别处建立自己的神谕。然后阿波罗卷入了与英雄的战斗,解决争端的必须是奥林匹斯山的至高神宙斯:他在他们之间劈下闪电将他们分开。最后,神谕同意给赫拉克勒斯一个答复,并宣布如果他被卖为奴隶,并为他的主人做三年事(后来吕底亚王后翁法勒买下他作为仆人),他

▲ **东立面或后立面**

与主立面不同,来自锡弗诺斯宝库前廊的浮雕保存完好。这部分雕塑的主题是争夺德尔斐三脚凳。

🏛 德尔斐考古博物馆

德尔斐神庙

就会痊愈。

在山墙的中央，宙斯手持三脚凳，将左侧的阿波罗和右侧的赫拉克勒斯分开，赫拉克勒斯的形象仍然有头部。两位打斗者都穿着一种紧身短外衣（chiton）。阿波罗旁边站着一位女神，也许是阿耳忒弥斯，她的头部得以保存，她在试图阻止阿波罗。在她身后跟着另外两个较小的人物，他们看向山墙的角落，那里有一辆马车，里面有一匹马，还有跪着握住缰绳的仆人（有人认为这辆马车用的可能是金属，因此才会缺失）。

与阿波罗不同的是，赫拉克勒斯旁边并没有阻拦他的人物，靠近他的有两个人像，另外角落里还保留着一匹马和一个似乎在行走的男性雕像。无法确定这些人物的身份，但有人认为他们可能是雅典娜、伊俄拉俄斯（赫拉克勒斯的侄子，也是跟随英雄的车夫）和赫尔墨斯，但众说纷纭。

一方面，人物的上半部分是受损最严重的部分，因为它们是独立雕刻的；另一方面，下部几乎完全保存下来，以高浮雕雕刻在一个整体上（沿着山墙的整个长度形成一种连续的平台）。

这种雕刻方式使得作品处于一个艺术过渡时期，约在公元前 6 世纪末，当时浮雕正在让位于接近高浮雕和几乎突出的新表现形式。同样需要注意的是，位于三角楣角落的雕像，它们呈倾斜或跪姿，这与之前的风格有所不同，之前只是雕刻较小的雕像而不保持比例。这种有助于使所表现的场景具有更大统一性的特征，在这里仍处于萌芽状态，因为侧面场景似乎是附属的，与中心主题无关。

浮雕带

锡弗诺斯人宝库是同类建筑中已知最古老的建筑，带有连续的叙事主题浮雕带，后来影响了整个希腊，并成为所有爱奥尼亚式神庙的典范。

A 大师和 B 大师

尽管整个浮雕带是同时雕刻完成的（约公元前 525 年），但它呈现出特征明显不同的两个部分，应属于两位不同的艺术家，但他们的名字不详，通常被称为 A 大师和 B 大师。A 大师负责雕刻南面和西面的浮雕带（最后一道，在主立面上），也许他还负责造型。这部分的浮雕带保存得较差，其雕刻技术比其他两个部分要古老得多：A 大师作品中的人物更多的是正面形象，作品没有使用透视法，而且占用的空间有限。事实上，A 大师所使用的技术更古老，并且被分配到制作正立面的饰带，这表明 A 大师比 B 大师年代更早，也可能更有名。

如果像一些研究人员所判断的那样，围墙的原始入口在西边，那么在公元前 5 世纪时，入口移至东边。

据推测，东侧和北侧的浮雕带由 B 大师（他可能还雕刻了东山墙浮雕带）制作，呈现出一种更加大胆和新颖的技术，他巧妙地利用占据空间的人物的深度和运动给所展现的场景带来敏捷和活泼的感觉。有人认为 B 大师在浮雕带上引入的创新是复制了阿提卡陶瓷画家的惯例，因此推测他可能来自雅典。

主角们

至于浮雕带所表现的场景，并不能确定它们的主题是什么，但许多片段是已知的，并且也有一些假设。西边的浮雕带上有三辆战车，女神雅典娜、阿佛洛狄忒和赫拉可能乘坐这些战车，参与了帕里斯的裁判，这一事件引发了特洛伊战争；南部的浮雕带非常零碎，可能展现了神话中的绑架事件——有人提出被绑架的是勒基普斯的女儿们——或者特洛伊战争中的另一个场景；在东侧的浮雕带上，一方面展现

■ 德尔斐神庙

① **赫尔墨斯** 这个细节雕刻的是众神的使者赫尔墨斯，来自西面的浮雕带，展现的可能是神话中特洛伊王子帕里斯的裁判。
🏛 德尔斐考古博物馆

② **马** 来自南面的浮雕带，风格比较古朴，是至今保存状况最差的一面。但要紧的是，马的形象得到了保存。
🏛 德尔斐考古博物馆

了众神的集会（也许正在计划他们自己的战争），另一方面描绘了为夺回在战斗中阵亡战士的尸体而进行的战斗，这位战士可能是萨耳珀冬（Sarpedón）

③ **狮子的撕咬** 狮子咬巨人是北面浮雕带上最突出的细节之一，那里雕刻着提坦巨人与诸神的搏斗。
🏛 德尔斐考古博物馆

④ **阿耳忒弥斯和阿波罗** 这个东面残留的浮雕中出现的两个形象可能是众神集会上的阿耳忒弥斯和阿波罗。
🏛 德尔斐考古博物馆

或安提洛科斯（Antíloco）；最后，在北边保存最完好的浮雕带上，描绘了提坦之战，诸神与提坦巨人之间的战斗。

锡弗诺斯人宝库的卓越雕塑

北面和东面浮雕带中呈现的场景是保存最完好的，艺术家知道如何充分利用空间来拓展所选主题，尤其是将北面与圣道平行。作者因自己的作品而感到非常自豪，因为他还在作品上签名（位于北面浮雕中与阿波罗对峙的巨人的盾牌上），尽管今天铭文已经无法辨认。提坦之战和特洛伊战争都是泛希腊神话，锡弗诺斯人将它们放在自己的宝库中。他们试图创造一种形象，使每个游客都可以在其中确认自己是希腊社会的一部分。由于雕塑家决定刻上所描绘人物的名字，这两个侧面的大部分场景都可以重建。例如，在提坦之战中，神灵前进并向右看，而巨人则向左看。但铭文无法完整辨认，因此在东面的浮雕带中，尽管识别了所有神灵，但仍无法知道希腊人和特洛伊人在为谁的尸体而战。

北面的浮雕带

提坦之战

这是个单一场景，讲述了诸神与提坦巨人之间的对抗。在第一幅保存下来的场景❶ 中，两个巨人向左看，准备与众神对抗（众神在左边残缺的雕塑中）；接下来是狄俄尼索斯和忒弥斯与一个巨人搏斗；然后是一只狮子咬住另一个巨人；接着，阿波罗和阿耳忒弥斯追赶一个逃跑的敌人，而其他三个巨人试图保护他。场景 ❷ 展现了至高无上的神宙斯所

东面的浮雕带（这里出现了两个场景）

左侧是第一个场景：众神集会，可能在筹划特洛伊战争。首先❶ 可以看到阿瑞斯，他拿着盾牌，旁边是女神阿佛洛狄忒（或黎明女神厄俄斯）和阿耳忒弥斯，她们正在与一位年轻的神交谈，很可能是阿波罗，他转过身去。前面出现了一个中心人物——宙斯。虽然下一个人物缺失了，但根据铭文可以知道那是阿喀琉斯。在下面的片段❷ 中，第一个是阿喀琉斯的母亲忒提斯，而雅典娜和赫拉结束了这个场景。

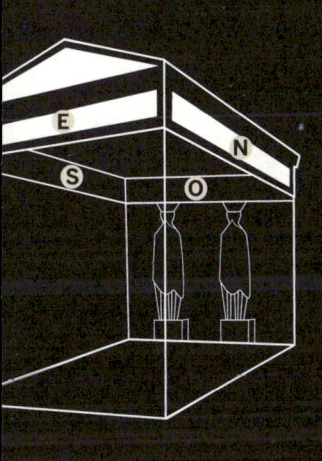

西面浮雕 (O) 可能是为了纪念帕里斯的裁判（这个事件导致了特洛伊战争）。三辆马车和马保存得相当完好。根据希腊神话，可能有雅典娜、阿佛洛狄忒和赫拉等女神坐在这些马车上，参与了这场著名的裁判。

南面(S) 因为保存状况比其他部分更糟，所以南面的浮雕带是可参考信息最少的一面。研究者对于所描绘的场景没有一致意见：有些人认为刻画的是希腊神话中著名的绑架案；有些人认为这是特洛伊战争的场景。南面浮雕带中保存最好的形象是马。

东面 (E) 东面分为两个场景：左边是神灵集会；右边是希腊人和特洛伊人之间的战斗。

北面 (N) 这是保存最完整的。它描绘了一场提坦之战：诸神与提坦巨人之间的战斗。

乘坐的战车（现在只有车身可见）；右边，赫拉和雅典娜杀死了一个巨人；接下来出现的是阿瑞斯，脚下躺着一名死去的士兵，正面对着另外两个敌人。最后，赫尔墨斯与一群巨人战斗。在右端 ❸ 有一位神——不知道是谁——面对两个巨人。其中一个倒在地上，已经快被打败了，而另一个站起来，还在奋力自保。

为死去的士兵而战

另一场景在右侧，讲述了特洛伊人 ❸ 和希腊人 ❹ 为了夺回阵亡战士的尸体而进行的战斗。这个场景由两辆战车及战马构成。关于阵亡战士的身份研究者没有一致意见，也许是萨耳珀冬（特洛伊的盟友），也许是安提洛科斯（希腊将领涅斯托尔的儿子）。中心场景可能是阿喀琉斯和门农为了安提洛科斯的尸体而战斗，这解释了为什么在神的会议上出现了黎明女神厄俄斯（而不是阿佛洛狄忒），因为她是门农的母亲。

■ 德尔斐神庙

剧场

像所有古希腊剧场一样,德尔斐剧场也是一个半圆形的露天结构的剧场。在古代时期很可能是这样的:在阿波罗神庙北部已经存在一个场地,专门用于戏剧和音乐表演,观众坐在山坡上,乐池可以通过在地面上画一个圆圈或用石头来勾勒出来。随着时间的推移,临时的木制看台建造了出来,如果需要的话可以轻松拆卸,直到公元前4世纪建造了今天可以看到的石制剧场(在罗马时期进行了一些改建)。

剧场是阿波罗神庙的北部边界,神庙的围墙从西北方向封闭了场地。尽管比其他古希腊剧场小一些,但它是用石灰石精心建造的,完全对称,有35排座位,可容纳多达5000名观众。

▶ 在神庙的北面,高高地呈封闭状的是剧场,部分建在山坡上。尽管现在乐池是半圆形的,但这种改革是罗马时代的:原始的形状是圆形。

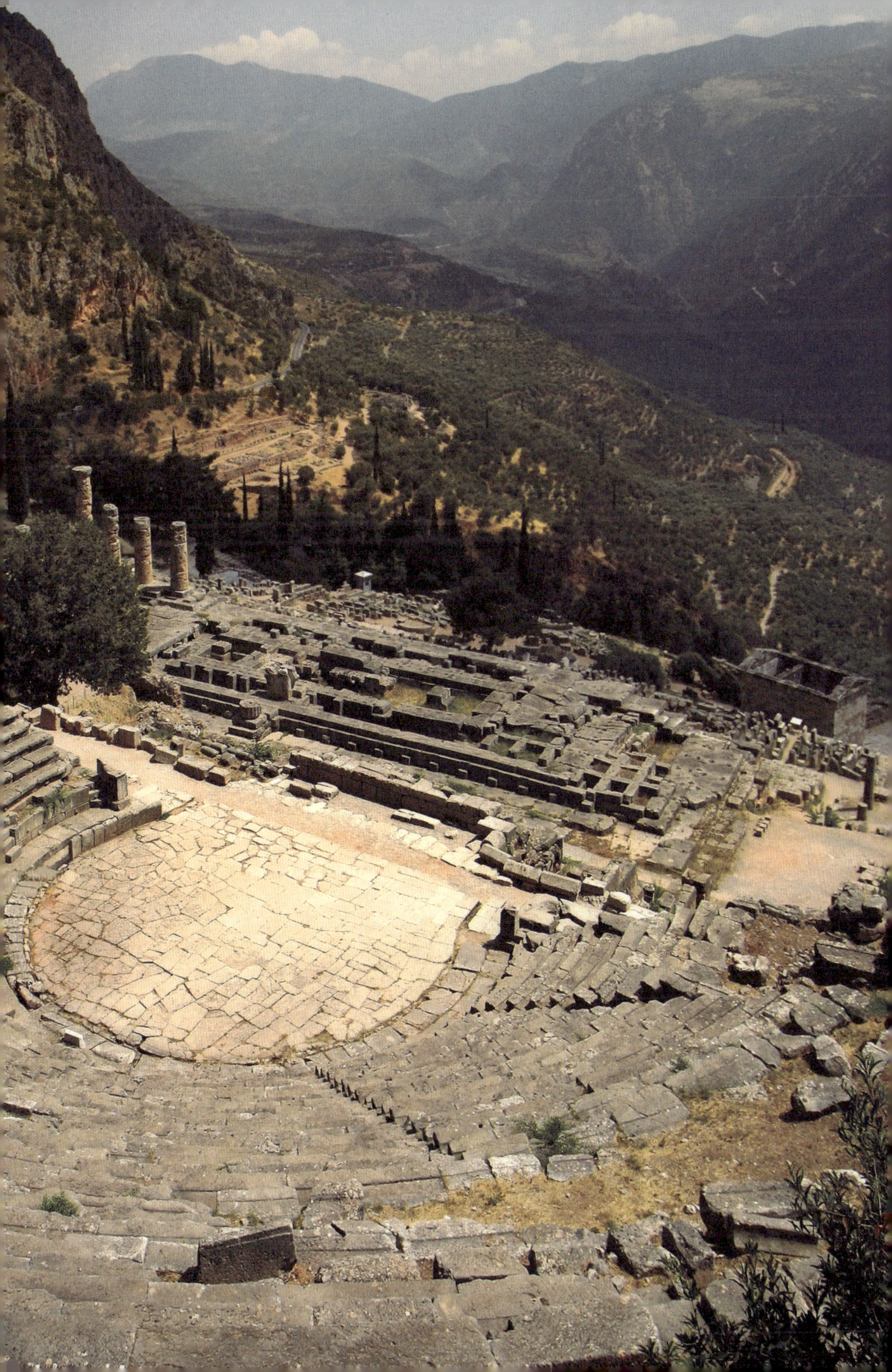

在圣殿的顶端

阿波罗剧场位于阿波罗神庙的西北侧。该剧场坐落在山腰上,虽然比其他古希腊剧场小,但可容纳约5000名观众。

著名的战车手青铜雕塑群,可能位于剧场和阿波罗神庙之间。

① **看台** 它的北面和西面依山的自然坡度而建,而东面则建在人工平台上。放射状的楼梯将看台分成不同的区域。

② **乐池** 圆形的舞台直径为7米,这是古希腊剧场的特点。这是演出时合唱团表演的地方。

③ **舞台前景** 由于表演是在乐池中进行,所以舞台前景只有实用和装饰功能。两侧各有两个通道,合唱团和演员们从这里进出。

观众可以从剧场的看台上欣赏到阿波罗神庙。

②

③

■ 德尔斐神庙

　　山的自然坡度支撑着北侧和西侧的看台，而在东侧则建造了人工土堤以提高整体结构。在这个土堤上，建造了一座高达 15 米的拱形结构，用于支撑半圆形顶部。看台分为上下两层，下层有 28 级，上层有 7 级，它们通过一个水平的走廊或分隔带分开，作为上层座位的次要通道，而下层座位则直接从舞台旁的入口进入。整个看台被放射状的台阶垂直分成了不同的观众区（kerkides）：下层有 7 个观众区，上层有 6 个观众区。同时，座位分为两个部分：前部供观众坐，后部留出空间给上面观众放脚。这些座位中有些仍然留着字母标记，表示座位的归属，它们全部都是罗马时期的；为了安排近邻同盟[33]会议和市议会的人，座位会被保留；还有的标明了个人姓名，如公元 2 世纪的罗马市民 MemmiaLupa，从为她保留的 10 个座位来看，她肯定为圣殿做出了巨大的经济贡献。

舞台

　　剧场的乐池是希腊戏剧中的合唱场所，圆形（直径为 7 米），但这种形式在罗马时期已经不再使用，现在保存的是罗马改革后的结果，其形状是不完整的圆形。同样地，保护第一排座位并将其与乐池分开的栏杆也是罗马时期形成的。

　　舞台前景或舞台幕墙位于乐池前方，必须跨越这个山坡高差：建筑物的后部下降约 5 米，直到山坡的下部。像其他古希腊剧场一样，在这个剧场中，戏剧表演在乐池进行，舞台前景部分仅具有实用和装饰功能。两侧各有两个通道或入口，允许合唱团和其他戏剧角色进出。尽管采取了许多预防措施以避免雨水和地下水对剧场的损害，并在乐池和看台上建造了排水系统，但剧场仍然多次因暴雨和崩塌而受损。众所周知，剧场需要进行许多改建工程，比如公元前 160 年由帕加马国王欧迈

---

[33] 一个由雅典、色萨利等十二个相互毗邻的城邦构成的宗教性组织。近邻同盟是以神庙为中心建立起来的，同盟每年举行一次会议，讨论盟内各邦之间及盟邦与外邦之间的关系，同时也商讨神庙的维修及财政等问题。——译者注

尼斯二世（Eumenes Ⅱ）资助的改建工程，他甚至派遣奴隶来工作。罗马皇帝也致力于美化剧场，用浮雕装饰舞台前景和铺设新地面。剧场是德尔斐最具特色的场所之一。比起其他运动会，皮娓亚运动会的体育比赛别具一格。

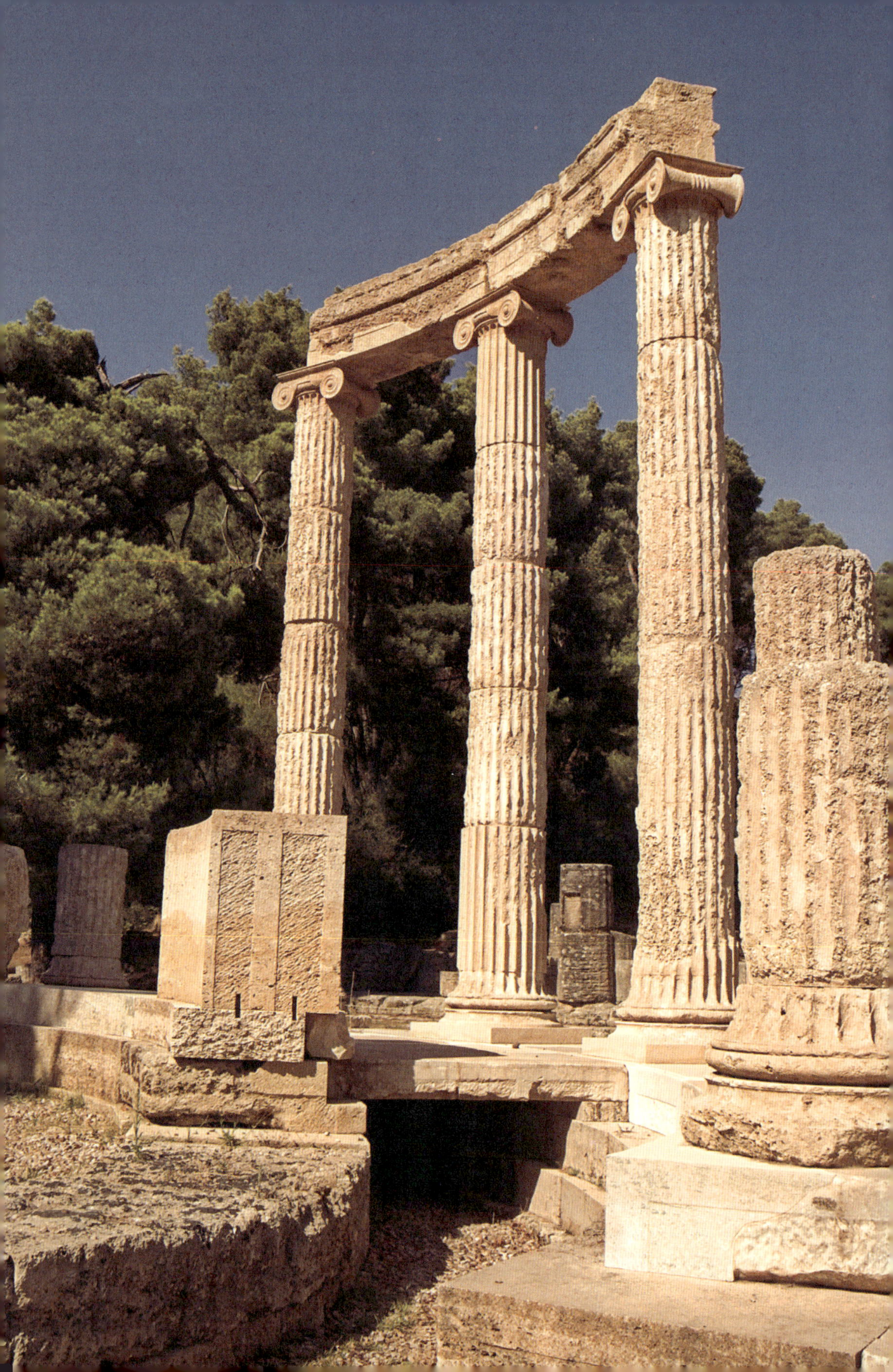

奥林匹亚

奥林匹亚圣地最初是一片围绕着神话中英雄墓地的小树林,最终成为伯罗奔尼撒半岛最大的泛希腊聚会场所,甚至罗马皇帝也企图前来竞争。

厄利斯岛上的瑰宝

奥林匹亚位于阿尔菲奥斯河（Alfeo）和克拉德奥斯河（Cladeo）之间，坐落在克洛诺斯山脚下，占据特殊的地理位置。大量的降雨和来自海洋的潮湿空气，促生了丰富的植被，包括橄榄树和香蕉树。因此，希腊人选择了这个宝贵的地方建立一个重要的体育和宗教联合体。

① 宙斯神庙　　④ 腓力神庙[34]　　⑦ 宝库平台　　⑩ 回音柱廊　　⑬ 旅舍[38]
② 赫拉神庙　　⑤ 珀罗普斯陵[35]　⑧ 体育场　　　⑪ 南柱廊　　　⑭ 菲狄亚斯工坊
③ 宙斯祭坛　　⑥ 母神庙[36]　　　⑨ 市政厅[37]　 ⑫ 议事厅　　　⑮ 希腊浴场

[34] Filipeo，一座圆形古希腊神庙，是为了纪念马其顿国王腓力二世（公元前359年—公元前336年，亚历山大大帝之父）在科洛尼亚战役中取得胜利而修建，也是阿尔蒂斯唯一献给人类的神庙。——译者注
[35] Pelopion，献给珀罗普斯的陵墓。奥林匹亚圣殿中的一座小型祭坛，其中供奉着比萨王珀罗普斯。伯罗奔尼撒半岛的名字据说就来源于他，其本人可能就葬在这座祭坛之下。——译者注
[36] 最初是雅典议会开会的地方，公元前5世纪末由于新的议事厅（Bouleuterion）建成，这个老议事厅就被奉献给众神之母瑞亚（Rhea），这个地方同时也存放城邦的档案。——译者注
[37] Pritaneo，圣地行政官员的住所，竞技者庆宴的市政厅或公民大会会场。——译者注
[38] Leonideo，位于奥林匹亚圣殿，是奥运会期间为参赛者们提供住宿服务的接待场所，名字来源于其建筑师纳克索斯的列奥尼达斯。——译者注

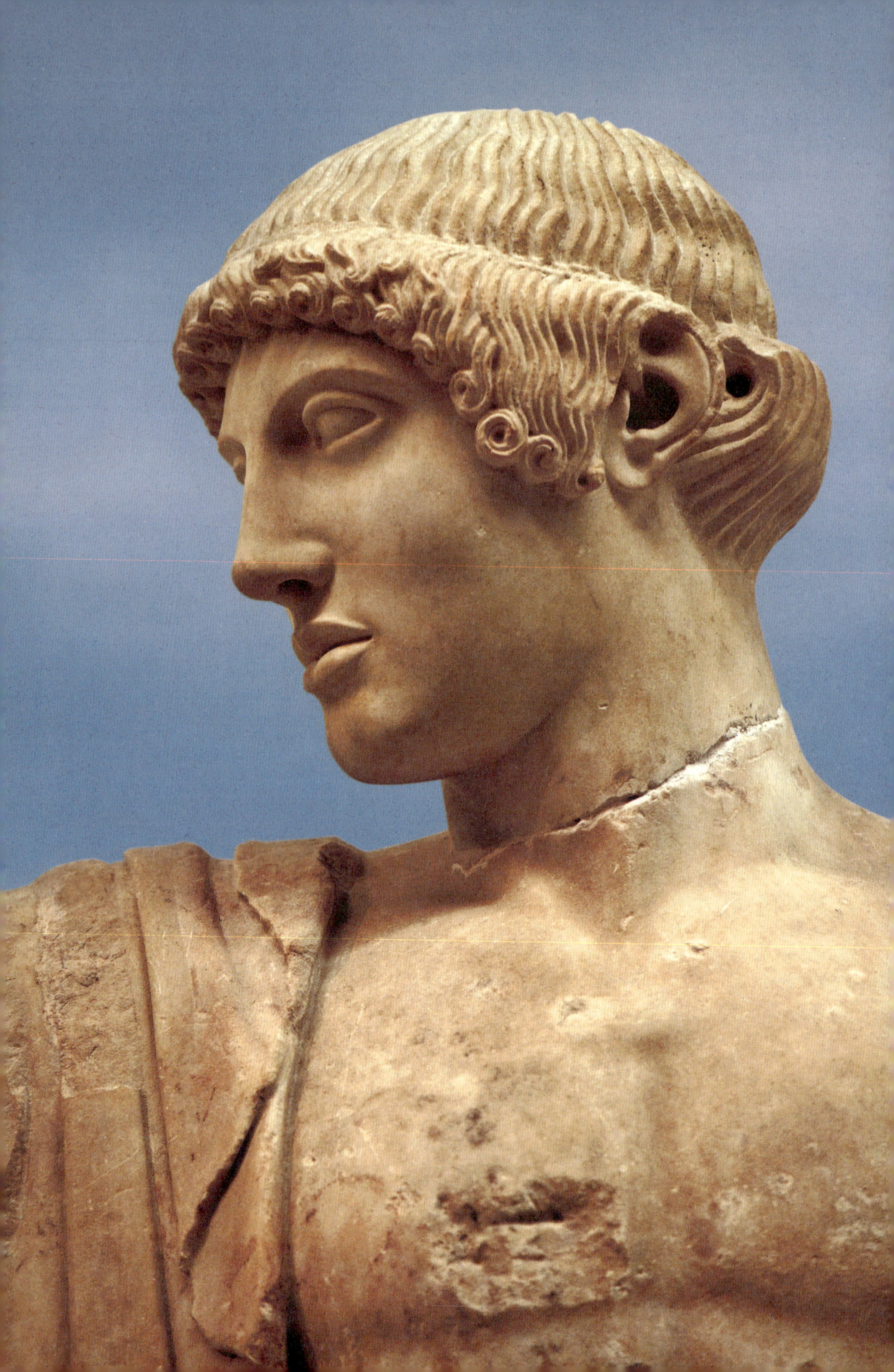

奥运会的摇篮

尽管在古代，最早的神圣建筑物位于克洛诺斯山脚下，也许在山顶上，或者最初建在山丘上，但在古典时期，它转移到了平原。阿尔蒂斯圣地（temenos）的建筑、雕像和奉献性纪念碑逐渐填满了空间，直到公元前4世纪初建造了围墙，最终确定了祭祀场所的范围。实际上，这个圣地最初只是一个神圣的森林空间，但随着它的发展和各种建筑的兴建，需要将宗教领域与纯粹的行政和体育领域分开。开在墙上的三个入口（在围墙的西北、西南和东南角）经过特别设计，使游客在到达时获得一个非常特殊的内部视角：视觉焦点当时已经指向宙斯神庙。

因此，阿尔蒂斯在北面以克洛诺斯山为界。在西面，围墙将圣地与行政建筑和在圣地工作的工匠作坊（如菲狄亚斯的工坊）隔开；围墙继续向南延伸，在中央空间和议事厅以及南部的柱廊之间建立了分隔；最后，由于在公元前4世纪建造了"回音柱廊"，将体育场与宗教区分开，阿尔蒂斯的东面界线得到了明确界定。这种空间组织的主要特征在于，阿尔蒂斯从其最终布局创建之后就没有改变过。相反地，周围广阔的平原为建造大量宽敞的行政建筑提供了无限的开放空间，随着时间的推移，在不改变宗教中心的情况下，可以建造新的建筑物——如竞技场和体育馆。

■ 奥林匹亚

宙斯神庙

长期以来，特别是在奥林匹亚开始被系统挖掘时，人们坚信宙斯神庙一直是圣地的宗教中心，其相关崇拜曾经盛行。然而，随着研究的深入，由于在神庙下未发现公元前5世纪以前的地基，人们推断出该神庙是在阿尔蒂斯中心的一片空地上建造的，因建造神庙人们将空间重新布局。

正如帕萨尼亚斯所说，建造这座神庙是为了庆祝厄利斯市对比萨市的最终胜利，它象征着军事上的胜利（这不仅意味着战胜了邻近城市，还意味着获得了对圣殿管理的最终控制权），并且是用所获得的战利品建造的。

此外，宙斯崇拜的引入取代了古老的女神崇拜，如盖亚（尽管她的神谕仍然很重要）或赫拉，赫拉

▶ 宙斯神庙现状概览。一根立柱从废墟中脱颖而出。

◀◀ 宙斯神庙西面山墙的中心人物阿波罗的面部细节。

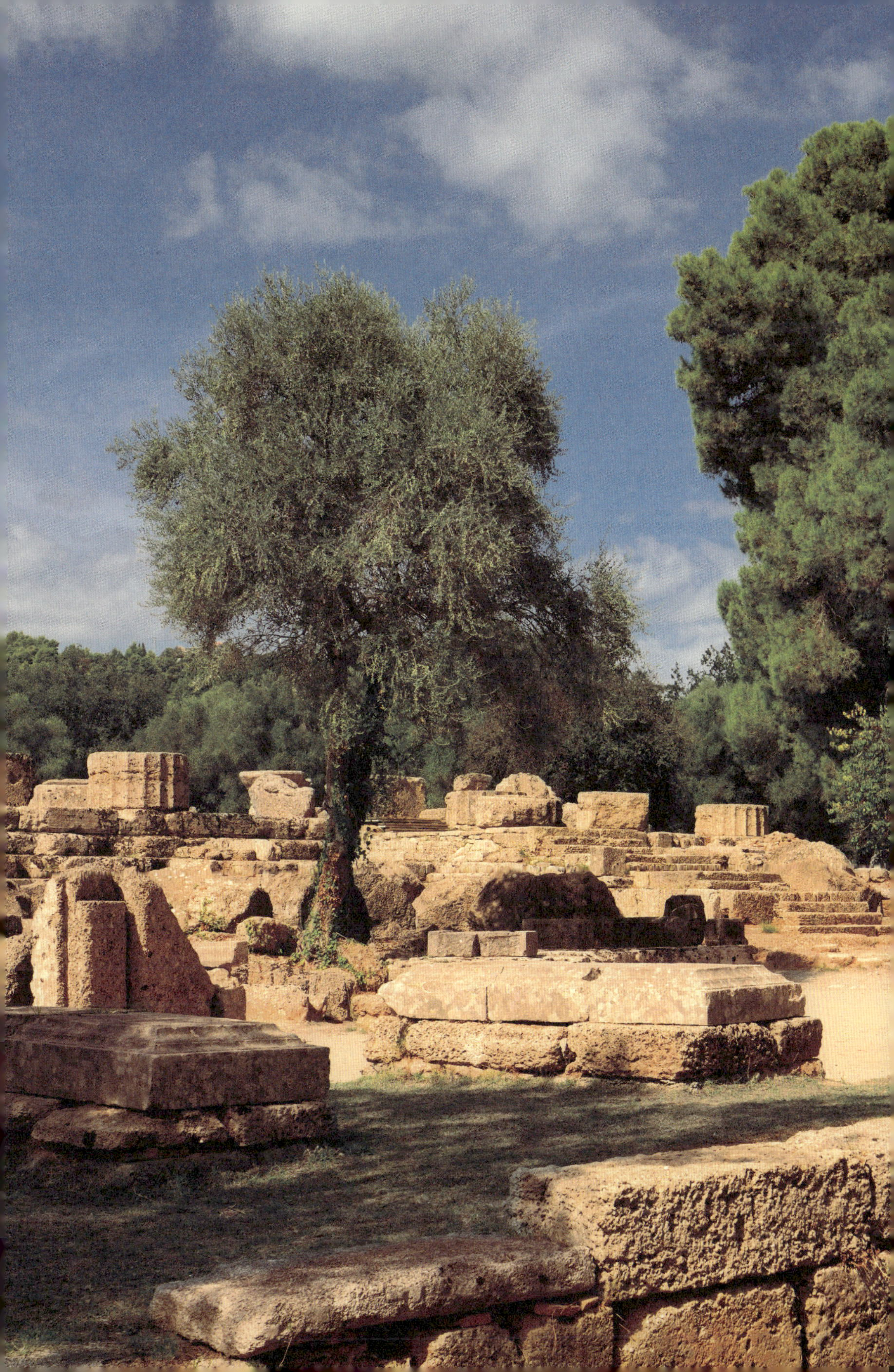

■ 奥林匹亚

神庙与珀罗普斯陵一起一直是圣地的宗教中心，随着宗教焦点转移到阿尔蒂斯的中心部分和宙斯神庙，赫拉神庙被部分边缘化。毫无疑问，宙斯是全希腊崇拜的泛希腊神。但是，厄利斯城的居民建造了中央神庙，并将"奥林匹亚"作为这个古老圣地的名称，明显是在指代奥林匹斯山和宙斯对其他神的主权，他们成功地将这处小圣地变成了最大最重要的朝圣中心（经德尔斐许可）。

宙斯神庙通过其称号，以及在山墙和陇间壁上雕刻的图像，将奥林匹亚与整个伯罗奔尼撒半岛联系起来。例如，雅典英雄忒修斯和他坐的宝座形象在西面的山墙上反复出现。根据帕萨尼亚斯的描述，宙斯雕像被解释为厄利斯城试图讨好雅典的证明，尤其是在斯巴达试图干预神庙政治问题之时。在这方面，厄利斯的居民在奥林匹亚采取了一项完整的政治计划，旨在确认他们对圣地的控制：与宙斯神庙一起，行政中心、市政厅和议事厅也有了确定的形式，同

典型的多立克式神庙

宙斯神庙作为庆祝军事胜利的奉献物而建造，它是奥林匹亚的中心建筑，从圣地的所有入口都可以看见。厄利斯当地的建筑师利本建造了一个完美比例的六柱多立克式神庙。

建筑物的檐口顶部是狮子头形状的陶土雕塑装饰。

装饰神庙柱页的几何图案在建筑装饰中很常见。

神庙建在一个有三个台阶的阶梯式平台上。柱子没有柱基，直接竖立在最上面的台阶或底座上。

浮雕带由一系列三陇板和陇间壁组成，后者装饰着金色盾牌。

两个山墙的侧面装饰着带有铜锅的三脚架，象征着体育或军事胜利。

东山墙的装饰描绘了珀罗普斯（Pélope）和俄诺玛俄斯（Enomao）为了后者的女儿和比萨王国比赛前的场景。

中央山墙的饰物是一尊金色的带翼胜利女神雕像，可能是用作纪念厄利斯对比萨的胜利。

神庙宽 27.6 米，长 64.1 米。明显是阿尔蒂斯最宏伟的建筑。

这是一座六柱式的神庙，每个正面有 6 根带有锋利棱角凹槽的柱子，每个侧面有 13 根这样的柱子。

一条巨大的斜坡通向神庙，是运动员游行路线，也是前往体育场的必经之地。

> 奥林匹亚

时铸造了许多带有宙斯象征的硬币，如鹰或完整的神庙雕像，以向整个希腊世界表明圣殿是在厄利斯城的管辖之下。

神庙的建造

当时，厄利斯当地的建筑师利本（Libón de Elis）被选中来建造这座神庙，他主要使用当地的石灰石（古老的采石场位于奥林匹亚东部约14公里处），然后再用白色灰泥覆盖以获得大理石的外观。神庙整体宽27.6米，长64.1米。它是六柱式的，因为它前后各有6根柱子，长边各有13根柱子；由于其完美的比例符合2n+1（n为短边列数）的既定公式，即2×6+1=13，被视为多立克式神庙的典范。内殿长13米，宽28.7米，内部由两排柱子分成三个正殿，每排柱子有7根多立克柱。每排柱子之上，还有7根支撑屋顶的柱子，也支撑着围绕中央大殿的第二层空间，可以通过从正门两侧的木制楼梯进入。进入内殿后，参观者便能欣赏到几乎占

这座神庙是用石灰石建造的，上面覆盖着白色灰泥，以获得大理石的外观。

一张巨大的宝座作为宙斯像的座位，手持着神王的权杖。这个木制、镀金、覆盖着大理石的雕塑组合没有保存下来。

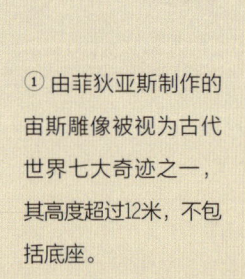

① 由菲狄亚斯制作的宙斯雕像被视为古代世界七大奇迹之一，其高度超过12米，不包括底座。

② 负责维护神庙的祭司们通过木制侧楼梯进入第二层。

在雕像前面有一个正方形的灰色石灰石池子，边长6.5米，深约12厘米，据信里面装有用于滋润雕像的油（请记住，雕像是由木头制成的）。

神庙的大门由青铜制成，没有被保存下来，因为当建筑物被废弃时，金属制成的物品最先被熔化并重新利用。

宙斯神庙的山墙和陇间壁是用严谨的希腊风格来装饰的。事实上，它们是这种装饰风格的杰出代表之一。

据帕萨尼亚斯说，屋顶用半透明的大理石制成，由木质结构支撑，可以让自然光进入，照亮神庙和宙斯雕像。

③ 门廊的陇间壁有12块，每块边长超过1.5米，向游客们展示了赫拉克勒斯（罗马神话中的赫拉克勒斯）的12项任务。

④ 在古希腊神庙中，宗教仪式在外部的门廊进行，以便所有参与者都能观看。

■ 奥林匹亚

据所有空间的巨型宙斯雕塑（今天仍然可以看到雕塑的石基，长 6.5 米，宽 9.8 米）。

在雕像前面，发现了一个深度约为 12 厘米的凹陷空间，形成了一个边长 6.5 米的正方形灰色石灰石池子，根据帕萨尼亚斯的说法，里面蓄满了油。这种池子的确切用途尚不清楚，尽管根据帕萨尼亚斯的推测，油的作用是保护雕像（这座雕像实际上是木头制成的，整体覆盖着象牙和金子）。因此，这个池子很可能用于收集定期滋润雕像的油。此外，有人认为它可能用于反射通过门口进入的光线并照亮神庙内部。这座神庙（以及其他古希腊神庙）的照明一直是历史研究上一个极具争议的问题。尽管古希腊神庙象征着神的家园，祭祀和其他活动在外部进行，但它们也确实是游客可以进入的开放空间，特别是当它们容纳了像奥林匹亚的宙斯那样的不朽雕塑时。因此，很明显，适度的照明在整个白天是必要的。

在这种情况下，一方面，需要考虑到巨大尺寸的雕像意味着其顶部位于入口门的上方，因此直射光无法照亮它。另一方面，光线只会在早晨太阳升起时通过门进入，中午太阳已经太高，无法直接照进内殿。人们提出了许多解决方案，其中大部分都不尽如人意。

很难想象通过灯、蜡烛或火炬对神庙进行人工照明，因为神庙太高，需要大量灯、蜡烛或火炬，这会导致照明范围非常有限。也有人建议屋顶通过天窗照明，一方面，这种解决方案会让内部受到变幻莫测的天气的影响；另一方面，也难以将进入的光线适当地引导到像雕像这样的关键点，从而产生令人舒适的明暗对比。最近，使用紫外线和激光的最新研究表明，实际上，透明的细薄大理石瓦片覆盖的木架屋顶可能会在整个白天提供微弱但持续的阳光，便于人们欣赏神庙内部的雕像。

关于古希腊神庙的多彩装饰，研究仍然没有定论。研究者对雅典卫城某些残片进行的研究表明，陇间壁的背景可能是红色或蓝色的，而在浮雕带中则以蓝色和绿色为主。文献表明，公元前 5 世纪建造宙斯神庙时，新的审美趋势正在出现，比以前更为朴素。实际上，似乎在这个时候，颜色不再是主要元素，而是发展了明暗技巧，使得山墙和陇间壁的形式成为重点。人们知道神庙的墙壁覆盖着灰泥，但对于是否在灰泥上涂漆或者保持白色以模仿大理石仍存在争议。

宙斯祭坛

靠近神庙的宙斯祭坛上,在竞技比赛期间进行了最重要的祭祀。这个祭坛没有留下任何遗迹,因为实际上它是一个人工高地,多年来积累了祭品的骨灰。它们是从赫斯提亚的家中专门带来的,与阿尔菲奥斯河的水混合,用于涂抹祭坛。然而,人们在骨灰的遗迹中发现了祭祀小雕像(上图)。祭司们在祭坛底部(prózisis)未被骨灰堆覆盖的基座(crepidoma)[39]上宰杀动物。然后他们把遗骸带到祭坛顶部,用白杨木焚烧。祭坛总体高7米,因此所有参与者都可以从阿尔蒂斯的不同位置观看献祭。

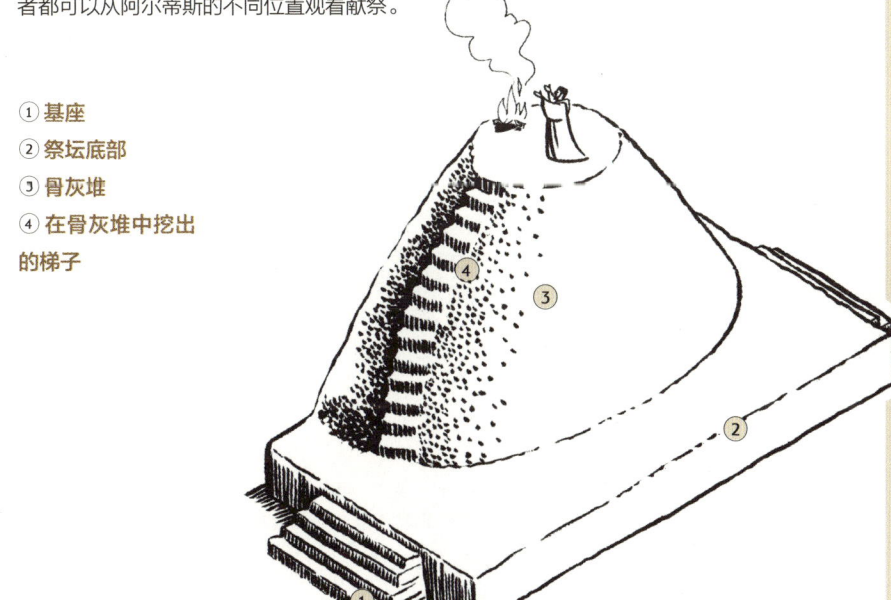

① 基座
② 祭坛底部
③ 骨灰堆
④ 在骨灰堆中挖出的梯子

[39] 指古希腊建筑中,底部墙体和地面交接处的基础结构。常见于柱廊和宏伟的建筑物等。——译者注

■ 奥林匹亚

无处不在的神庙

在公元前 5 世纪末至公元前 4 世纪初确定了圣殿的最终建筑结构后，参加奥运会的官方代表以及前来奥林匹亚的其他游客从北面进入场地，首先经过神庙西部，那里有描绘半人马战斗的山墙。然后他们绕过场地的南部，进入阿尔蒂斯，在神庙的主立面前聚集，观看展现珀罗普斯和俄诺玛俄斯之间奥运会创始赛马场景的表演[40]。在比赛开始之前，运动员、教练和裁判在宙斯·霍尔基奥[41] 雕像前（靠近议事厅）进行必要的宣誓，然后祭司们在宙斯的大祭坛上献上众多祭品中的第一个。可以想象，之后新来的游客会在圣殿中漫步，仔细欣赏所有建筑物，特别是宙斯神庙的柱廊和内部浮雕带上的陇间壁（描绘了赫拉克勒斯的事迹），以及宙斯的壮观雕像（不愧是古代世界七大奇迹之一）。

如今，由于保存下来的遗迹很少，很难想象阿尔蒂斯最初的杂乱结构，但毫无疑问，它在当时一定是壮观的：在宙斯神庙周围，所有开阔的空间几乎都被雕塑和小型奉献纪念碑所占据，这些雕塑和纪念碑是由在历次比赛中获胜的运动员和希腊各个城市为自己和他们的体育活动寻求认可而奉献的。

---

[40] 有关古代奥运会起源的传说很多，其中最有名的是珀罗普斯的故事。厄利斯国王俄诺玛俄斯的女儿希波达弥亚年轻美丽，引来众多城邦王子的热烈追求。但神谕提醒国王，他的女婿将夺走王位，国王因此百般限制求婚者，要求必须与他比武赛车，赢了方可成婚，否则便死在他手中。珀罗普斯是宙斯的后代，他买通国王的马夫，在赛车上动了手脚。获胜之后，珀罗普斯杀死了老国王，赢得了公主。大英雄赫拉克勒斯为向新人表示祝贺，举行了盛大的体育比赛，从而开创了奥运会。——译者注

[41] Horquio，宙斯的一个绰号，意为誓言的保护神。——译者注

东山墙

东面和西面的山墙都雕刻于公元前 470 年至公元前 460 年。雕塑大多由帕罗斯大理石制成，只有西山墙角的两个雕像是用彭特利库斯大理石制成的，可能由于公元前373年地震的破坏而进行了后期改造。两座山墙长约 26 米，中部高3.3米。那两个雕像位于大约12米高处。

位于神庙正门正上方的东面山墙上描绘的主题重现了珀罗普斯和俄诺玛俄斯为争夺后者的女儿和比萨王国而进行关键比赛前

▲ 神庙的檐口装饰着狮子头。这种类型的装饰在厄利斯的多个建筑中重复出现。

■ 奥林匹亚

| 阿尔菲奥斯河被描绘成一个躯体伸展的男人。在墙的另一面，是克拉德奥斯河。 | 在一个观察场景的占卜师旁边，跪着抓住驷马战车的是珀罗普斯的车手米尔提洛。 | 珀罗普斯的马，准备参加珀罗普斯和俄诺玛俄斯之间的决定性比赛。 | 一个裸体的仆人看守着马车。在他右边是珀罗普斯未来的妻子希波达弥亚。 | 戴着头盔、裸体手持长矛和盾牌的珀罗普斯，站在宙斯身旁。 |

▲ **重建和现状** 取自神庙的东山墙，描绘珀罗普斯和俄诺玛俄斯比赛的前一刻。
🏛 奥林匹亚考古博物馆

▶ **细节** 占卜师一脸忧虑，因为他知道俄诺玛俄斯将输掉比赛。

的那一刻。

比赛的裁判宙斯与珀罗普斯和俄诺玛俄斯一起出现在场景中，两人分别位于神的两侧。由于这些雕像是在地面上发现的，因此多年来研究者一直在讨论它们最初的位置，尽管它们在博物馆中的展示是为了让它们都面向宙斯，但最近它们被以完全相反的方式表示：珀罗普斯手持盾牌，在神的右侧，而俄诺玛俄斯独自一人手持长矛（他曾用长矛杀死他的对手），在

俄诺玛俄斯是希波达弥亚的父亲，他将与珀罗普斯进行比赛。他的妻子斯忒洛珀站在他身边，脚下有一个女仆。

四匹即将参加比赛的马拉着俄诺玛俄斯的马车。

占卜师面带忧虑的表情，因为他已经预知了比赛的结局。

场景的结尾处是克拉德奥斯河。位于山墙两端的两条河流帮助确定故事发生的具体位置：奥林匹亚。

神的左侧。珀罗普斯旁边是他未来的妻子希波达弥亚，以及将带他走向胜利的四马战车，由一些仆人看守。战车的后面是站着等待开始比赛的战车手，而一位占卜师则在观察着这一场景。阿尔菲奥斯河的拟人化形象结束了整幅构图。

在宙斯的左边，场景几乎是对称的：俄诺玛俄斯身后站着他的妻子斯忒洛珀（Estérope），她的脚下有一名女仆，还有战车，一个摆出关切姿态的占卜师（与观察珀罗普斯的占卜师不同,因为两个占卜师都事先知道比赛的结果),以及一个坐着的男孩儿;最后一个人物象征着克拉德奥斯河。

根据神话,战车比赛是奥林匹克运动会的基础,通过描绘战车比赛,使东山墙宙斯神庙和奥林匹亚圣地的意义之间产生了明确的联系。换句话说,与其选择一个泛希腊的主题(就像西山墙的半人马之战),不如在一个突出的位置描绘一个本地主题,以肯定奥林匹亚在希腊的重要性。此外,在公元前5世纪雕刻完成时,赛马场的战车比赛已经成为公众非常欣赏的场面,甚至比田径比赛还要精彩,因此强调比赛的起源是在战车比赛中发现的显得特别重要。

西山墙

西山墙上的主题是半人马之战：拉皮斯人（色萨利人）和半人马（半人半马的怪物）在庇里托俄斯（拉皮斯人之王）和希波达弥亚［不是俄诺玛俄斯的女儿，而是另一个同名的女人；一些神话版本声称她实际上叫迪达弥亚（Deidamía）］的婚礼上发生的战斗。半人马因为与新婚夫妇有亲戚关系而被邀请参加婚礼，但最终喝醉了并试图强行绑架到场的拉皮斯女性。由庇里托俄斯和雅典英雄忒修斯领导的男人们发起了一场激烈的战斗，最终以半人马的失败告终。这个神话在希腊人的想象中成为人类战胜怪物和野蛮的寓言，怪物和野蛮者由实际上是半动物的人物所代表。

山墙上的中心人物是阿波罗，他是文明美德的化身，是音乐和诗歌之神、光明和青春之神，并且与神谕密切相关（例如奥林匹亚的盖亚神谕）。西山墙上的场景比东山墙上的场景更加动感和暴力。在阿波罗的右边，庇里托俄斯摆出一副挑战者的姿态，准备用剑攻击试图绑架他妻子希波达弥亚的半人马。阿波罗的左边是忒修斯，手持一把斧头，准备砍向一个想要绑架女人的半人马。场景两侧对称地呈现：一个年轻的拉皮斯人与半人马战斗；一组三个人物，其中一个拉皮斯人试图从另一个半人马手中解救一个女人；还有两个拉皮斯女人躲在角落里。

西山墙上描绘的神话故事象征着希腊人普遍关注的主题，即与野蛮人的斗争，但也与奥林匹亚有着更本地化的联系：一个神话的变体将拉皮斯人与厄利斯的家族联系起来，因为忒修斯是珀罗普斯的孙子。

另外，名叫希波达弥亚的人物出现在神庙两侧，尽管是名字相同的两个不同的女人，这似乎不是巧合。无论如何，关注整个神庙的意象是很重要的：参观者和奥运会开幕式的参与者都从北面进入圣殿，绕过神庙，首先经过后面，那里有一个泛希腊的

■ 奥林匹亚

| 两个拉皮斯女人躲避喝醉酒企图绑架和强奸她们的半人马。 | 一名裸体的拉皮斯男人为保护一名被半人马抓住头发的女人而战斗。 | 受攻击的女人试图保护一个被半人马抓住的孩子。 | 庇里托俄斯拿着剑，攻击企图绑架他妻子的半人马欧里修斯。 |

▶西山墙左端的女性的正面视图。

阿波罗中心位置，象征着文明美德。

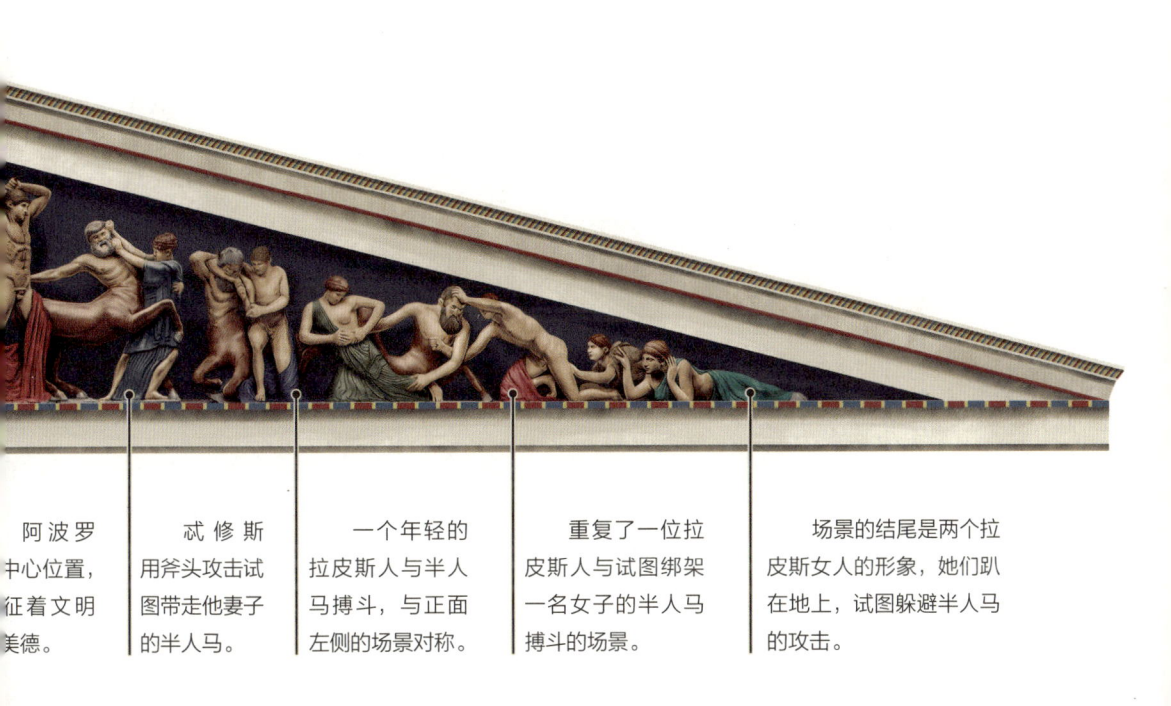

忒修斯用斧头攻击试图带走他妻子的半人马。

一个年轻的拉皮斯人与半人马搏斗，与正面左侧的场景对称。

重复了一位拉皮斯人与试图绑架一名女子的半人马搏斗的场景。

场景的结尾是两个拉皮斯女人的形象，她们趴在地上，试图躲避半人马的攻击。

代表性场景——所有人都能够认同的半人马之战，然后往前，等待着他们的是一个纯粹的当地场景，即珀罗普斯和俄诺玛俄斯之间的比赛。

▲ 西面山墙描绘了庇里托俄斯与希波达弥亚结婚期间拉皮斯人与半人马之间的战斗。而珀罗普斯的妻子也叫希波达弥亚。
🏛 奥林匹亚考古博物馆

173

■ 奥林匹亚

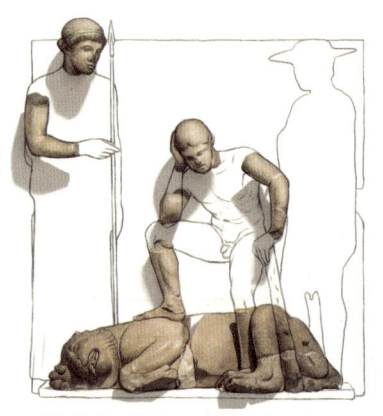

对抗尼米亚雄狮 被赫拉克勒斯勒死的狮子倒在他的脚下。

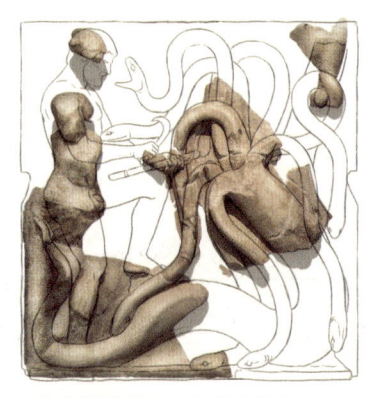

与九头蛇的战斗 赫拉克勒斯手持火炬，阻止九头蛇长出更多的头颅。

猎杀怪鸟 雅典娜帮助英雄杀死扰斯廷法罗斯湖（Estínfalo）附镇的怪鸟。

生擒野猪 赫拉克勒斯抓住了野猪，欧律斯透斯吓坏了，躲进了大瓮里。

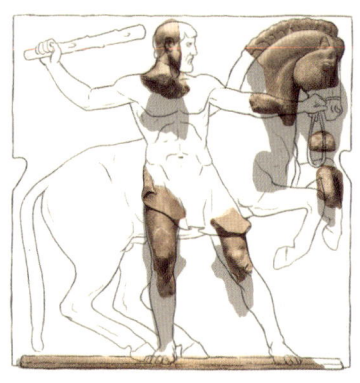

狄俄墨得斯的母马 英雄抓住母马以阻止它继续吃人。

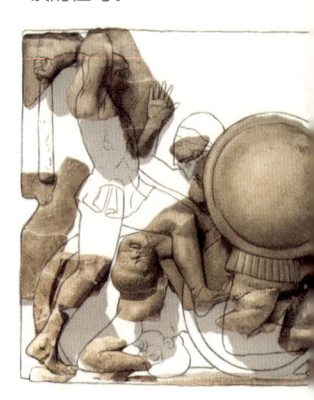

杀死革律翁（Gerión） 杀死这头怪物后，英雄必须把革律翁的给欧律斯透斯。

▲ 在后立面上，有对应于赫拉克勒斯前六项任务的陇间壁（见上排图）。

陇间壁

装饰前殿和后殿的十二块陇间壁雕刻于公元前 470 年至 公元前 450 年。每个边长约 1.6 米。它们展现了赫拉克勒斯——唯一获得永生的人类——被迫完成的十二项工作。许多古代作家，如品达、帕萨尼亚斯，都提到赫拉克勒斯本人创立了奥林匹克运动会，甚至说他建立了宙斯的大祭坛，并种植了野橄榄树，用其枝条编织

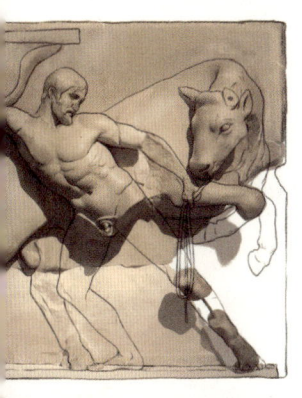

里特公牛搏斗 赫拉克勒斯试图⋯⋯塞冬在岛上放生的公牛。

追逐雌鹿 一年后，赫拉克勒斯捕获了这只有铜蹄和金角的动物。

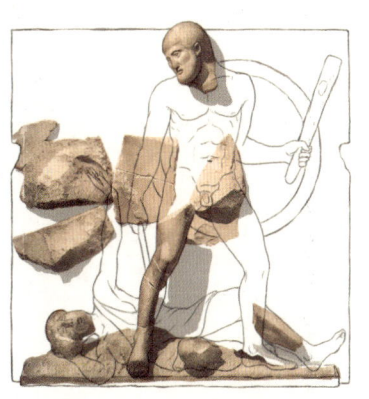

对抗希波吕忒 英雄夺取这位亚马逊女王的腰带，送给了欧律斯透斯的女儿。

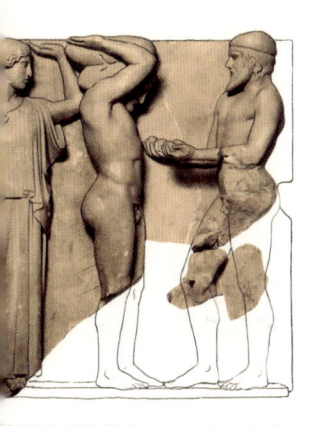

旧里得斯的苹果 阿特拉斯向赫⋯⋯斯展示金苹果，而英雄则托起

三头犬刻耳柏洛斯 赫拉克勒斯征服了地狱的守护犬刻耳柏洛斯，将其带到欧律斯透斯面前。

奥革阿斯国王的马厩 英雄借助阿尔菲奥斯河清理了奥革阿斯国王的马厩。

了胜利者的王冠。因此，赫拉克勒斯与宙斯神庙的建立密切相关。此外，他的体型也是奥林匹亚运动员的理想体型，因此在一些陇间壁中，他被描绘为在做一些类似于拳击或摔跤等比赛中的动作。

赫拉克勒斯是凡人阿尔克墨涅和宙斯的儿子，所以女神赫拉将怒火发泄在他身上：赫拉推迟了他的出生时间，并试图杀死还在襁褓中的他，当他长大后，使他发疯并杀死了自己的妻子和孩子。恢

▲ 在正立面上描绘了这位希腊英雄的后六项任务（见下排图）。

▲ 赫斯珀里得斯的金苹果事件无疑是整个浮雕中保存得最完好的。
🏛 奥林匹亚考古博物馆

复理智后,赫拉克勒斯前往德尔斐神谕,试图为自己赎罪,德尔斐令他到欧律斯透斯(Euristeo)面前,听从欧律斯透斯的命令,完成后者托付给他的任务。

尽管故事流传的版本有所不同,十二项任务的顺序也有所不同,但第一个总是赫拉克勒斯对抗尼米亚狮子。在奥林匹亚宙斯神庙的后殿中,这项任务也排在第一位。赫拉克勒斯杀死骚扰尼米亚城的狮子并剥下狮子皮。由于狮子皮坚不可摧,而赫拉克勒斯携带的武器无法伤到它,他不得不徒手将它勒死。陇间壁展现了动物死去的那一刻,雅典娜告诉英雄最好的剥皮方法(使用狮

子自己的爪子），而赫尔墨斯看着这一幕。

▲ 陇间壁背景的蓝色有助于营造出人物的浮雕效果。

下一块陇间壁展示了赫拉克勒斯与居住在勒纳湖的九头蛇许德拉的搏斗。每砍下许德拉的一个头颅，就会有两个头颅产生，因此赫拉克勒斯决定用火烧灼伤口，以防止更多的头颅再生。图像中正好描绘了他手持火把和镰刀，砍掉怪物头颅的情景。第三个任务是猎杀困扰着斯廷法罗斯湖（Estínfalo）附近小镇的怪鸟。赫拉克勒斯在雅典娜的帮助下成功赶走了怪鸟，陇间壁再现了英雄向女神展示成就的那一刻。

下一块陇间壁描绘了英雄与克里特岛的公牛搏斗，这是波塞冬

> 奥林匹亚

在岛上释放的一种野兽，使当地居民感到恐惧。接下来，赫拉克勒斯被派往刻律涅亚山，捕获了一只由阿耳忒弥斯拥有的鹿，它有铜蹄和金角。欧律斯透斯要求赫拉克勒斯活捉一只毫发无伤的鹿，这使得英雄忙碌了一年多。西面最后一块陇间壁展示了赫拉克勒斯与亚马孙女王希波吕忒为争夺阿瑞斯的腰带而战，但提供的信息不够。希波吕忒佩戴腰带是为了显示她相对于其他女性的优越性，但欧律斯透斯的女儿想要这条腰带，赫拉克勒斯必须获得。

在神庙正面的浮雕带上，首先出现了一幅奇怪的画面：在陇间壁上，英雄扛着他在厄律曼托斯猎杀的野猪，而欧律斯透斯惊恐地躲在一个大瓮里。下一块陇间壁展示了赫拉克勒斯与色雷斯比斯托尼斯人的国王狄俄墨得斯（Diomedes）的一匹马搏斗。这种母马吃人肉，由国王提供，赫拉克勒斯不得不捕捉它们，以防止它们继续吞噬无辜的人类。他还杀死了狄俄墨得斯。

接下来是赫拉克勒斯杀死了三头怪物革律翁，因为欧律斯透斯想要革律翁的牛。东面的第四块陇间壁保存得相当好：宙斯和赫拉结婚时，他们从盖亚那里获赠由阿特拉斯的女儿赫斯珀里得斯看守的金苹果园；欧律斯透斯促使赫拉克勒斯前往果园，并成功地欺骗阿特拉斯去摘苹果，而英雄本人则承受着天空的重担（这一时刻在陇间壁中得到了描绘，雅典娜帮助赫拉克勒斯承受重负）。

倒数第二项任务是让英雄去收服守护冥界的三头犬刻耳柏洛斯，并将其带给欧律斯透斯，再次送回冥界。几乎所有陇间壁的雕像都是泛希腊的，因为赫拉克勒斯曾经游历整个希腊；然而，最后一块陇间壁描绘了赫拉克勒斯与奥林匹亚有关的功绩。赫拉克勒斯被派去清理厄利斯国王奥革阿斯那些从未清理过的马厩。完成任务后，奥革阿斯因为河神阿尔菲奥斯帮助了英雄而生气，不愿意给予他奖励，于是赫拉克勒斯摧毁了城市并前往神庙进行净化。

神庙的图像学分析

宙斯神庙呈现了一系列图像学信息，这一方面肯定了奥林匹亚的独特性和特殊性，另一方面宣扬和突出了厄利斯和圣地与整个希腊世界的联系。

同时，这座神庙向所有人宣告了厄利斯城所达到的权力和地位：除了神庙本身，宙斯的雕像在当时无与伦比，无论是在规模还是在建造费用方面。此外，这件作品是由在整个希腊享有盛誉的雅典艺术家菲狄亚斯创作的。实际上，为了消除疑虑，雕像上刻有一段铭文，上面写着："雅典人哈尔米德斯（Cármides）的儿子菲狄亚斯制作了我。"总之，厄利斯的市民们渴望将自己的城邦置于伯罗奔尼撒地图上，并将其打造成不仅在体育界，而且在全希腊圣殿中都备受关注的地方。

奥林匹克的荣耀

同时，该神庙不仅通过描绘的图像和神话，而且通过雕塑建筑的特殊性，与整个圣殿建立了联系。雕像，特别是东面山墙上的珀罗普斯像，模仿了在阿尔蒂斯发现的众多纪念性运动雕塑的风格和姿势，正如半人马之战中的人物形象类似于正在进行竞技比赛的选手。但真正为奥林匹克运动员提供榜样的是展现赫拉克勒斯功绩的陇间壁。实际上，这位英雄在赛跑、摔跤和全能格斗方面尤其出名。例如，帕萨尼亚斯提到了埃斯科图萨的波利达马斯的冒险故事，他是一位在全能格斗项目中获胜的奥林匹克冠军，后来试图效仿赫拉克勒斯，赤手空拳杀死了一只威胁他所在城市的狮子。

当然，奥林匹克运动员不能像赫拉克勒斯一样获得不朽，他们的最终愿望是成为库罗斯（青年男子）雕像的代表人物，那是一种永恒的荣耀。在奥林匹亚的竞技比赛中获胜的人，是希腊最有声望的，他们的胜利在整个希腊都有重要意义，并影响他们的余生。在圣殿中竖立雕像，并永远被铭记，可谓是最伟大的。富有的人雇佣诗人歌颂他们的成就，比如品达，他留下了一系列赞美奥林匹克胜利者的作品。归根结底，圣殿和宙斯神庙本身就是对人类荣耀和成就的赞美：忒修斯和庇里托俄

■ 奥林匹亚

赫拉的霸权

赫拉神庙建于公元前600年左右，一直是人们崇拜的中心，直到宙斯神庙建成。像那个时代的所有神庙一样，赫拉神庙是用木头建造的，其建筑元素逐渐被石灰石所取代。在帕萨尼亚斯时代，神庙的后殿仍然保存着一根木柱。

内殿被两排八根柱子分成三个区域：中心区域是赫拉的雕像，两侧摆放着赫拉运动会获胜者的雕塑和其他祭品，例如普拉克西特列斯雕刻的赫尔墨斯、科洛特斯的桌子（上面摆放着橄榄花环）、西普赛勒斯的柜子（由木头、黄金和象牙制成）。

斯对抗半人马的英勇行为，珀罗普斯对抗残暴的俄诺玛俄斯的比赛，赫拉克勒斯完成十二项任务的努力，都不过是神话中的表现，旨在鼓励运动员坚持训练，提高成绩。

① **正殿** 最初只建造了中央的正殿。后来添加了后殿或中央柱廊。

② **柱子** 这座神庙的正面有6根多立克柱，两侧各有16根，高度均为5.2米。

③ **柱顶** 它是由木头制成的，外面包着陶土，看起来像石头。

④ **山墙顶饰** 这座神庙的屋脊顶上有一个用彩绘陶土制成的巨大圆盘形装饰。

◀ **山墙顶饰** 赫拉神庙的山墙顶饰是公元前7世纪末期陶器艺术的杰出作品。它直径2.3米，装饰有几何图案。
🏛 奥林匹亚考古博物馆

宙斯的雕刻者菲狄亚斯

菲狄亚斯公元前 500 年左右出生于雅典，他很可能参加了萨拉米斯（Salamina）或普拉亚（Platea）战役，在此期间他赢得雅典富有的政治家和军事家西蒙的青睐，后者选他德尔斐建造马拉松纪念碑。在完成这个伟大的任务后，菲狄亚斯的名声在希腊传开了。他接了许多城市的委托，包括厄利斯，后者请求他雕刻宙斯的雕像，放置在他们的神庙里。

为此，菲狄亚斯组织了一个工匠团队，其中包括阿尔卡门斯（神庙西面山墙的雕塑家佩奥尼奥（带翼胜利女神像的作者）、科洛特斯或帕纳伊诺，他们在奥林匹亚定居。帕萨尼斯说，在他那个时代，雕塑工坊仍然存在，多年来，考古学家一直在阿尔蒂斯外的圣殿西部区寻找它。

最终，在 20 世纪中叶，人们发现了一个黑色漆罐，罐底上刻有"我属于菲狄亚斯"的样，成功地确定了作者。起初人们认为这是一件伪造品，但显微镜研究证明这确实是一件古而真实的物品。

工坊被两排柱子分成三个正殿，与宙斯神庙的内殿大小相同，因此雕塑家可以在类似于终放置雕塑的空间中工作。尽管公元 5 世纪时，在其废墟上建造了一座早期基督教大教堂，

掘出了大量器具，这有助于了解古希……使用黄金和象牙等珍贵材料的工作方……。这些材料也被用于制作这座杰出的……斯雕像，而在此之前，黄金和象牙雕……通常很小，小于人形。

目前尚不清楚古代工匠用什么技术加……象牙，但我们知道希腊人能够软化和塑……象牙（帕萨尼亚斯说是通过加热，而其……工匠说是用醋之类的液体浸泡象牙）。……外，古代工匠使用模具（包括在菲狄……斯的工坊中发现的负模和正模）来制……黄金制品与玻璃小物件和装饰品。

▲ 文艺复兴时期的艺术家安德烈·皮萨诺（Andrea Pisano）在佛罗伦萨大教堂钟楼的一幅壁画中描绘了菲狄亚斯的工作场景。
🏛 佛罗伦萨圣母百花大教堂歌剧博物馆

◀ 艺术家的工坊位于阿尔蒂斯之外。现今的遗迹见证了5世纪时建在其废墟上的大教堂。

宙斯雕像

宙斯的雕像没有保存下来，它在5世纪左右被转移到君士坦丁堡，后来被大火烧毁。然而，有许多不同作者的描述和许多古代硬币上都有这座雕像的形象。因此，我们可以大致了解它的宏伟程度和它给参观者留下的印象。宙斯坐在黄金和象牙的宝座上，头上戴着一顶橄榄花冠；右手托着一个有翅膀的胜利女神，左手拿着一根法杖，上面站着一只鹰。整个雕塑形体巨大，边缘几乎触及神庙内部的柱子，头部贴着天花板。实际上，斯特拉博（Estrabón）曾说过，这座神庙如此宏大，雕塑家却似乎没有掌握比例。

■ 奥林匹亚

宝库

公元前 600 年至公元前 479 年，在克洛诺斯山脚下的人工平台上建造了一系列名为"宝库"的小建筑。这些建筑是由不同城邦、八个殖民地和两个希腊大陆城市下令建造的，用于存放献给圣殿的礼物。这些城市建造宝库的原因各不相同：有些是为了纪念战斗胜利，有些是为了纪念竞技比赛，还有些是为了证明母城和殖民地之间的良好关系。

所有的宝库都有非常相似的结构：它们都是类似于神庙的小建筑，有前殿和内殿，以所保管的祭品和其他珍贵物品命名。它们大多用奥林匹亚当地的石头建造，尽管有些城邦从家乡运来石灰石建造宝库的山墙，例如昔兰尼（Cirene）、塞利嫩特（Selinunte）、杰拉（Gela）和锡西翁（Sicíon）等（也许是为了提

▶这些宝库位于一个人工平台上，有一段陡峭的台阶通向那里，它们是运动员从赫拉神庙到体育场的游行路线的特殊见证。

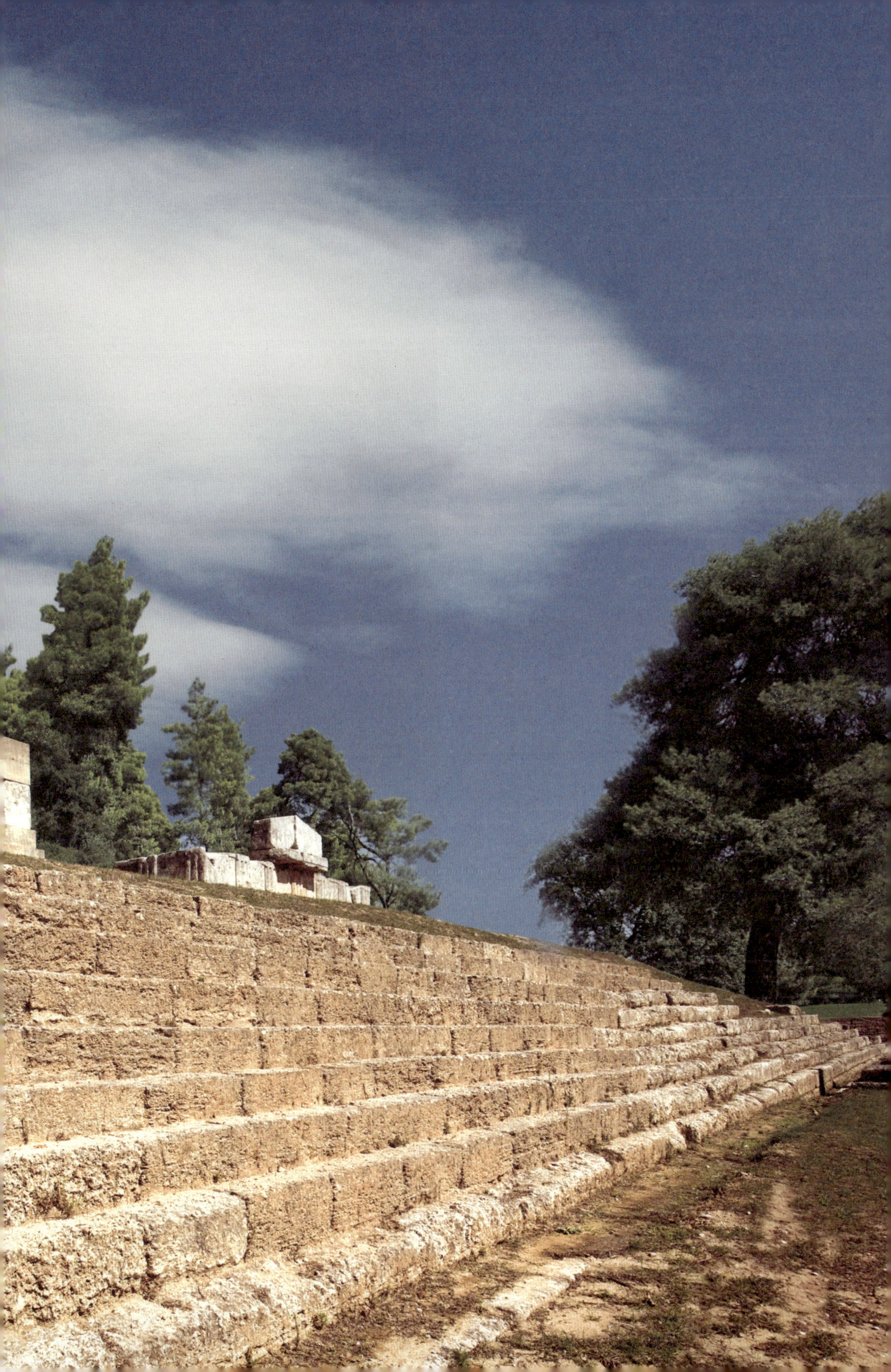

奥林匹亚

醒人们注意祭品的来源）。只有少数几个宝库在山墙上有雕塑装饰，这些装饰描绘了与相关城市有关的主题（如昔兰尼宝库，其特点是狮子，一种在神话时代威胁到该城市的动物）或在整个希腊流行的主题（如墨伽拉宝库，描绘了提坦之战）。

由于它们的位置，这些宝库只有正面可见，因此有些只是部分完成和部分装饰。这在墨伽拉宝库中非常明显，其中柱子的可见部分精雕细琢，而背面则未经打磨。尽管如此，宝库在圣殿中占据了一个抢眼的位置，尤其是在圣殿建造之时，因为它们在建筑上起到了过渡的作用，连接了唯一代表当地仪式的赫拉神庙和代表世界性体育领域的体育场。这些宝库坐落在高处，脚下是陡峭的台阶，它们有幸见证了运动员们在赫拉神庙和体育场之间的游行路线。

这个区域建造的第一座宝库位于平台中央，是一座供奉大地女神盖亚的祭坛（尽管长期以来人们认为它是一座宝库）。事实上，自远古以来，奥林匹亚就存在着对盖亚的

宝库的平台

在一个超出阿尔蒂斯3米的高地上，各个城市建造了十二座宝库来保管捐赠给圣地的祭品，作为两者之间良好关系的见证。

❶ **游行路线** 在陡峭的台阶下有一条小路，运动员的游行队伍沿着这条小路从赫拉神庙到体育场。

❷ **宙斯的形象** 代表宙斯的雕塑，被称为"扎内斯（zanes）"，其资金来源于违反体育比赛规则的运动员的罚款。

❸ **陡峭的台阶有三个功能** 其一，它充当看台；其二，它作为平台的支撑墙；其三，它也是通往平台的通道。

❹ **这些宝库结构简单** 装饰风格相似，采用多立克柱式，收藏了不同城市捐赠的各种祭品。

盖亚的祭坛，供奉着大地女神，占据了平台的中心，并与伊利提亚神庙一起，划定了建造宝库的土地。

塞利嫩特的宝库，作为附近城镇之间某种竞争的回应，装饰得与杰拉的宝库非常相似。

墨伽拉宝库的山墙描绘了神和巨人之间的神话战争。

杰拉宝库的檐口由来自捐赠城市的工匠用陶土装饰。

前六个"扎内斯"都是一样的，它们是在公元前388年用第一个作弊者色萨利的欧珀利斯（Eupolo）所交的罚金雕刻出来的。

铭文上刻着一些教育性的诗句，向运动员提醒比赛规则，艰苦的训练才是成为胜利者的正当手段。

■ 奥林匹亚

宝库

　　在圣殿如此精确的区域内建造宝库，表明人们在设计建筑时对建筑内的活动、空间和装饰有统一性的兴趣（所有的神庙都是多立克式风格，非常相似）。在这个意义上，虽然允许各个城市竖立纪念自己成就和利益的纪念碑，但非常注意不让任何一个城市过于突出，从而让人把平台当作一个整体，使其成为一个具有特权但对所有公众开放的地方，从那里可以观看在阿尔蒂斯进行的活动。

① 伊利提亚神庙
② 锡西翁宝库
③ 叙拉古宝库
④ 未知归属宝库
⑤ 埃皮达鲁斯宝库
⑥ 拜占庭宝库
⑦ 锡巴里斯宝库
⑧ 昔兰尼宝库
⑨ 盖亚祭坛
⑩ 塞利嫩特宝库
⑪ 梅塔庞托宝库
⑫ 墨伽拉宝库
⑬ 杰拉宝库

▼ 墨伽拉宝库的山墙描绘了巨人与众神之间的战斗。
🏛 奥林匹亚考古博物馆

▶ 这种有蜗壳和植物的装饰图案，可能类似于宝库檐口的装饰图案。
🏛 奥林匹亚考古博物馆

崇拜，其神谕咨询一直持续到古希腊历史纪元。同样地，在平台的西端，保存着伊利提亚（Ilitía）女神古老的神庙遗址，这里也供奉着她的儿子索西波利斯，根据传说，他变成了一条蛇，帮助厄利斯的军队拯救了被阿卡迪亚入侵的城市。这两座建筑为建造其他宝库奠定了基础。

起源和位置

第一座宝库建于公元前 600 年后不久。穿过平台东端的杰拉市（西西里岛的希腊殖民地），在平台的最低点，但这里是观看体育场的最佳位置。最初它是一个带有简单内殿的四边形结构，后来，为了使其更具有纪念意义，在公元前 5 世纪中叶添加了一个带有六根多立克柱的前殿，当时其他宝库也开始建造。檐口上意大利风格的陶土装饰似乎表明宝库的工匠们是从杰拉市来到奥林匹亚的，为了使这座建筑的外观让人联想到起源城市。

第二座宝库是梅塔庞托（也是大希腊的一个殖民地）奉献的宝库。该建筑的任何元素都没有保存下来，只知道它是一座封闭的建筑，没有柱廊，南面有一扇敞开的门。它恰好位于杰拉宝库和盖亚祭坛的中间位置，但这种有节制的空间使用并没有持续多久，因为不久之后新的宝库开始相邻建造。其中第一个，在祭坛旁边，是西西里岛上与杰拉相邻的城镇塞利嫩特的宝库，它的装饰似乎是有意识地模仿杰拉宝库的建筑风格，也许是出于附近城镇之间的 种竞争。此外，位于杰拉宝库和梅塔庞托宝库之间的墨伽拉宝库是由希腊的大陆城市建造的第一座宝库。这一宝库的归属不仅由帕萨尼亚斯提供的参考资料（就像他对其他宝库所做的那样）所证明，而且还保留了柱顶刻有城市名称的铭文。这是一个带有前廊的神庙，即在前殿正面和两侧都有两根柱子，是为数不多的山墙雕塑装饰（描绘了神话中神和巨人之间的战斗）中保存至今的宝库之一。

这些宝库建在平台西部，介于盖亚祭坛和伊利提亚神庙之间。这个区域的土地要脆弱得多，建造者们不得不费尽心思挖掘深层地基，以充分支撑建筑的主体结构，这就需要投入更多的时间和资金。因此，人们认为神庙的管理者可能只允许在

▲ 在公元3世纪，为了建造一道墙以保护圣地免受入侵罗马帝国的日耳曼部落赫鲁利人的攻击，宝库被拆除以重复使用其石块。

这个平台上建造宝库。在这方面，最西部的锡西翁（科林斯湾的一个城市）宝库有一个3米深的基础，建于公元前480年左右，也遵循前廊的模式。帕萨尼亚斯提供了它内部的供品清单：三个在五项全能比赛中使用过的盘子；一个头盔，一双护腿和一个盾牌；一把珀罗普斯的金柄剑；一个阿玛尔泰的大理石号角，上面刻有米尔西亚德斯奉献的铭文，以及一尊阿波罗雕像。

由于帕萨尼亚斯的叙述存在疏漏，因此其他宝库的捐赠城市尚不能确定，同时这些宝库残存的结构细节也不多，因此其捐赠城市一直存在多种解释。因此，只有平面图得以保存，而其余的石头于公元2世纪被重新利用，建造了附近的半圆形希罗德·阿提库斯（Herodes Ático）剧场。然而，最近的研究提出了一些名字：与锡西翁宝库相似的建筑结构，可能是为了纪念希腊在希梅拉战役中击败迦太基人而建造的叙拉古宝库，接下来是一座相同风格的宝库，其捐赠城市尚不清楚；然后是埃皮达鲁斯宝库（其中有阿特拉斯和赫拉克勒斯的相遇场景），拜占庭宝库（与梅塔庞托宝库相同，即没有前柱廊），以及锡巴里斯（象征世俗享乐的著名城市）和昔兰尼宝库，两者都是双柱式。在奥林匹亚考古博物馆中，保存了许多装饰和建筑元素的残片，但很难确定这些残片属于哪一个建筑。

■ 奥林匹亚

南柱廊

柱廊或门廊是希腊公共建筑的一种特色。它由一个简单的矩形平面建筑组成，其中一侧长的墙壁封闭，而另一侧则有一排柱子支撑着屋顶。在古希腊城市的所有广场上都可以找到这种风格的柱廊，通常有多个（仅雅典就有十多个）。这是一个公共空间，可以遮蔽阳光和雨水，商贩或艺术家可以在此设立摊位，也可以简单地用于散步，就像斯多葛学派（该学派正是因他们聚集讨论的地方而得名）的哲学家们那样。

众所周知，在奥林匹亚圣殿至少有三个门廊，其中只有两个遗迹保存了下来，第三个门廊位于赛马场入口处，这个区域由于河流和沉积物的影响，挖掘工作非常困难。这三个门廊建于公元前4世纪中期，形成了圣殿的最终形态。

南柱廊以其坚固的结构和朝向南方而著称。门廊既是圣殿的

▶南柱廊、入口和圣殿南部边界遗迹的全貌。

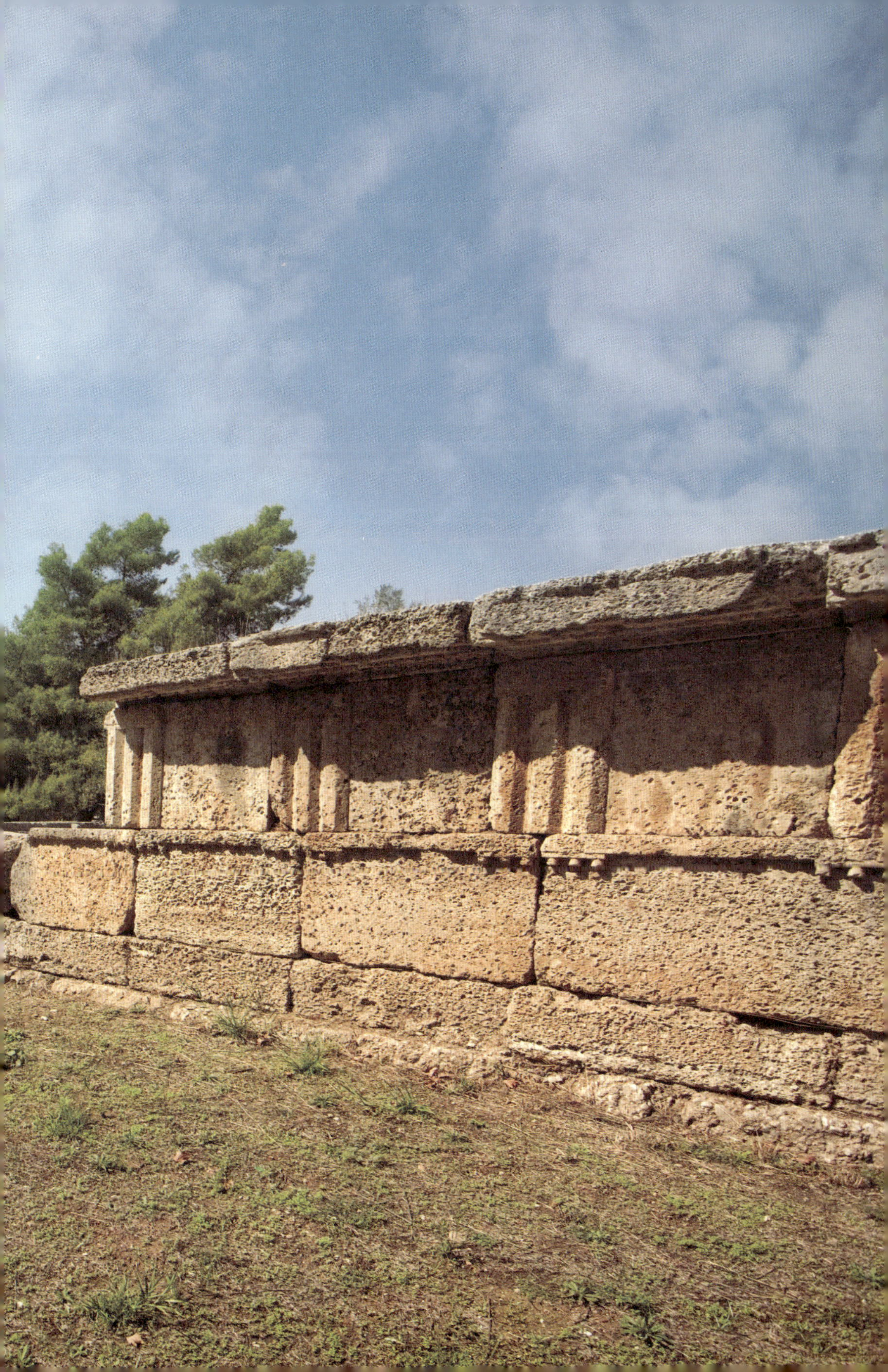

柱廊的用途

由于朝向南面，这个门廊可以用来迎接从南方来的旅行者，并成为一个特殊的看台，可以观看前往竞技场的游行队伍。它也欢迎在商人的摊位间行走的路人和参与热烈辩论的艺术家，同时用来保护他们，使其活动免受恶劣天气的影响。

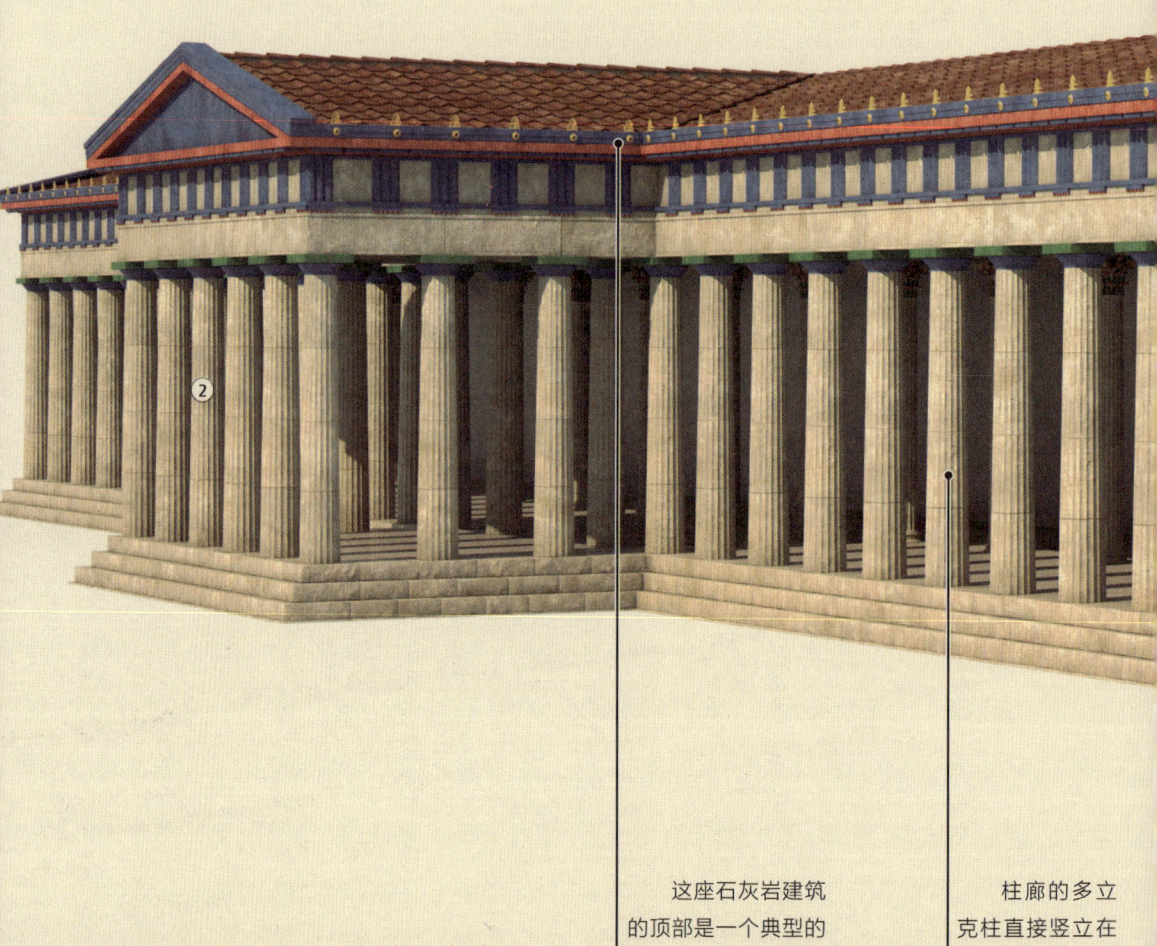

这座石灰岩建筑的顶部是一个典型的檐口，上面装饰着莨苕叶和狮子头的图案。

柱廊的多立克柱直接竖立在大理石的基座上，没有底座。

① **门廊区** 门廊的北面是由砾岩砌成的墙,南面是由34根多立克柱组成的柱廊,东面和西面各由6根柱子组成。

② **小门廊** 在柱廊的中央,突出了一个朝南的小型副门廊,深7米,由正面的6根柱子和两侧的3根柱子组成。

③ **门廊内部** 南门廊与其他门廊不同的特点之一是它的内部被17根科林斯柱纵向分割。这使它成为圣殿中第一个具有科林斯元素的建筑。

大理石地面建在坚实的基础上,用于建造长80米、宽14米的门廊。

有走廊的空间成为商人、旅行者、艺术家、散步者和思想家的聚集地。

没有雕塑装饰的三面山墙是南柱廊的特色之一,因为通常门廊不包括山墙这个建筑元素。

南部边界，也是该区域的主要入口。值得注意的是，在圣殿南部的阿尔菲奥斯河在那个时代是可航行的，因此可以推测许多旅行者是从平原的这部分去往奥林匹亚的。

南柱廊建在阿尔蒂斯之外，议事厅的南面，一直保留了几个世纪。它建在一个坚实的基础上，长 80 米，宽 14 米，顶部铺有大理石。北侧由混凝土石墙封闭，南侧由 34 根多立克柱组成的柱廊构成，每侧 6 根柱子，支撑着一道石灰石顶梁。

南柱廊有几个细节与其他类似的建筑不同。其一，在柱廊的正中央，有一个 7 米深的小型副门廊向南突出，由正面的六根柱子和两侧的三根柱子组成。其二，柱廊的内部被一系列的科林斯柱纵向分割，使其成为奥林匹亚的第一座科林斯建筑。其三，这个门廊有三处山墙（显然没有雕塑装饰）：一处在突出的门廊上，另外两处分别在东面和西面。这些细节使其具有纪念意义，并与其他简单的神庙结构相区别，这意味着在整个研究历史中，人们认为这个门廊有一个非常具体的功能，而不仅仅是一个简单的公共空间。主立面朝南使门廊不仅成为迎接来自南方的旅客的理想场所，也成为观看前往竞技场的游行队伍的特权场所。

奥运会

在整个希腊，体育是教育体系和军事训练的一部分，也是葬礼和其他日常活动的一部分。出于这个原因，竞技比赛很快就在奥林匹亚圣地组织起来，不久之后，在其他希腊城市，如德尔斐、伊斯米亚（Istmia）和尼米亚（Nemea）盛行，也就不足为奇了。

在试图解释奥林匹亚运动比赛的起源时，各种神话和传说汇集在希腊人的想象中。因此，除了讲述赫拉克勒斯到达厄利斯的神话（描绘在宙斯神庙的陇间壁上）和珀罗普斯与俄诺玛俄斯之间的战车比赛（描绘在山墙上），还有一个神话，讲述了库瑞忒斯（神话人物，负责看守和照顾童年的宙斯，即在宙斯成长并推翻他的父亲克洛诺斯并获得神力之前）是第一个在圣殿中组织体育比赛的人。希腊传统也说，库瑞忒人从克里特岛来到奥林匹亚，在各种比赛中竞争，用赫拉克勒斯从北欧带来的神树枝制作橄榄花冠为胜者加冕。根据这个神话，为了纪念他们，决定设立奥运会，并且由于库瑞忒人是五兄弟，于是每五年也就是每四个完整的年份后举行一次。

对于希腊人来说，比赛的神话起源已经确立，但是确立真正的历史起源则复杂得多。人们知道奥林匹亚自古以来就是一个神圣的地方，但至今仍无法确定比赛何时成为该圣地活动的一部分。比赛无疑是人类的本质，特别是非常重视不同形式竞争的希腊人：诗歌、戏剧或修辞比赛与体育比赛一起构成了所有希腊城市的日常。此外，军事训练占据了希腊公民教育的很大一部分，而这无非就是一种体育训练。

另外，众所周知，一些崇拜某些神灵的宗教仪式包括竞赛，比如在雅典附近的布劳伦为纪念阿耳忒弥斯而举办的女子赛跑，或者在斯巴达为纪念狄俄尼索斯而举办的赛事。这一点，再加上古代葬礼仪式中伴随着的体育竞技，可能证实了奥林匹克运动会的起源在于设立比赛来纪念珀罗普斯的赛跑，而这个比赛就在他的墓地举行。

■ 奥林匹亚

▲ 大理石浮雕中描绘的一对摔跤手。
🏛 雅典考古博物馆

奥林匹克休战

古代奥林匹克运动会最显著的特点之一，也是它能够连续举办数个世纪的原因，是建立了一项对整个希腊都具有强制力的制度：奥林匹克休战。据传说，厄利斯的传奇国王伊菲托斯（Ífito）与斯巴达传说中的立法者利库尔戈（Licurgo）、比萨的克里斯提尼（Clístenes）签署了一项协议。这项协议规定了一个时间段，在这段时间内前来参加比赛的代表团是不可侵犯的。这份协议被刻在一块青铜盘上，保存在赫拉神庙中，此外还禁止武装男子进入奥林匹亚圣地，违者将被罚款并被驱逐出比赛。由于这份休战协议，从公元前6世纪开始，奥林匹克运动会成为一个泛希腊的比赛，越来越多的城市代表前来参加，因此这份时效原本只有一个月的休战协议不得不延长到两三个月以确保所有代表团都能前来参赛。

事实上，为了让所有希腊城市都知道举办奥运会，圣地的"休战使者"（espondóforos）在赛前的几个月里奔走于全国各地，宣扬和平，宣布比赛的到来。因此，每隔49个或50个希腊月，即按今天的计算每四年一次，在7月至8月，前

运动员名单

根据现有资料分析,第一个在跑道上赢得比赛的人是公元前 776 年厄利斯市(Elis)的公民科雷博(Corebo)。为了纪念他,第一届奥林匹克运动会(即四年一次的比赛)以他的名字命名。从那时起,人们就有了在铜板上刻下比赛优胜者姓名的习惯,这也是为了记录年份。这些铜板的碎片被保存了下来,但没有完整的获奖者名单,因此,通过不同作者记录的名单,从公元前 5 世纪的社会学家希庇亚斯(Hippias),到 4 世纪的历史学家恺撒利亚的尤西比乌斯(Eusebius of Caesarea),建立了比较可靠的奥运会年表。

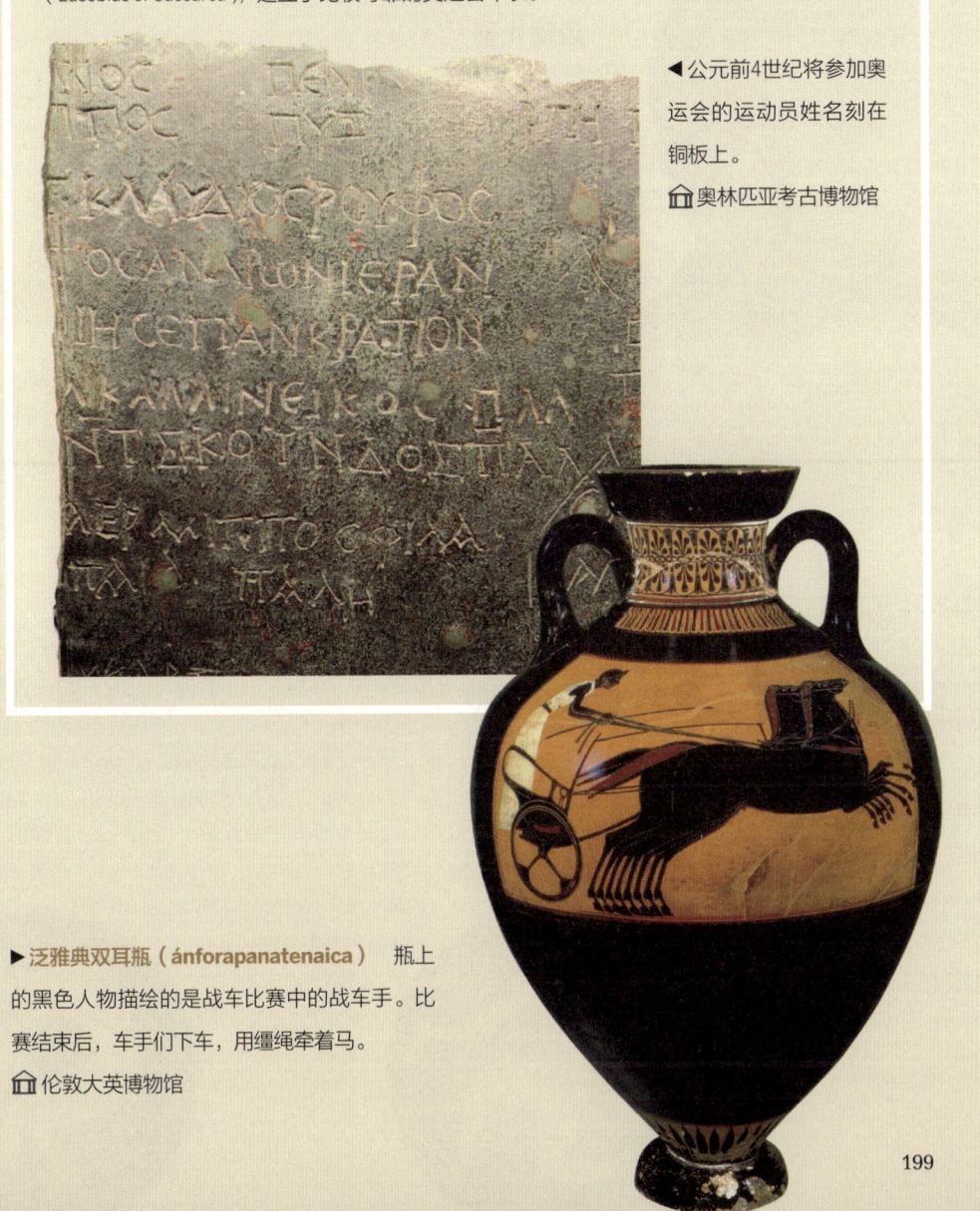

◀公元前4世纪将参加奥运会的运动员姓名刻在铜板上。
🏛奥林匹亚考古博物馆

▶泛雅典双耳瓶(ánforapanatenaica) 瓶上的黑色人物描绘的是战车比赛中的战车手。比赛结束后,车手们下车,用缰绳牵着马。
🏛伦敦大英博物馆

■ 奥林匹亚

▼公元前420年，著名的雅典将领阿尔西比亚德斯参加了一场赛车比赛，他派出了七辆战车，最终获得了第一名、第二名和第四名。他的壮举招致许多人的嫉妒。
🏛 佛罗伦萨乌菲兹美术馆

往圣地的人们都受到神的保护，无论是运动员还是每个城市代表团的其他成员。

此外，运动员必须在比赛开始前一个月到达奥林匹亚，共同在厄利斯的体育馆进行训练，并通过比赛前的考试。他们必须证明自己是自由人，也是希腊人，同时没有犯任何宗教和血统上的罪行。

运动比赛

起初，奥运会的持续时间不确定，但似乎不会超过三天，因为最初唯一的竞技比赛是赛跑。后来，随着逐渐增加了其他比赛，到了公元前5世纪中期，奥运会的持续时间定为六天。在第一天，运动员、教练、裁判和各参赛城市的官方代表参加从厄利斯到奥林匹亚的游行。观众们在奥林匹亚等待着，观看在宙斯的祭坛上举行第一次祭祀，同时运动员们在宙斯·霍尔基奥（誓言的保护神

奥林匹克运动会项目

我们很难确切了解古代运动员使用的技术，也很难破解他们必须遵守的规则。就五项全能而言，大家知道它包括掷铁饼、投标枪、跳远、赛跑和摔跤，但不知道这些比赛的顺序是怎样的（只知道摔跤是最后一项），也不知道它的计分方法。然而，古代陶器上的图像和一些当时的文献有助于勾勒出这些必选项目的基本形式。

公元前776年

赛跑 这是最古老也是最重要的比赛项目。有多种形式：单跑道比赛（短跑，192.2米）和双跑道比赛（中跑）、带有盔甲和武器的比赛，以及长跑比赛（根据跑步者的年龄在7个到24个跑道之间变化）。所有比赛都在同一跑道上直线奔跑，因此在超过一个跑道的比赛中，运动员必须在到达终点线（或起点线）时进行复杂的180度转弯再折返。

公元前708年

跳远 奥运会五项的设立带来了新的目，例如跳远。运动员们手持约两公的重物，双臂向前伸展开始起跳，并落地时向后摆动。古代学者断言，使重物可以让一个人跳得更远，并且可避免背部着地，从而更容易落地。

◀ 哑铃（halteras）是一种重约两公斤的石制重物，使跳跃者跳得更远，也更容易落地。跳跃者两只手都拿着哑铃，以获得动力。
🏛 奥林匹亚考古博物馆

面前宣誓，承诺遵守比赛规则。下午，在回音柱廊举行传令员和吹号手比赛，选出那些吹响比赛号角并宣布胜利的人。

在运动会的其他日子里，比赛接连不断，从第二天开始，还有各种宗教仪式，其中最引人注目的是在第四天月圆时在宙斯祭坛上宰杀一百头牛。庆祝的最后一天，各项比赛的获胜者会在宙斯神庙前获得加冕。比赛结束后，所有参赛者和参与城市的代表都前去参加在前殿举行的胜利宴会。之后，代表团返回原籍，在回程中他们仍受奥林匹克停战协议的保护。

规则

在古希腊，体育运动本身就是一种达到身心平衡的精神提升方式。此外，体格强健、身形健美的理想应该与适当的道德价值观相结合，这些价值观在比赛期间由

---

708 年

和标枪 保存下来的旧铁饼（从1.3公斤到6.6公斤）和直16厘米到34厘米）上差别很是因为在儿童和成人的比赛中重量不同。标枪从1.5米到2米由简单的木棒组成，末端柔韧轻便。投掷标用约40厘米长缠绕着标枪力。

公元前 708 年

拳击 参赛者们用皮带覆盖双手和前臂，并戴上头盔保护头部，还用一种厚实的腰带保护肾脏部位。拳击比赛非常激烈、血腥。尽管禁止抓住对手，而且最常见的拳击动作应该类似于现在的直拳和勾拳，但可能允许使用脚。

公元前 688 年

搏击 这是一种与摔跤和拳击有许多相同规则的接触运动，是在地面上进行的，其目的是使对手无法动弹或者认输。允许参赛者使用所有摔跤和拳击技巧，以及其他特定用于该项目的技巧，如踢腿或膝击。实际上，似乎只有咬人和用手指插眼睛是被禁止的，但这并不妨碍偶尔使用牙齿。

公元前 688 年

摔跤 在摔跤比赛中，摔倒对手三次、让对手认输甚至弃赛的选手获胜。这是因为比赛对手是随机分配的，不区分选手的体重，所以最终总是体型更大、身体更重的摔跤手胜出。因此，一些体型较小的选手决定不参赛，以避免尴尬的失败。

奥林匹亚

严格的竞争规则保护,不仅适用于运动员,也适用于观众和裁判员,他们也必须是自由和无罪的人(外国人可以作为观众出席,但女性禁止入场)。任何违反规则的行为都会受到严厉惩罚。不过,在奥运会成立最初的几个世纪里,没有任何作弊或犯规行为的记录。似乎是在公元前388年,有人第一次违反规则:色萨利拳击手欧珀利斯因贿赂了三个竞争对手而被罚款,并用罚款雕刻了圣殿的前六个"扎内斯"(宙斯的青铜形象)。

裁判官[42]负责确保所有人都遵守规则。虽然他们的人数多年来一直在变化,但一般认为,他们有十个人,厄利斯人口被划分为十个部落,每个部落有一个裁判官。被选为裁判官是一种巨大的荣誉,也是一种负担,因为他们必须承担部分庆祝活动的费用。在奥运会前的十个月里,他们接受"法律守护者"(nomofilaces)的指导,正确执行他们的任务,这并非易事,因为他们的决定有时会受到运动员和奥林匹克委员会的上诉。而奥委会是一个级别更高的机构,负责解决争端。为了确保比赛的正常进行,圣殿还有其他服务人员,例如协助裁判官的裁判员(rabducos)、医生、神职人员和赛会法官[43]。

▲一名运动员准备开始比赛。这尊青铜雕像的制作时间大约是公元前490年。它是由一位五连冠得主献给奥林匹亚圣殿的祭品。
🏠奥林匹亚考古博物馆

▲竞技场。建于公元前2世纪左右的竞技场。这是一座方形建筑,有一个中央庭院,两侧是四根多立克柱的门廊。运动员们就是在这个庭院中训练摔跤、拳击和搏击的。

▶一个年轻的运动员在战车比赛中胜利到达终点。陶器上有红色图案。
🏠巴黎装饰艺术图书馆

---

[42] helanódicas,古代奥林匹克运动会的组织者和裁判员。——译者注
[43] alitarcos,古希腊负责主持和监督奥林匹克运动会的法官,同时也负责维持秩序以防止混乱。他们也是古代安条克地区的祭司。——译者注

赫拉长袍

除了斯巴达，女性在希腊接受教育时也接受体育训练，而女性运动与崇拜密切相关。在厄利斯，有一个由 16 名女性组成的团体，专门织制为赫拉雕像而准备的长袍，并每四年组织一次赫拉运动会。在运动会上，女性在奥林匹亚体育场参加跑步比赛，但比男性少跑六分之一（大约 160 米）。女运动员按年龄分组比赛，穿着露出右肩的短袍，头发披散。和男性一样，女性获胜者将获得橄榄花冠，并有机会在赫拉神庙献上雕像。

体育场

▲ 新体育场建在阿尔蒂斯之外东边的一片开阔地上,并通过一条 32 米长的道路与其相连。

奥林匹亚体育场经历了多次重建和迁移。尽管仍有争论,但人们一般认为最初它位于珀罗普斯陵的东部,克洛诺斯山的山坡为观众提供了看台。在公元前 6 世纪末,它经历了第一次重建,向东移动了一点,后来在克洛诺斯山的山坡上建造了不同的宝库。这两个位置都在阿尔蒂斯的围墙内,清楚地表明了在神庙内进行的宗教仪式和体育活动之间的联系。然而,在公元前 5 世纪,越来越多的运动员参加比赛,吸引了来自希腊各地的观众,推动了建造一个更宽敞,能容纳更多观众的体育场的进程。

因此,建造了今天可以参观的体育场。它的竞技场长 212.5

米，平均宽度为 28.5 米，但起点和终点标记（在地面上用条纹石灰石线标记）之间的距离为 192.2 米。并非所有希腊体育场的尺寸都相同，因为它们并不统一：的确，它们的尺寸都是 600 英尺，但不同地区对脚（即英尺）的测量是不同的。因此，阿提卡休育场较短，跑道只有 177.6 米长，德尔斐的体育场也是如此。厄利斯的居民用神话来解释这个问题：他们说奥林匹亚的体育场是由赫拉克勒斯用他的脚测量的，他的脚比凡人的脚大，所以这个体育场才会更长。据估计，奥林匹亚体育场的宽度可以让 20 名选手同时起跑。此外，他们并不像今天的体育场那样让运动员绕圈跑，而是在到达终点线时必须围绕一根插在地上的石柱转个 180 度的弯，然后返回原路。

　　这座新体育场的建筑工程相当庞大，因为它需要大量的土用于在南北两侧建造人工斜坡，以方便观众就座。很明显，这

▲从阿尔蒂斯走过 32 米的路程，可以到达体育场的入口①。在 3 世纪，体育场新建了拱形屋顶。在竞技场②中，用条纹石灰石标记起点和终点。一条水渠③环绕着田径比赛的场地。观众们站在山坡上或坐在长凳上观看比赛。有一些座位④是专为裁判准备的。

奥林匹亚

些土至少有一部分是从阿尔蒂斯地区挖掘出来的，这就解释了在斜坡上挖掘出的物品：我们发现了许多物品，如陶俑和军事武器，是来自废弃旧建筑的祭品，这些建筑被用来填充斜坡。南部斜坡的高度提升又使得有必要抬高西部地区，为此必须建造一堵围墙，该围墙后又用来建造回音柱廊。这堵墙意味着体育场与阿尔蒂斯在建筑上的分隔，也就是圣殿的宗教区和体育区的分隔。建造一条长约32米的体育场入口道路也强化了这种分隔的特点，这条道路最初是无遮盖的，但今天保留了3世纪左右建造的拱顶。

随着新体育场的建成，阿尔蒂斯的四面都被纪念性的建筑所包围，几乎成了一个戏剧舞台（正如历史学家色诺芬所定义的那样），观众可以从任何地方观看所有正在进行中的仪式。

在为观众准备的斜坡上，没有看台或座位，因此他们在观看体育比赛过程中或站着，或直接坐在地上，或坐在便携式的椅子和长凳上。只有南坡有一个平台，上面可能有裁判的座位。对体育场总容量的估计在不同的研究中差异很大，但范围大约是35000名到45000名观众。在一个相对较小的空间里，在没有很多设施的情况下，管理这么多的观众长达近一个星期，肯定是非常困难的。体育场内仅有的几口水井是为了在运动会进行的炎热夏日里为观众提供饮水。

另外，圣地没有足够的住宿设施来安顿这么多观众，因此他们在圣地周围露营或者露天睡觉。为了解决他们的住宿和娱乐问题，在比赛期间，各种商贩、占卜师、舞蹈家、音乐家和艺术家都会在该地区设立摊位。政治活动也借机展开，演说家和思想家会前来阐述他们的观点，并与来自希腊各地的人们建立联系。例如，我们知道希罗多德在奥林匹亚展示了他的历史著作，并在公众面前朗读了一些片段。

其他体育设施

运动员们住宿和训练的地方在厄利斯（该城市有多达四个体育馆），直到公元前3世纪至公元前2世纪在阿尔蒂斯圣地的西北部建造了练习场和体育馆。奥林匹

隐藏在河泥下的赛马场

最近的勘探研究发现了一些建筑遗迹，表明奥林匹亚赛马场位于体育场南部。然而，由于阿尔菲奥斯河的大量泥沙，它已经完全被掩埋在地下，表面上看不出任何遗迹，这一结果，也与地震导致河流改道有关。赛马场呈椭圆形（长780米、宽320米），被一根长长的木条纵向分割，北侧被天然的斜坡包围，南侧被人工的斜坡包围，观众坐在斜坡上。选手们在赛马场上进行赛车和赛马比赛（如下图案所示），这一赛事可以追溯到公元前5世纪。图中描绘了五个骑手，其中一个举着鞭子，还有一个从马上摔了下来。每场比赛所跑的距离因比赛形式而异，但所有比赛都是从西侧开始的。出发方式由雕塑家和建筑师克利塔斯（Cleetas）设计：赛车按抽签顺序排成一个三角形，中间车道比侧面车道更靠前。起步时，通过海豚和铜鹰的动作来示意，最后面的车道首先打开，然后逐渐打开其他车道，这样战车就以一种交错的方式出发，但当他们到达最前面的车道时，比赛就正式开始了。

亚的体育馆是矩形的，周围有多立克柱廊，运动员们可以在中央开放区域训练，尤其是竞速比赛，下雨时运动员们可以柱廊下训练。

体育馆南边是对抗项目的竞技场，中央有一个庭院。这个庭院通向各个房间，运动员可以在这里放松和准备比赛。

竞技场南边是公元前4世纪的祭司房（theo-koleon），是负责祭坛和祭祀活动的祭司的住所。

▼这枚铜盘是五项全能冠军波皮利乌斯·阿斯克勒庇德斯（Popilius Asclepiades）于公元前241年捐赠给神庙的祭品。
🏛奥林匹亚考古博物馆

▲ **体育馆** 建于公元前1世纪下半叶,是运动员为比赛特别是短跑项目进行训练的地方。围绕体育馆的门廊使运动员在天气不好时也能训练。

这些祭司是唯一常驻奥林匹亚的人,负责为奥运会做好一切准备。

人们在西边发掘出一个方形空间,内部有一个圆形房间,其功能尚不清楚。但是,根据发现的铭文,有人认为它可能是一个小型的英雄祠(heroon)。

圣地中的许多不同时期建造的建筑物都很显眼。在圣地的西北角,有一座市政厅,这是一座公元前5世纪的大型建筑,是赫斯提亚的炉火被点燃的地方,经历了多次改建,一直到罗马时代。这是圣地行政官员的住所,也是竞技比赛结束后获胜者举行正式宴会的地方。

在阿尔蒂斯,靠近宝库平台,还有一个名为母神庙

（metroon）的多立克柱式神庙（正面有6根柱子，两侧各有11根柱子），供奉着众神之母瑞亚。这座神庙在罗马时期失去了祭祀功能，成为一个供奉皇帝雕像的空间，因此当帕萨尼亚斯参观时，里面充满了各种皇帝的雕像。同样地，公元2世纪由希罗德·阿提库斯（Herodes Ático）在赫拉神庙和伊利提亚神庙之间修建的半圆形广场（或者水仙花园），从奥林匹亚的罗马水渠中引水，也装饰了大量希罗德家族和马库斯·奥勒留皇帝（Marco Aurelio）的雕像。

ΑΡΧΙΝΟΣ ΑΜΦΙΑΡΑ

埃皮达鲁斯

考古资料显示,自迈锡尼时代以来,埃皮达鲁斯就是一个治疗中心。在公元前6世纪,这个治疗圣地广受欢迎,一个世纪后,在阿斯克勒庇俄斯神的名义下,它成为希腊主要的治疗中心之一。

神圣和治愈

埃皮达鲁斯位于伯罗奔尼撒半岛的阿尔戈利斯地区，从公元前4世纪开始，这里就是药神阿斯克勒庇俄斯的圣地。它坐落在一个山谷中，其主要建筑——也是最早建成的——是供奉该神的神庙，旁边是其他的崇拜中心，如阿耳忒弥斯神庙、阿巴顿圣廊和神秘的圆顶墓。在该建筑群的南部山坡上矗立着传说中的剧场。

① 剧场
② 旅馆（Katagogion）
③ 宴会厅（Hestiatorion）
④ 阿耳忒弥斯神庙
⑤ 阿波罗祭坛
⑥ 阿斯克勒庇俄斯神庙
⑦ 圆顶墓
⑧ 科蒂斯柱廊
⑨ 阿巴顿圣廊
⑩ 蓄水池
⑪ 体育场
⑫ 竞技场

1

3

11

12

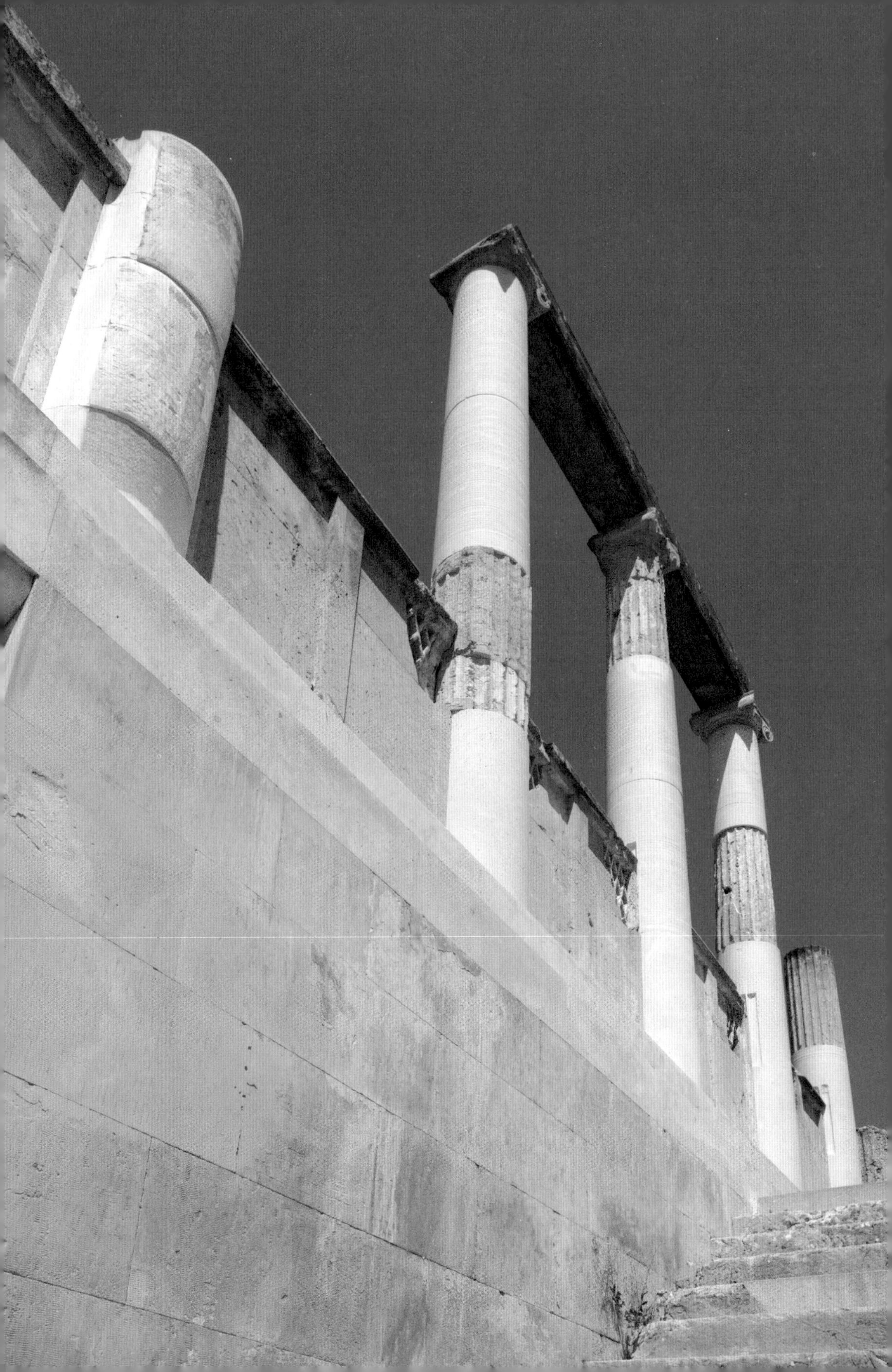

阿斯克勒庇俄斯圣地

阿斯克勒庇俄斯圣地是一个专门供奉阿斯克勒庇俄斯神的场所，全年开放，不断有朝圣者前来寻求治疗的方法，在《希腊志》(*Descripción de Grecia*)第二卷中，帕萨尼亚斯讲述了人们来此寻求各种疾病的治疗方法。"阿斯克勒庇俄斯的圣林四面都有边界标志，根据与提洛岛相同的习俗，男人不在此死亡，女人也不在此分娩。"帕萨尼亚斯使用的希腊语单词 alsos（意为"森林"）并不意味着圣地本身就是一个森林，因为在古代，任何有树林的地方都可能被神圣化，并被献给某些神灵。推而广之，在历史时期，仍然用同样的词来命名圣殿。从这个意义上讲，奥林匹亚的圣地也被称为阿尔蒂斯（Altis），该词也来自 alsos。无论何时，为了确保这个地方的纯洁性和神圣性，确实对朝圣者的进入和停留有一定的限制，但除了帕萨尼亚斯所提到的例外情况，游客可以从任何方向进入圣殿，因为它不像其他古希腊神庙一样被围墙封闭。

但通常旅行者都是通过从埃皮达鲁斯来的道路到达，从北面进入圣地。这是一条神圣的道路，所有来自城市的祭祀队伍都沿着这条道路前进，穿过入口处的神庙，在经过神圣法律女神忒弥斯的神庙和专门用于商业活动的门廊或科蒂斯广场后接近阿斯克勒庇俄斯神庙。神庙前面有一个超过 15 米长的大祭坛，用于进行祭祀活动。阿斯克勒庇俄斯圣地还有其他神庙和一个可能是行政中心的建筑。神庙中到处都刻着铭文，游客可以在铭文中看到神奇的治疗方法，这无疑鼓励他们毫不犹豫地接受治疗。

■ 埃皮达鲁斯

阿斯克勒庇俄斯神庙

公元前 4 世纪初，埃皮达鲁斯的市民认为，位于奇诺蒂奥山（Cinortio）的阿波罗小神庙已经无法容纳日益增多的信徒和寻求帮助的病人，因此一个更宏大的建筑计划开始了，他们试图为所有朝圣者提供一座新的神庙。为此，在山谷中开始了一个宏伟的纪念建筑项目，以容纳众多朝圣者。阿斯克勒庇俄斯神庙是在迁移阿波罗祭坛后在这个新区域中建造的第一座建筑，面积约 24 米 ×12 米，始建于公元前 380 年左右；它是一座多立克柱式围廊建筑，正面有 6 根柱子，两侧各有 11 根柱子，设计非常简单，

▶ 阿斯克勒庇俄斯神庙是圣殿中建造的第一座建筑，当中放置了巨大的阿斯克勒庇俄斯神像，这是帕罗斯岛的雕塑家特拉希梅德斯（Thrasimedes）的作品。

◀◀ 阿巴顿圣廊。病人在这里等待阿斯克勒庇俄斯神的梦中造访，引导他们走上治愈疾病的道路。

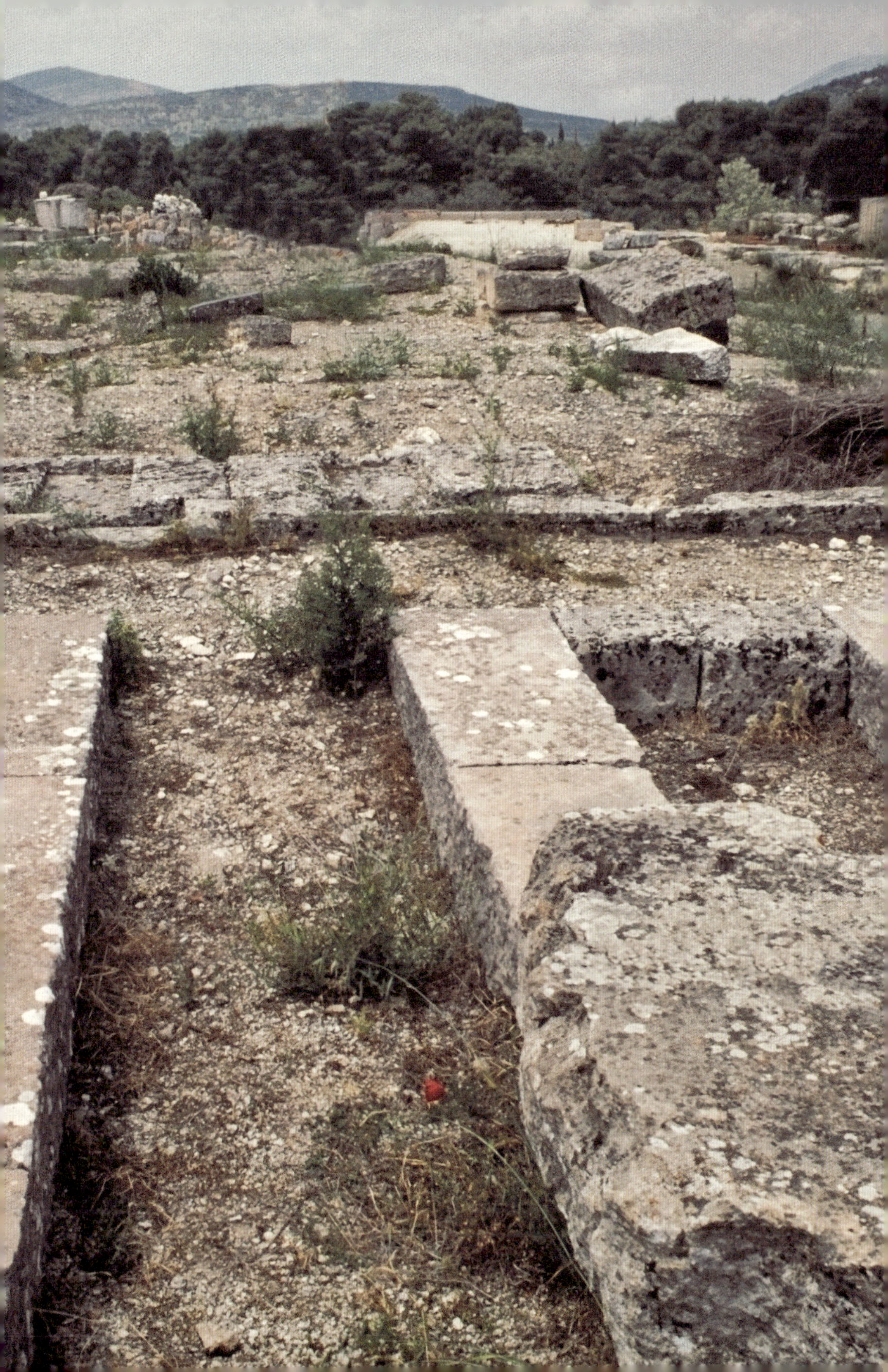

阿斯克勒庇俄斯之家

在公元前 4 世纪，阿斯克勒庇俄斯崇拜盛行，来自希腊各地的游客和朝圣者越来越多，为此，人们建造了新的神庙，以满足人们向这位神祇寻求神奇治愈方法的需求。

一般认为，是希腊雕塑家蒂莫泰乌斯指导了神庙的装饰工作。例如，他负责装饰檐口，上面镶嵌着狮子头和棕榈叶形的装饰。

① **一座多立克式的神庙** 这座神庙是献给医药之神的，采用了多立克式围柱建筑，正面有6根柱子，两侧各有11根柱子。这是在埃皮达鲁斯圣地建造的第一座建筑。

主立面的山墙装饰着特洛伊陷落的场景，尽管最初人们认为它描绘的是一场半人马战争。其创作者是赫克托里达斯，很可能是雕塑家蒂莫泰乌斯的学生。

在主立面中央，有一个被绑架的场景——可能是特洛伊人帕里斯绑架海伦——作为山墙顶饰。两侧的山墙顶饰是带翼胜利女神尼姬的雕像。

② **公元前4世纪** 阿斯克勒庇俄斯神庙始建于公元前380年，由建筑师蒂莫泰乌斯设计，他的年薪为350德拉克马（Dracmas）。这座建筑的面积约为12米×24米。

③ **白色灰泥** 这座神庙是用多孔石建造的，后来涂上了白色灰泥，建在一个有三级台阶的基座上，这种基座在古希腊神庙中很常见。

④ **特洛伊战争** 这座神庙的东立面即主立面，描绘了特洛伊陷落的场景。其中，最为突出的是普里阿摩斯国王的头颅被砍下的场景。

只有前殿和内殿（没有后殿或后厅）。它建在三级高的台阶上，在正面有一条通往主门的坡道。

整个建筑除了木制框架的屋顶，以及由大理石制成的柱顶和山墙，其他部分用的都是多孔的石头，上面覆盖着白色的灰泥。从保存下来的铭文可以推断，门框用的是榆木，大门用的是柏木，屋顶长梁用的是杉木，屋顶嵌板用的是黄杨木。陇间壁覆盖着简单的石板，没有与历史相关的浮雕，檐口装饰着棕榈叶和狮子头。

山墙保存下来的部分比较零碎，有两块用彭特利库斯大理石制成的雕塑装饰。西面的山墙是艺术家蒂莫泰乌斯（Timoteo）的作品，他后来与斯科帕斯（Escopas）合作设计了哈利卡纳索斯（Halicarnaso）陵墓的浮雕，其中包含一场与亚马孙女战士的战斗。在众多的形象中，最主要和最大的人物是一个令人印象深刻的亚马孙女战士，骑在一匹后腿站立的马上，摆出一副威胁的姿态，最初可能手持长矛，手臂高举。

主立面的东山墙由赫克托里达斯（Hectóridas）雕刻，最初人们认为这面山墙上描绘的是半人马战争，但现在研究者将其解释为特洛伊陷落的场景，其中出现了普里阿摩斯的头颅被砍下的场景，理由是，阿斯克勒庇俄斯的儿子马卡翁（Macaón）和波达利里俄斯（Podalirio）作为希腊方的医生参加了特洛伊战争。因此，西立面的亚马孙女战士之战应被理解为女王彭忒西勒亚（Pentesilea）和阿喀琉斯之间的战斗。蒂莫泰乌斯还负责装饰檐口：主立面的两个角落是两个带翼的胜利女神，中央是一幅绑架场景（也许是绑架海伦）；西立面的两个角落描绘了两个骑马的女人，中央是胜利女神尼姬。

一座巨大的金象牙雕像

神庙内部的地面铺有黑白相间的石板，虽然它们被发现时是杂乱无章的，但可以推测，黑色的石板对应于地面的后部，那里应该放置了神像，就像在奥林匹亚宙斯神庙中的一样。

据说后面的部分有一座黄金象牙制成的阿斯克勒庇俄斯神像，由帕罗斯岛的特拉希梅德斯创作，他还负责主门的装饰。许多硬币上都有这座神像，再加上帕萨尼亚斯在其《希腊志》第二卷中的描述，有助于大致了解这座神像："他坐在宝座上，挥舞着法杖，另一只手放在蛇的头上，还有一只狗躺在他旁边。宝座上雕刻着阿尔戈英雄的壮举：柏勒洛丰（Belerofonte）与喀迈拉（Quimera）[44]的故事，以及珀尔修斯斩下美杜莎蛇头的事迹。"

用黄金和象牙制作大型雕像是非常费力的工作，且雕像完成后还需要经常维护，因为象牙容易开裂。众所周知，雅典帕提侬神庙的雅典娜神像经常要用水湿润，而奥林匹亚的宙斯神像则需涂抹储存在雕像下方小池里的油。帕萨尼亚斯记述他在埃皮达鲁斯问及如何保养阿斯克勒庇俄斯的雕像，圣殿的人告诉他"神像和宝座都建在一个井上"。然而，最早发掘圣殿的考古学家却找不到这口井，因此，要么是祭司们欺骗了帕萨尼亚斯并隐瞒了雕像的保养方法，要么是帕萨尼亚斯误解了祭司们的意思。可能像在奥林匹亚一样，在雕像下面有小池子。

狗和蛇

就图像而言，蛇和狗都是传统上与阿斯克勒庇俄斯联系在一起的动物。关于这一点，有许多关于该神诞生的神话版本，但埃皮达鲁斯人通常会提到这个版本：科罗尼德因为怀孕而感到羞愧，尽管孩子的父亲是阿波罗神，但她不敢告诉自己的父亲，于是决定把孩子遗弃在山上。这个婴儿被一只山羊哺乳，并由一只狗保护，直到他的父亲阿波罗将他救出并送到半人马喀戎（Quirón）那里学习。因此，狗成了与阿斯克勒庇俄斯相伴的动物之一（有时也出现山羊），据说在神庙里总是有自由活动的狗陪伴着病人。

蛇作为所有阿斯克勒庇俄斯圣殿的常客，也与阿波罗有关联：要知道，这位神在德尔斐杀死了巨蟒皮同，以控制神谕。此外，由于定期蜕皮，这种动物代表着再生。它的毒液能致命，但如果使用得当，也有治愈功效，并可以用作解毒剂，因此，它代表着再生的力量（据说阿斯克勒庇俄斯可以使死者复活）。即使在今天，阿斯克勒庇俄斯的蛇杖仍是现代医学的象征，而喂养毒蛇并接住毒液的碗是药学的象征，这并非偶然。此外，一些流传至今的治愈故事讲述了病人在梦中并没有看到神本身，而是一只狗或一条蛇为他们提供了治疗疾病的方法。

---

[44] 另译为"奇美拉"，是希腊神话中喷火的妖怪，为堤丰和厄喀德娜所生，狮头、羊身、蛇尾并且能喷火。——译者注

在圣殿发现的铭文中，最引人注目的是保留了建造这座圣殿所投入资金的详细清单。由此可知，这座建筑在 4 年 8 个月 10 天内完成（可能是在公元前 380 年至公元前 375 年），建筑师狄奥多德（Teodoto）的年薪为 350 德拉克马，这并不是一笔过高的金额，因为据估计，维持一个三口之家的正常生活每日所需为 1 德拉克马。建造这座神庙雇用了大约 200 人，他们大多来自雅典、科林斯、阿戈斯和帕罗斯，这表明埃皮达鲁斯没有专门的工坊或熟练的工人来完成这个项目。然而，毫无疑问，这项工程给城市带来了好处，因为工人们必须在城市内住宿并购买日常用品，而埃皮达鲁斯的贵族则通过担保和承包分配获得了财富。花费总额显示建筑总成本达到了 23 塔兰托，即 138000 德拉克马（或者说，差不多 400 人的年薪）。反过来，雕刻在神庙旁边的铭文，也是该城市向来访者展示其经济繁荣的一种祭品。

对神的感激之情

阿斯克勒庇俄斯的大祭坛（古代阿波罗的祭坛），用于祭祀，位于神

西立面（从这个角度看不到）由蒂莫泰乌斯雕刻，描绘了一场与亚马孙女战士的战斗。这座神庙两个立面的雕塑都是用彭特利库斯大理石雕刻而成的。

在西立面的两侧，有胜利女神尼姬的雕像装饰在山墙顶上。中央有一座带翼胜利女神的雕像。

❶ **黑与白** 阿斯克勒庇俄斯神庙只有前殿和内殿，没有后殿和后厅。内殿是供奉神灵的地方，地面铺有黑白相间的石板。

❷ **金象雕像** 阿斯克勒庇俄斯神庙的后部有一座金象雕像（由黄金和象牙制成）。这座巨大的雕像由帕罗斯的特拉希梅德斯雕刻，他还装饰了主门。

大理石铺满了内殿的墙壁,内殿里摆放着黄金和象牙制成的阿斯克勒庇俄斯神雕像。

陇间壁上覆盖着简单的石板,没有与历史相关的浮雕。

主立面上的一条坡道通向三层高的台阶,神庙就建在这三层台阶上。离这个坡道30米处是供奉神的祭坛。

神的象征 雕像描绘了阿斯克勒庇俄斯坐在宝座上,右手握着一根法杖,左手放在一条蛇的头上,他身旁还有一只狗。

④ **阿尔戈英雄的事迹** 宝座下雕刻着阿尔戈英雄的各种壮举,例如,柏勒洛丰对抗怪物喀迈拉的事迹,以及不屈不挠的珀尔修斯在雅典娜的帮助下砍下美杜莎蛇头的事迹。

⑤ **造价不菲的建筑** 在埃皮达鲁斯发现的铭文表明,建造这座神庙需要巨大的投资:耗时近5年,耗资138000德拉克马,相当于400名工人的年薪。

埃皮达鲁斯

神圣建筑的集合体

阿斯克勒庇俄斯神庙周围的神圣空间北面以阿巴顿圣廊为界，这是一座有门廊的建筑，病人在里面过夜，希望在梦中得到神的启示和治疗疾病的方法。和其他许多圣殿一样，它的南面是宝库，这些小建筑通常是神庙的形式，由不同的希腊城市委托建造，用于存放他们敬神的祭品、奉献品和礼物。在中央，紧挨着阿斯克勒庇俄斯神庙，矗立着古老的阿波罗祭坛，而在东边，祭坛的旁边，有一座相当大的建筑，里面有一座小神庙，供奉这位神祇，很可能是接待病人和进行某些医疗实践的地方，如仪式浴。西边是圆顶墓，其确切功能至今仍然备受争议，而在西南方则是阿耳忒弥斯神庙，根据神话，她是阿波罗的姐姐和战友。

① 阿巴顿圣廊
② 阿斯克勒庇俄斯神庙
③ 祭坛
④ 与祭坛相连的建筑
⑤ 圆顶墓
⑥ 阿耳忒弥斯神庙
⑦ 附属建筑

▶阿斯克勒庇俄斯神庙是埃皮达鲁斯大圣地的核心。在这个广阔的空地上，集中了主要的宗教建筑和阿巴顿圣廊（第225页图中呈现了一些已修复的柱子），是整个建筑群中最大的。

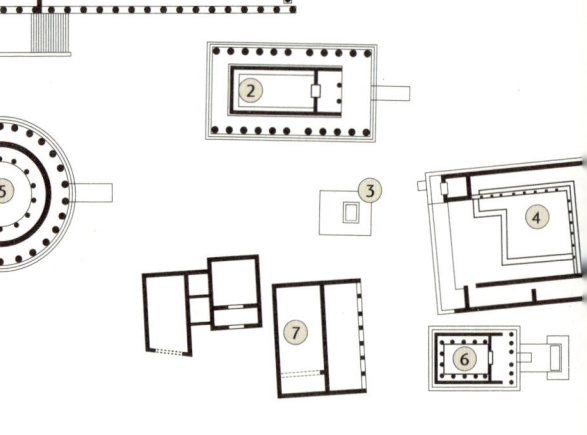

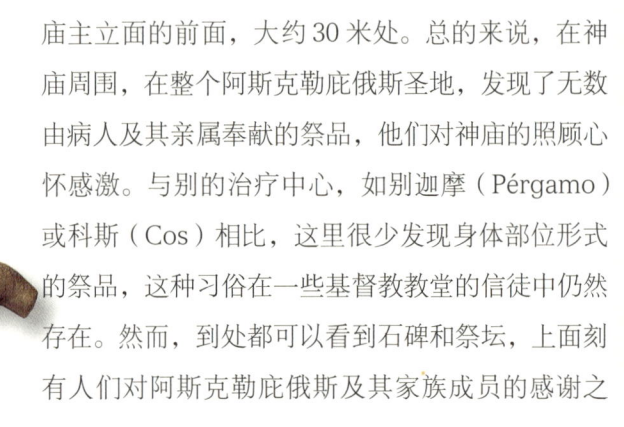

庙主立面的前面，大约30米处。总的来说，在神庙周围，在整个阿斯克勒庇俄斯圣地，发现了无数由病人及其亲属奉献的祭品，他们对神庙的照顾心怀感激。与别的治疗中心，如别迦摩（Pérgamo）或科斯（Cos）相比，这里很少发现身体部位形式的祭品，这种习俗在一些基督教教堂的信徒中仍然存在。然而，到处都可以看到石碑和祭坛，上面刻有人们对阿斯克勒庇俄斯及其家族成员的感谢之

言，特别是对他的儿子马卡翁、波达利里俄斯和健康女神希吉亚（Higía，"卫生"一词的来源）以及对阿波罗、阿耳忒弥斯和其他奥林匹斯神祇的感谢。当然，雕刻一块石碑并将其放置在阿斯克勒庇俄斯神庙附近需要花费一笔钱，不是所有家庭都能承受这笔开支，但由于治愈病人对圣殿而言几乎是免费的宣传，神职人员通常会制作名单，列出治愈病人的名字，包括那些无钱制作铭文的人。

▲ 现今拍摄的阿斯克勒庇俄斯神庙的地基。这个敬献给神的地方在历史上经历了多次改造。

◀ 西面山墙的亚马孙女战士。图中的女战士骑在后腿站立的马背上，摆出了威胁的姿势。这个人物最初可能手持长矛，手臂高举。

阿斯克勒庇俄斯的其他圣殿

帕萨尼亚斯确认，希腊所有阿斯克勒庇俄斯的圣所最终都起源于埃皮达鲁斯。这句话暗示，祭司、医生和其他技术人员前往埃皮达鲁斯接受培训，以便以后可以在原籍地执业，进而培训新的专业人员。尽管对阿斯克勒庇俄斯的崇拜似乎来自色萨利北部地区，但埃皮达鲁斯的医学实际上有可能得到了更大的发展，因此这座城市以"治愈的摇篮"而闻名。从这个意义上说，应该记住，埃皮达鲁斯圣地的伟大崛起与公元前5世纪人口的增长同时发生。毫无疑问，这导致了疾病和流行病的蔓延和患病人数的增长，例如在伯罗奔尼撒战争中期（公元前430年）几乎摧毁雅典的那场瘟疫。

在雅典卫城山坡上建造的阿斯克勒庇俄斯圣殿建于公元前5世纪末，似乎正是为了满足人们想要靠近医疗中心的需求，因为在战争期间他们不得不求助于埃皮达鲁斯。公元前4世纪，一个名叫阿奎亚斯的人在埃皮达鲁斯接受治疗后，决定在自己的城市建造一个圣殿来纪念这位神，于是他在别迦摩建立了阿斯克勒庇俄斯神庙。不久之后，科斯岛也建立了阿斯克勒庇俄斯神庙，这两座神庙也都兼具治疗和培训新医生的功能。在希腊之外，也有类似的建筑，比如罗马，他们在台伯岛（Tiberina）上建了一个阿斯克勒庇俄斯神庙，现在上面建有一家现代医院。

喀戎，半人马大师

文献中第一次提到阿斯克勒庇俄斯是在《伊利亚特》中。他的儿子马卡翁和波达利里俄斯带着30艘船从特里卡（位于色萨利）来到战场，成为希腊方的医生。书中没有提到阿斯克勒庇俄斯的神性，他似乎是一个简单的人类（就像他的两个儿子一样），从半人马喀戎那里学到了医术。阿喀琉斯本人也曾向喀戎学习，因此能够治愈同伴们的伤，比如帕特洛克罗斯。另外，在《伊利亚特》的另一个情节中，当马卡翁受伤，波达利里俄斯在前线时，帕特洛克罗斯（Podalirio）被要求为一个被箭击中大腿的战士疗伤。因此，似乎可以推断出，医学在古代就已经得到了传授，而喀戎的弟子们通过充当神话中的第一批医者来传授他们的知识，这在诸如战争的必然背景下并不令人惊讶。

◀ 描绘身体疼痛或疾病部位的祭品是向神明求情的供品，以获得治疗。

▲ 阿喀琉斯，医者。《伊利亚特》中的英雄，在半人马喀戎的指导下学会治愈了其密友帕特洛克罗斯的伤。

迈锡尼的阿斯克勒庇俄斯神庙中一根柱子上的公牛头。这座有纪念意义的城市是由底比斯的将军和领袖伊巴密浓达[45]建立的，也是一个供奉希腊医神的圣地。

蛇 在这座雕像中，可以看到阿斯克勒庇俄斯站在一根棍子上，上面缠绕着一条蛇。自古以来，这种爬行动物一直与医学联系在一起，因为它被认为是再生和治愈的象征。

▼ **科斯岛阿斯克勒庇俄斯神庙的遗迹** 这个位于多德卡尼斯群岛（Dodecaneso）的小岛被认为是医学之父希波克拉底的出生地。与埃皮达鲁斯一样，这里也有一座神庙，在这张照片中可以看到它的废墟。

---

[45] Epaminondas（公元前418年—公元前362年），古希腊城邦底比斯的将军与政治家。——译者注

■ 埃皮达鲁斯

圆顶墓

在阿斯克勒庇俄斯神庙的中央广场上，有一座建于公元前4世纪中叶的圆形建筑，根据铭文记载，这是类似祭坛的圆顶墓，目前仅存地基。这是建筑师小波利克里托斯的作品，他也是剧场的建造者。圆顶墓建在一个三级台基上，入口朝东，通过一条坡道进入，两侧有各种祭坛。考古已经发现了六个同心的圆圈结构，成为这座圆形建筑物的基础。外圈竖立着26根多立克柱，由石灰石制成，形成了小神庙的柱廊，可能涂有红色的灰泥；第二圈是圆顶墓的墙，第三圈是14根内部的科林斯柱，由大理石制成。三个内圈堆叠在黑白相间大理石棋盘式内殿地面上。

帕萨尼亚斯说这座建筑完全由大理石建造，因为这是它完全被白

▶ 其独特的地基由一系列同心圆构成，而这并非出于结构上的需要，同心圆地基使得这座建筑成为埃皮达鲁斯最奇特和神秘的建筑之一。

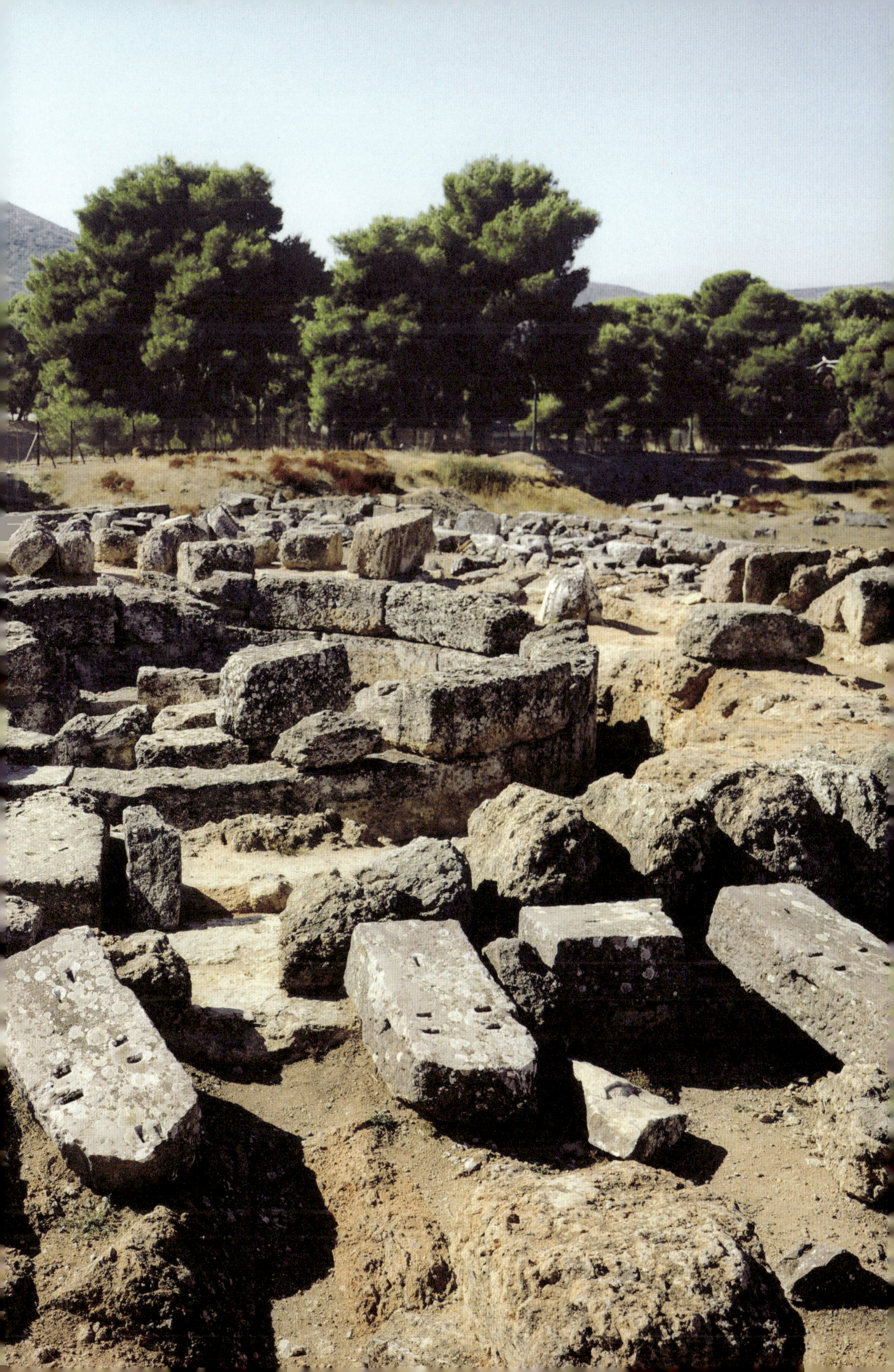

埃皮达鲁斯

色灰泥覆盖时给人的印象，但现在人们知道，虽然墙的宽阔基座和柱顶确实是由大理石制成的，但建筑的其余部分用的是石灰石，屋顶的内部结构是木制的。

在装饰方面，浮雕带的陇间壁上有精美的玫瑰花，檐口装饰有狮子头和棕榈叶，山墙顶饰是一个花形的装饰物。内殿的墙上没有发现绘画装饰的痕迹，但在《希腊志》的第二卷中，帕萨尼亚斯提到有一幅由锡西翁的保西亚斯（Pausias de Sición）创作的绘画（尽管没有明说是在内部还是外部），描绘爱神压弯了弓并放下了箭，手中拿着一把竖琴。在那里还有梅特（醉酒的化身），举着一个水晶杯喝酒，这也是保西亚斯的作品。在画中还可以看到一个水晶杯，透过它可以看到一张女人的脸。

迷宫内部

在希腊还发现了其他像这样的圆形建筑（例如在奥林匹亚、德尔斐和雅典），它们中的每一个似乎都有不同的功能。就埃皮达鲁斯的圆顶墓而言，关于其功能的观点非常

① 地下迷宫 这座圆形建筑的功能目前尚不清楚，尤其是由同心圆构成的迷宫般的地基，引发了许多种猜测。

② 外部柱子 该建筑外部由 26 根石灰石多立克柱组成，形成了小神庙的柱廊。柱子上都覆盖着灰泥，可能呈现出微红色调。

圆顶墓建在一个三级台基上。

③ **小神庙内** 在第二个圆圈上耸立着圆顶墓的大理石墙壁，再往里面的第三个圆圈上耸立着 14 根科林斯柱，也用大理石雕刻而成。

④ **玫瑰与狮子** 圆顶墓浮雕带上的陇间壁装饰以精致的玫瑰花结为基础，而檐口则装饰着狮子头和棕榈叶。

山墙顶饰是一个花形装饰物。建筑物是用大理石建造的，覆盖着白色灰泥，但屋顶是木制的。

入口朝东，通过坡道进入。

① 内殿的地面用黑白相间的大理石铺成，像一副棋盘。

地基的迷宫式结构引发了多种猜测。其中之一是，圆顶墓地板上的开口用于将献给阿斯克勒庇俄斯的蛇引入其中。

多，至今仍未达成普遍共识。解释的关键恰恰在于，在建筑地基中发现的同心圆，它们被墙壁上的开口连接起来，但同时，它们之间的连接又被横向的墙壁打断；总之，地基是一个迷宫般的结构，没有令人满意的解释，因为它不符合结构上的需要。

有人提出迷宫般的结构可能比圆顶墓更早建造，可能代表阿斯克勒庇俄斯迷宫式的墓地，祭司和病人会穿过地下迷宫前往中心献上他们的祭品。然而，从考古学上看，整个建筑群似乎是在同一时间建成的。

在圆顶墓的中央似乎有一个开口，可以进入这个地下迷宫，因此也有人认为它可能放了许多献给阿斯克勒庇俄斯的蛇，据说这些蛇就在圣殿里，或者在圆顶墓里举行祭奠仪式，液体通过这个开口倒入迷宫的地基中循环。一些学者认为，一些人（也许是最严重的病人）可能被允许在圆顶墓里过夜，而一位祭司则在迷宫中唱歌或祈祷，声音会在整个建筑中回响，以治愈病人。最后，病人也有可能获准下到地下迷宫，进行某种地下仪式。

医学的魔力：治愈的奇迹

对阿斯克勒庇俄斯的崇拜起源于埃皮达鲁斯，后来这里成为一所真正的医学院。尽管在那里发生的治疗实践首先是神奇的，但该中心在寻求治疗的病人中所获得的巨大声望为更科学的医学奠定了基础。

古代世界最全面的医学实践信息来源无疑是《希波克拉底文集》（Corpus hippocraticum），这是一套由 53 篇文章组成的文集，主要撰写于公元前 420 年至公元前 350 年（尽管其中一些可以追溯到公元 1 世纪）。每篇论文的作者都存在争议，但人们普遍认为它们是由希波克拉底或他的弟子所写，也许还有些同时代相同学派或稍后时代的医生所写。保存下来的第一篇文章是著名的《希波克拉底誓词》，由阿波罗、阿斯克勒庇俄斯、希吉亚和帕那刻亚[46]共同宣誓，医生在其中承诺尊重自己的导师，传承知识，不伤害或杀害患者，并保守职业秘密。其余的文章涉及饮食、疗法、科学和外科诊治，其中多达七篇专门致力于研究女性的身体及其特殊性，例如怀孕和分娩。

此外，对于今人了解古希腊时期医学的日常实践，埃皮达鲁斯和其他阿斯克勒庇俄斯神庙发现的众多铭文也非常有启示性，它们揭示了宗教信仰与医学实践之间的深刻关系。因为在大多数保存下来的案例中，宗教信仰似乎都高于科学。在圣殿的每一处，尤其是在阿巴顿圣廊（为病人治病的梦境空间）附近，都发现了一些神奇的治愈案例，病人从梦见狗在舔他的眼睛而恢复视力，到梦见蛇在舔他的脚而治愈被咬的伤口，再到梦见神在光头上涂抹药膏而重新生长出头发。然而，这些神圣的恩赐必须得到治愈的病人适当的感激，因为有记录的例子表明，那些离开圣殿而未支付费用的病人会再次患病。

神奇的治疗方法

在保存的下来的铭文和神话中，最古老的治愈例子传递了一些人类医学无法介入的神奇疗法。简单地说，病人在神庙里过夜，神会在梦中出现并给他们一些药物

---

[46] Panacea，医学之神的女儿，善于用草药治疗各种各样的疑难杂症。因此 panacea 也就用来表示"万灵药、能包治百病的药"。—— 译者注

埃皮达鲁斯

或者对他们说一些话,然后给他们指示改变生活习惯。这可能是祭司为了证明他们的实践和为了收钱而杜撰的,或者纯粹是一些病人的暗示,但是随着时间的推移和医学的发展,在圣殿里逗留不再仅是过夜等待神奇的梦境,而是包括了一整套的活动和建议。

音乐、歌唱和戏剧表演也是治疗过程的一部分,因为人们认为这些方式可以使人进入一种最大限度的专注和精神更新(净化)的状态,有益于身心。此外,对于那些没有生病的人,神会鼓励他们进行锻炼,无论是在体育馆还是在户外。例如,他们可以登上奇诺蒂奥山参观阿波罗神庙。

处方开出的饮食很简单,包括烤面包、浸过葡萄酒的面包、凝结的牛奶、生菜、加了柠檬和蜂蜜的水,病人也可食用当作祭品的肉,以及作为供品的水果和谷物。此外,建议经常用草药制成的冲剂进行冷热水浴,如毒芹和鼠曲草(两

▲医生在病人的手臂上割开一道口。公元前6世纪的希腊陶器绘画。
巴黎卢浮宫博物馆

种有毒植物，据说低剂量可用作镇痛剂和泻药）。总之，休息、新鲜空气、简单的饮食、沐浴和持续的卫生护理以及轻度运动，同时参加剧场的演出或不同神庙的庄严仪式……这些做法使这些圣地更像温泉胜地而不是诊病的医院。遵循这样的日常生活习惯，只要几天，就可以轻松地使人从疾病中康复，甚至可以在几乎不需要专业医疗治疗的情况下治愈一些轻微的疾病。

缺乏对临终者的同情

自然，会有一些患有复杂疾病或不治之症的人来到阿斯克勒庇俄斯神庙寻求帮助，尽管他们遵循建议，接受医疗护

▲古希腊医生所用的医疗工具。这是一些手术器材，包括镊子和简陋的手术刀。
🏛 罗马文明博物馆

◀一位医生——也许是希波克拉底——为一位生病的女人进行睡眠治疗：病人在床上睡觉，等待阿斯克勒庇俄斯神在梦中出现，治愈她或向她指示治疗方法。

埃皮达鲁斯

▲ 代表人类肠道的祭品。这些祈愿具有魔力，因为祈祷者寻求神的干预，以获得快速且令人满意的治疗。

理并向神灵献祭，但在逗留期间病情却越来越严重。我们不知道在这些情况下神到底是如何解释的，因为它似乎不愿意配合治疗，但很可能把过错归结于病人的不洁、缺乏信仰或不够虔诚。事实上，从希波克拉底到盖伦[47]的所有医学文献都肯定，病人必须尽其所能才能得到治愈，只有当病人相信诊断和治疗，并遵循阿斯克勒庇俄斯的指令，适当地崇拜他，治疗才会有效。

第一份保存下来的文本是著名的《希波克拉底誓词》，包括阿波罗、阿斯克勒庇俄斯、卫生神和万能药（医学之神的女儿）在内的医生承诺尊重他的导师，传播他的知识，不伤害或杀死患者，并保守职业秘密。其余的论文主要涉及饮食和疗法。

医学之父

科斯岛的希波克拉底生活在大约公元前5世纪至公元前4世纪。他因系统化地阐释他那个时代的所有医学知识并准确描述了一些最常见疾病的症状而被称为医学之父。他制定了精确的卫生规则，并规定了患者和医生在手术时的位置；他改进或发明了精密的手术器械，并完善了传统技术，例如伤口烧灼术或夹板固定和骨折敷料，这些都是用蜡质绷带制成的，干后很硬。大约3个世纪后，盖伦在别迦摩行医，并在受伤的角斗士身上做实验，后来成为马库斯·奥勒留皇帝的御医。他对生理学和解剖学的研究，以及作为盖伦学习范本的《希波克拉底文集》，仍然是中世纪医学的基础，尤其是在地中海东部地区，而在西方国家，这些作品要直到16世纪被翻译成拉丁文后才能学到。

[47] Galeno，古罗马名医。——译者注

有时，病人会被送到其他神庙寻求另外的医疗意见，但毫无疑问，许多人就死在了圣地附近。事实上，神庙的祭司和仆人对死者肯定是无情的：因为禁止这些病人在圣地内死去，而阿斯克勒庇俄斯也拒绝医治他们，他们会受到驱逐，在山上听天由命。他们被驱逐的细节没有被保存下来，很可能存在一些不那么人道的制度，也许埃皮达鲁斯的居民同情他们，允许他们留在城里。唯一可以肯定的是，直到公元2世纪，

◀ 阿斯克勒庇俄斯之杖自古以来就是医学的象征符号。象征智慧的青铜杖或木杖和柏木制成的生命之碗，对某些文化来说具有重要意义。蛇缠绕在杖上是再生的象征，因为在春天它会蜕皮。照片中的石柱显示了在古罗马城市以弗所发现的这个符号。

◀ 慕尼黑巴伐利亚州立图书馆前的希波克拉底纪念碑。希波克拉底被认为是西方医学的主要奠基人之一。

▶ 随着时间的推移，医学逐渐摆脱了其神秘的魔法色彩，成为一门具有科学视野的学科。照片中展示了在埃皮达鲁斯发现的外科手术器械，现陈列在该遗址的博物馆中。

圣地附近没有建造专门的房间来安置绝症患者（以及在逗留期间分娩的妇女，因为也不允许妇女在圣地内分娩）。

梦的诊断

随着时间的推移，药物和治疗方法得到改进，某些疾病得到了更好的解释，新的治疗方法也得到了尝试，然而，治疗过程中的宗教仪式从未消失。从这个意义上说，应该指出的是，梦的解释在古代世界是一种得到广泛证实的做法，梦中收到的信息被认为是神圣的，因为它们能够预测未来似乎并不奇怪。希波克拉底和盖伦都认为梦是诊断疾病的好方法，事实上，盖伦本人声称，他在梦见阿斯克勒庇俄斯一晚后决定学医。

在阿斯克勒庇俄斯圣地做梦的过程比较简单：病人被祭司带到阿巴顿圣廊，他们赤脚穿上特殊的束腰外衣，通过仪式净化后，被安排在简单的毛皮床上睡上一整晚。当然，第一个晚上并不总是做梦，所以病人可能需要举行几天的仪式才能得到神的启示。之后，如果不够明白，就由祭司来解释。来自希腊各地（甚至整个地中海地区）的社会各个阶层的游客带着各种各样的疾病（怀孕时间过长、四肢瘫痪、失明、胆结石、头痛、不孕等）来到阿斯克勒庇俄斯圣地。

经济差异在患者接受的治疗中变得明显。众所周知，富人不会和穷人睡在同一个房间，他们因可以支付更多钱而得到更舒适的房间；当然，男人和女人也不睡在一起。

健康的代价

神庙规定的治疗费用究竟是多少，至今没有资料。因为没有确切的数据，看来各人是根据自己的需要捐钱的。

医疗服务的费用可能是通过患者提供的牲畜作为祭祀品以及提供谷物、酒或牛奶来支付的。这足以维持祭司们的生计。然而，随着神庙的扩大，需要改善设施或进行维修工程，祭司们很可能开始直接收患者钱；也许也会出售自己的动物，并会设立自己的石碑和祭品工坊，以提高收入。

剧场

埃皮达鲁斯剧场以其结构和出色的音响效果，至今仍被视为户外剧场的典范，令人惊讶的是，最后一排座位离乐池近 70 米，坐在这里的观众仍然可以完美地听到演员的对话。这个剧场目前仍在使用中，由于得到了出色的修复和保护，它仍然在夏季的年度节日中举办戏剧和音乐表演。这个节日最初于 1954 年开幕，最初只包括古典时期的戏剧作品，但是 1960 年贝利尼的歌剧《诺尔玛》上演时，由玛丽亚·卡拉斯担任主角，组织者决定开放演出其他戏剧和歌剧。实际上，玛丽亚·卡拉斯的演出取得了巨大的成功，甚至在第二年再次安排了由她主演的切鲁比尼的歌剧《美狄亚》。当时由于安全和保护问题，售出了 10000 张门票（相当于现代剧场平均容量的 10 倍），但在古代，这个剧场可以容纳多达 14000 名观众。

阿斯克勒庇俄斯神庙的剧场是利用奇诺蒂奥山的北坡建造的，因此，坐在看台上，观众可以在他们面前凝视圣地的整个建筑群（从而扩大了"剧场"teatro 一词的范围，该词源自动词 theaomai "观看"）。帕萨尼亚斯在他的《希腊志》第二卷中将剧场归功于建造圆顶墓的同一位建筑师小波利克里托斯，他声称这个剧场值得一看，因为尽管他那个时代的罗马剧场很大很华丽，"有哪个建筑师能与波利克里托斯在和谐和美感上相提并论呢？"如果帕萨尼亚斯对建筑师的认定是正确的，那么这个剧场应该是在公元前 4 世纪中期建造的。考古已经让实，这个剧场在以后的时期没有经过实质性的改变，甚至在罗马时期，仍然保持着原始的希腊结构（即圆形的乐池）。

狄俄尼索斯神位于剧场中心

当然，罗马人将剧场做了整修，例如将圆形乐池改造成半圆形乐池，以便为以后更大的场景腾出空间。许多古希腊剧场（如雅典或德尔斐的剧场）在罗马时代就是这样改建的，但埃皮达鲁斯的那座却完好无损。以至于在卡瓦迪亚斯（Kavvadias）的第一次发掘中，考古学家惊讶地发现了一个圆形结构，因为当时它是第一个有记录的同类剧场。不久之后，多普菲尔德（Dörpfeld）对雅典狄俄

埃皮达鲁斯

尼索斯剧场的乐池进行了新的调查，得出的结论是，它最初也是圆形的，这一点已被希腊其他剧场的考古研究充分证实。埃皮达鲁斯剧场的乐池直径为 20 米，周围环绕着用石头标记的边界，表面从未铺砌过，而是用夯土覆盖。今天，我们仍然可以在中心看到供奉希腊戏剧之神狄俄尼索斯的祭坛底座，周围有一条渠道，收集从看台倾泻下来的雨水。

乐池后面矗立着舞台（希腊语 skené），但仅保留了地基。离乐池中心圈不远的地方是前墙的底座，上面装饰着 18 根爱奥尼克半柱。据估计，这座建筑的高度达到了 3.5 米，在罗马时代可能更高，并且完美地再现了圣殿或神庙的正面，作为展示的背景。该地区发现了各种雕塑，其中包括阿斯克勒庇俄斯雕像和希吉亚雕像，它们可能用来装饰舞台的正面，也许是放在柱间。舞台有三个门通向内场，演员们必须在那里为演出做准备和换装。舞台的两

▶ 埃皮达鲁斯剧场是一座建筑和声学工程的奇迹，现在仍然可以举办戏剧和音乐表演。在古代，它可以容纳14000名观众。

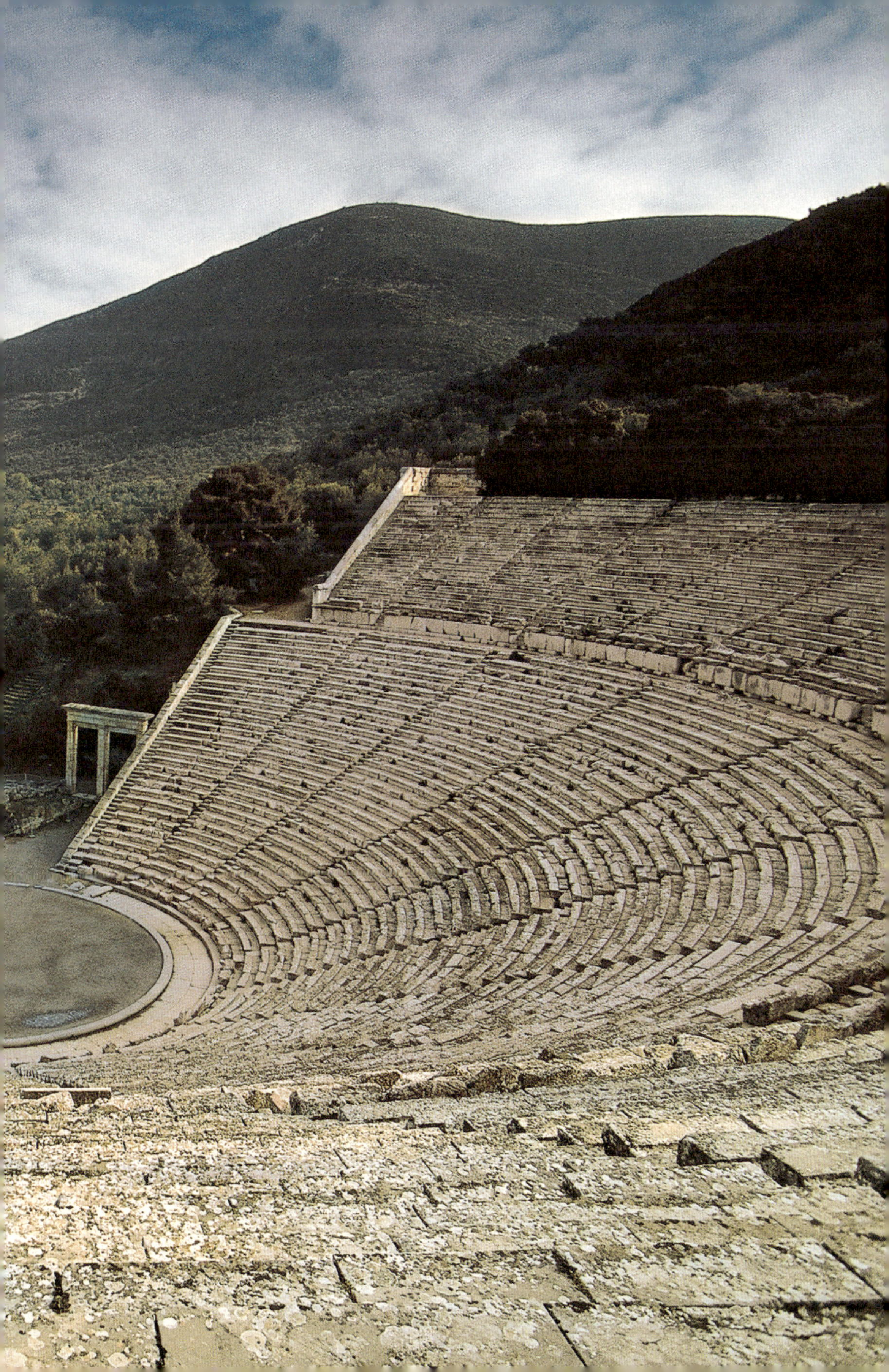

埃皮达鲁斯

侧有两条走廊（parodoi），观众、演员和戏剧中的合唱团都通过它进出。目前，通过这些走廊进入剧场的两扇巨大的门已经重建。

保留座位

看台（希腊语 koilon）由 55 排座位组成，由一条约 2 米的水平走廊或走道分为两个部分，方便观众进出，上部分由 21 排座位组成，下部分由 34 排座位组成。整个看台都被径向楼梯垂直地分成了不同的区域或观众区，下部分有 12 个，上部分有 22 个。座位是用石灰石雕刻而成的，分为两部分，前部为观众的坐席，后部为上排观众的脚留出空间。乐池前面的第一排看台和中央通道后面的第一排看台都是更尊贵的座位，座位有靠背，并与下一排看台相隔几厘米。

与其他古希腊剧场一样，这些座位是为重要人物保留的，以便他们来观看演出，但与其他剧场不同的是，在埃皮达鲁斯剧场没有找到占据这些座位的人名。这可能是因为这些座位的占有者应该是那些前来朝圣的病人或富有的游客，因此在每次戏剧表演中，预订这些座位

希腊的瑰宝

埃皮达鲁斯剧场是古希腊剧场的典范。尽管其座位建在一个非常陡峭的斜坡上，但它的建造方式使观众可以享受到完美的音效和非凡的视野，无论他们离舞台多远。

舞台最靠近观众的部分称为前台，是演员表演的地方。

① **剧场的座位** 剧场的座位分为两段，由 55 排座位组成，通过一条水平的分隔线分为上下两部分，上部有 21 排座位，下部有 34 排座位。

② **乐池** 合唱团占据的这个圆形空间直径为 20 米，周围环绕着用石头标记的边界。表面从未铺砌过，而是用夯土覆盖。

③ **舞台** 舞台离圆形乐池不远。舞台前墙装饰有爱奥尼克式的半柱，柱高 3.5 米。

④ **奇诺蒂奥山上** 埃皮达鲁斯剧场是利用奇诺蒂奥山的北坡而建的。从现场到看台最后一排座位有 70 米的距离。

走廊或走道高度约 2 米，方便观众进出。

入口通道被称为走廊，有两条，分别位于乐池的两侧。

有一排的石头靠背。座位是为重要人物保留的。

与其他古希腊剧场不同的是，在埃皮达鲁斯剧场的预留座位上没有发现刻有占据这些座位的杰出人物名字的铭文。

■ 埃皮达鲁斯

绝佳的视野

这个剧场的一个特点是，看台的上部比下部更陡峭，下部座位的高度为 34 厘米，而离乐池最远的座位高度为 43 厘米。考古学家卡瓦迪亚斯认为，富人观众坐在最低的看台上，并携带垫子以获得更舒适的体验，而较贫穷的人则坐在最远的看台上，他们没有垫子。然而，最近的研究表明，如果整个看台的倾斜度保持不变，最后几排观众将无法获得良好的视野（无论他们是否使用垫子，前排观众的头部都会遮挡乐池）。看来波利克里托斯是第一个意识到这个问题的人，因此决定增加倾斜度并提高上层看台的高度。

① 乐池
② 看台
③ 舞台
④ 前台
⑤ 侧面通道
⑥ 中央通道

▶ 剧场的倾斜度是其特色之一。这座剧场建在陡峭的奇诺蒂山上，其良好的视野和声效使得坐在最高排的观众——也许是最贫穷或最没地位的观众——也能享受到精彩的戏剧表演。

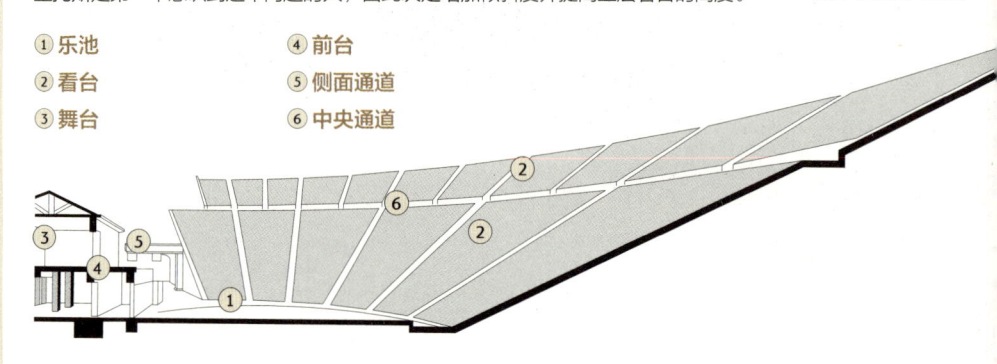

▶ 墨尔波墨涅（Melpómene）是悲剧的灵感女神。在希腊神话中，她是九位缪斯之一，由记忆的化身——提坦巨人姆涅莫西涅（Mnemósine）与宙斯结合而生。
🏛 巴黎卢浮宫博物馆

的人都是不同的。

虽然古希腊剧场依山丘而建，但由于它是露天空间，良好的朝向对观众和演员的舒适至关重要。在这方面，没有任何一个剧场朝向东或西，因为那样会受到阳光的照射，可能会影响观众观看表演的视野。埃皮达鲁斯剧场朝北，可以接收阳光和热量，但不会在任何时候受到阳光直射。

仰望星空

最近的一项研究调查了希腊保存最好的六个剧场，发现它们的方向似乎与天上的星座有关。拿埃皮达鲁斯剧场来说，在阿斯克勒庇俄斯节期间（公历中的 6 月底至 7 月初），剧场的中心对称

轴依次朝向人马座和蛇夫座。其中人马座代表半人马喀戎，据说他是医学之神阿斯克勒庇俄斯的老师。蛇夫座代表了蛇的携带者（希腊语 ophis），即阿斯克勒庇俄斯神本人。同样地，埃皮达鲁斯城内小剧场的中心轴线也是朝向蛇夫座的，该剧场建于公元前 4 世纪。

似乎可以假定，建筑师在设计剧场时考虑到了这一点，这样观众就可以在戏剧表演（这些表演无疑是在阳光下进行的，也许是在夜幕降临之前）结束时观察星座，以此作为纪念阿斯克勒庇俄斯神的另一种方式。

美妙的声学效果，最佳的视觉角度

数学的发展和毕达哥拉斯学派的理论对算术、几何和黄金比例的影响，导致了整个公元前5世纪古希腊剧场建设的演变，最终形成了像埃皮达鲁斯剧场这样的模型，在视觉和声学方面有了很大的改进。长期以来，研究人员和参观者都意识到这座建筑非凡的声学效果，于20世纪初对剧场进行了出色的修复，但直到21世纪初才进行了首次声学和计算机模拟研究，这使我们能够了解古代建筑师和建设者在剧场中应用的一套机制和声学模式。

多亏了罗马工程师和作家维特鲁威（Vitruvio），我们才得知古代的建筑师已经意识到声音是通过声波传播的，他们努力确保从乐池发出的声音准确地传输到所有看台。声波的扩散，就其本身而言，会被它们碰撞的建筑元素改变，因为它们会产生声音反射，所以可以积极影响或阻碍更好的声音传播效果。就古希腊剧场而言，一般来说，有三个因素有助

为声音服务的建筑

埃皮达鲁斯剧场自诞生以来所提供的绝妙声学效果吸引了专家的注意。在过去的几十年里,各种专家团队在埃皮达鲁斯剧场进行了声学研究,涉及声音传播中的所有变量。他们在一天中的不同时间和不同气候条件下进行了各种研究,得出这样的结论:空气温度、湿度、风速和风向都没有对声音的扩散产生决定性的影响,而剧场卓越的声学特性是由其建筑结构决定的。测试时将频率计(赫兹,Hz)和声音计(分贝,dB)放在座位上,距离乐池中心平均15米、30米和60米,从那里发出约100分贝的声音,根据计算,这与演员戴着面具朗诵时的声音相同,因为正常对话的人声约为60分贝。不同的声学测量结果显示,在离看台最远的位置,声音损失只有6分贝,而且500~1500赫兹之间的频率有所增加,这有利于演员的声音在远距离也能被听到。

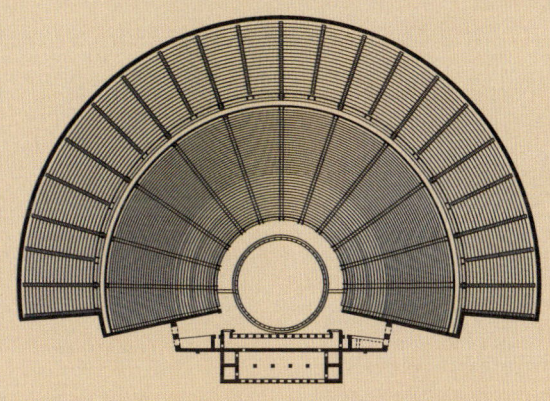

▲ 埃皮达鲁斯剧场的建筑元素决定了其出色的声学效果。具体来说,座位排列的方式令人惊讶地有助于将声波向整个观众席散射,同时使得观众席的任何位置都能够享有完美的视野。

表演面具。古代戏剧演员(只能是男性)使用面具让观众识别他们扮演的角色。

◀ 看台的石灰石在埃皮达鲁斯剧场中起到了出色的声学过滤器的作用,因为它可以吸收观众的杂音并放大演员的声音。

于声音的传播:首先,声音通过在乐池平面上的第一次反射可以增强3分贝;其次,乐池后面的舞台产生第二次反射,防止声音分散并将其重新发送至看台;最后,演员们使用的面具也起到了扩音器的作用。

以埃皮达鲁斯剧场为例,不同的研究表明,一排排座位的结构以惊人且绝对有效的方式影响着声音传播。直到今天,还无法确定建筑师是否真的意识到了这一点,或者只是偶然的结果,但事实是看台的石灰石构成了一个非常有效的声学过滤器,首先,它吸收并减弱低频噪声(低于500赫兹,例如观众的杂音);其次,它反射演员声音的高频部分。通过这种方式,来自看台的声音的反向散射放大了声音并提高了清晰度。简而言之,观众接收到的是来自乐池的直接声音,通过走道和舞台上的反射而增强,同时,声音被座位靠背放大了。

古希腊戏剧的诞生

古希腊对西方文化的主要贡献之一是戏剧。它的遥远起源与古希腊举行的游行和合唱团有关,以颂扬酒神和面具之神狄俄尼索斯。悲剧和喜剧构成了索福克勒斯(Sófocles)、阿里斯托芬(Aristófanes)、欧里庇得斯(Eurípides)和埃斯库罗斯(Esquilo)等作家最杰出的两种戏剧类型。

在古希腊,戏剧表演不仅是城市和圣地日常生活中的休闲活动,也是生活以及宗教仪式的一部分。表演总是以庄严的游行开始,游行队伍中携带着供品和尊神的形象,直到队伍到达剧场,在乐池的中央祭坛上举行献祭。尽管圣殿可以供奉其他神灵,例如埃皮达鲁斯的阿斯克勒庇俄斯,但主导剧场的始终是酒神和面具之神狄俄尼索斯,他们的祭司占据了看台的中央位置。

古希腊戏剧不仅是宗教仪式,也是政治事务,不仅因为它是由城市资助的,而且因为所有公民都应当参加游行和表演,并且戏剧的情节(无论是喜剧还是悲剧)总是具有涉及公民的背景。喜剧嘲笑或模仿观众可识别的公众人物,并质疑城市所做的决定;而悲剧收集了所有公民都知道的神话情节,并集中强调人类在社会中面临的矛盾。

▲ 这个青铜像名为阿伦德尔的头,可能呈现的是古希腊剧作家索福克勒斯。
🏛 伦敦大英博物馆

神秘的起源

悲剧和戏剧的起源是古希腊研究中最大的谜团。我们大概知道，大约在公元前536年，泰斯庇斯（Thespis）在大酒神节（las Grandes Dionisias，雅典为纪念狄俄尼索斯而举行的节日）上演了第一部悲剧，从那时起，每年举行戏剧比赛成为一种传统，直到公元前5世纪末衰落。然而，戏剧体裁的根源不明，各种学说也未能给出令人满意的解释。有人指出，从词源上讲，"悲剧"一词可能指代 tragos（"公山羊"）和 odé（"歌曲"）的复合词，即"公山羊之歌"之意，但没有证据表明比赛的奖品是一只山羊，或者这是选择为乐池做牺牲的动物，正如一些研究者所争论的那样。

此外，有人提出古希腊悲剧和戏剧的起源可能在由男人扮成的萨提尔（酒神狄俄尼索斯的伙伴）组成的游行和合唱中，并与山羊的形象联系在一起，但古代肖像画表明，这些人物在古希腊时代从

▲ 一座古希腊石棺的正面装饰着与古希腊戏剧诞生相关的悲剧和喜剧面具。

◀ 喜剧位于场景左侧，注视着悲剧，而悲剧则被两个老年神——西勒诺斯和萨提尔——包围。这是亚历山大·德·拉博德（Alexandre de Laborde）在1824年复制的一幅古希腊陶器画。
🏠 巴黎装饰艺术图书馆

埃皮达鲁斯

未与山羊同化。简而言之,唯一可以肯定而不必担心出错的是,这是一种纯粹的古希腊流派,它起源于狄俄尼索斯合唱团献唱的传统,并且在某个时刻,给予了合唱团的某个成员与其他人进行对话的主角地位。从那时起,戏剧成为古希腊文化的重要特征之一。一个非常悠久的传统开始了,伟大的悲剧作家如索福克勒斯和欧里庇得斯,以及优秀的喜剧大师如阿里斯托芬,都是普遍且永恒的戏剧和人物的创造者。

▲悲剧面具。扮演索福克勒斯或欧里庇得斯等角色的演员会用它遮住脸。

▼《俄瑞斯忒亚》三部曲的第三部是《复仇女神》。这个陶器场景描绘了阿波罗保护俄瑞斯忒亚免受复仇女神的攻击。

面具与残酷的命运

传承下来的手稿记录了 32 部完整的古希腊悲剧,全部创作于公元前 5 世纪,这主要归功于三位伟大的希腊作曲家,其中有 7 部由埃斯库罗斯和索福克勒斯创作,

有18部由欧里庇得斯创作。如果考虑到仅在大酒神节期间的雅典，每年就演出9部悲剧（比赛中每天由同一作者创作3部）。总计一个世纪内创作大约900部悲剧，还要加上在其他节日（如戏剧节Leneas）上演出的以及在其他城市首演的悲剧。就百分比而言，保存下来的作品很少。悲剧的情节非常多样化，但大多数围绕着神话英雄展开，他们必须面对残酷的命运并做出艰难的决定，这挑战观众在日常生活中产生的认知。在结构上，所有悲剧都非常相似，结合了由合唱团演唱的场景和对话，始终遵循一种韵律模式。

舞台布景非常简朴，合唱团在乐池上漫步跳舞（"乐池"在词源上意为"跳舞的空间"），主要角色则站在一个略微高起的平台上，位于乐池和舞台建筑之间，舞台建筑则充当了后景装饰，代表着宫殿或神庙。演员们穿着鲜艳的服装，携带特定的象征物以便被识别（剑代表战士，权杖代表国王，或者是不同神灵的特定配饰）。所有人都用面具完全遮住脸，面具上有假发，在眼睛和嘴巴处开了孔，人物没有性格特征，只能区分人物的年龄（有老年人和年轻人的面具）和性别（男性皮肤颜色较暗，女性皮肤颜色较浅）。显然，重要的是戏剧剧本，而不是演员的表现力，除了声音和身体动作外，他们的表现力是零。

在公元前5世纪的后三分之一，阿里斯托芬的古代喜剧开始出现，其中11部完整的作品被保存下来，展现了他那个时代雅典的大部分问题和话题（司法和政治生活、哲学家和诡辩家之间的斗争和城市自身的社会组织）。喜剧类型的起源似乎是阴茎游行（伴随着巨大的阴茎雕塑），游行队伍（komos）在与公众互动时展示淫秽行为并唱淫荡的歌曲。在表演中，合唱团和演员都戴着面具且身穿戏服。

喜剧是严肃的

喜剧不像悲剧那样重点表现神话情节或英雄的过去，而是代表一场疯狂的闹剧，其对话通常接近于乌托邦。如果悲剧英雄必须面对个人（通常是政治）灾难，那么喜剧英雄就是一个有着疯狂想法的角色，他打算用这些想法拯救城市，使其免受邪恶困扰。因此，在《阿里斯托芬的鸟》中，两位主人公厌倦了雅典的政治生活，决定在云端建立一座城市，与鸟儿一起生活；同样地，在妇女大会中，女人们女扮

■ 埃皮达鲁斯

第二个演员登场

有数据表明，后来，为了快速推进戏剧情节并在戏剧中强调对话，剧作家做了一些调整。其中最引人注目的是逐渐引入不同的演员（总是男性）：在公元前6世纪中期的某个时刻，他们决定让颂歌合唱团（coroditirámbico）与一个演员对话，不久之后，埃斯库罗斯引入了第二个演员，从而减少了合唱团的对话。索福克勒斯通过引入第三个演员彻底改变了表演方式，这有利于引入更复杂的对话和情节。然而，演员的数量始终少于作品中的角色数量，因此一个人必须扮演不同的角色。通常，剧作家会参与自己作品的演出，扮演某个角色，但索福克勒斯因意识到自己声音的局限性而只扮演次要角色。

▲1962年在埃皮达鲁斯剧场上演的欧里庇得斯的《腓尼基女人》中的两位演员。欧里庇得斯、索福克勒斯和埃斯库罗斯是古典戏剧的创始人。

男装并占据议会,试图建立一个将她们考虑在内的政治制度(请注意,在古希腊,妇女没有政治权利)。从逻辑上讲,这些争论和在不同场景中呈现在古希腊观众眼前的戏剧事件不可能在现实中发生,然而,它们提醒观众,现实只是一种社会建构,另一种现实也是可能的,真实和表象是同一枚硬币的两面;正如真实与虚构之间的距离只能在演员戴的面具上找到一样。

亚里士多德在他的《诗学》中指出,这正是戏剧的伟大之处。对于雅典观众来说,观看悲剧和喜剧在某种程度上都是一种净化过程(catarsis),在这个过程中,理性在舞台上短暂崩溃,最终重新建立起更强大的理性。通过模仿(亚里士多德用的是 mímesis 一词),演员设法成为他们在观众面前所代表的英雄,观众的感情被带入剧中并暂停做判断,以说服自己真的在俄狄浦斯、美狄亚、阿伽门农或吕西斯特拉忒(Lysistrata)面前。观众对戏剧呈现问题的认同过程是这样的:他们像剧中的角色一样遭受痛苦,当角色受到惩罚或奖励时,观众将人物的结局视为自己的结局。

这个净化过程,在阿斯克勒庇俄斯的圣殿也被视作治疗的过程,这在个人方面与观众有关,但在宗教和政治方面也与整个社区有关,因为古代戏剧会表演与公民身份相关的问题。例如,索福克勒斯的《安提戈涅》背后的巨大困境是主角安提戈涅想按照宗教规定将她的兄长安葬,而她的叔叔——底比斯国王则认为安提戈涅的行为与城市制定的人类法律相矛盾,这些法律不允许埋葬叛徒。或者在埃斯库罗斯的《俄瑞斯忒亚》三部曲中,俄瑞斯忒亚必须按照宗教传统杀死他的母亲为他的父亲复仇,但为了自救,他必须在雅典的民主法庭(Aréopago,音译为亚略巴古)上寻求宽恕。

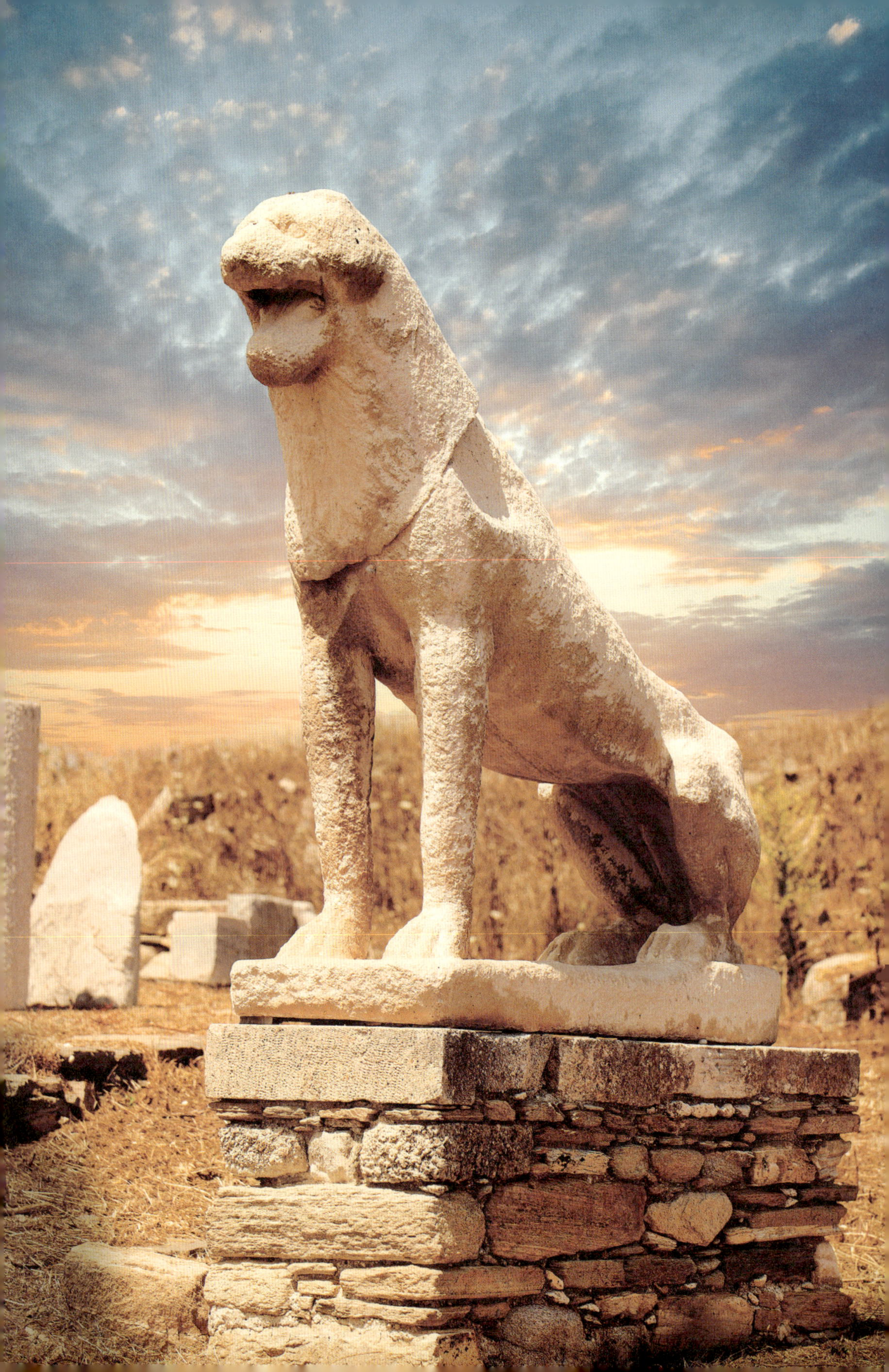

提洛岛

提洛是古希腊世界最重要的圣地之一。随着时间的推移,这座城市不断发展,成为一个主要的商业港口,吸引了来自地中海各个地区的贸易代表团在此安顿。

神的摇篮

根据神话所述，提洛岛是阿波罗神的出生地，由于其战略位置，它也是地中海贸易的一个重要港口。该岛被纳入所谓的提洛联盟，更促进了这个地区的发展，岛上人口约为25000人，他们占据了这个从北到南不超过5公里长的岛屿的大部分地区。

1. 竞技者市集
2. 圣道
3. 纳克索斯家园
4. 提洛人神庙
5. 雅典人神庙
6. 阿耳忒弥斯神庙
7. 安提戈努斯门廊
8. 古造船厂
9. 提洛人市集
10. 剧场街
11. 女王克利奥帕特拉之家
12. 剧场
13. 赫尔墨斯之家
14. 外国神庙
15. 狮子露台
16. 波塞冬尼亚教区
17. 赛马场
18. 体育场

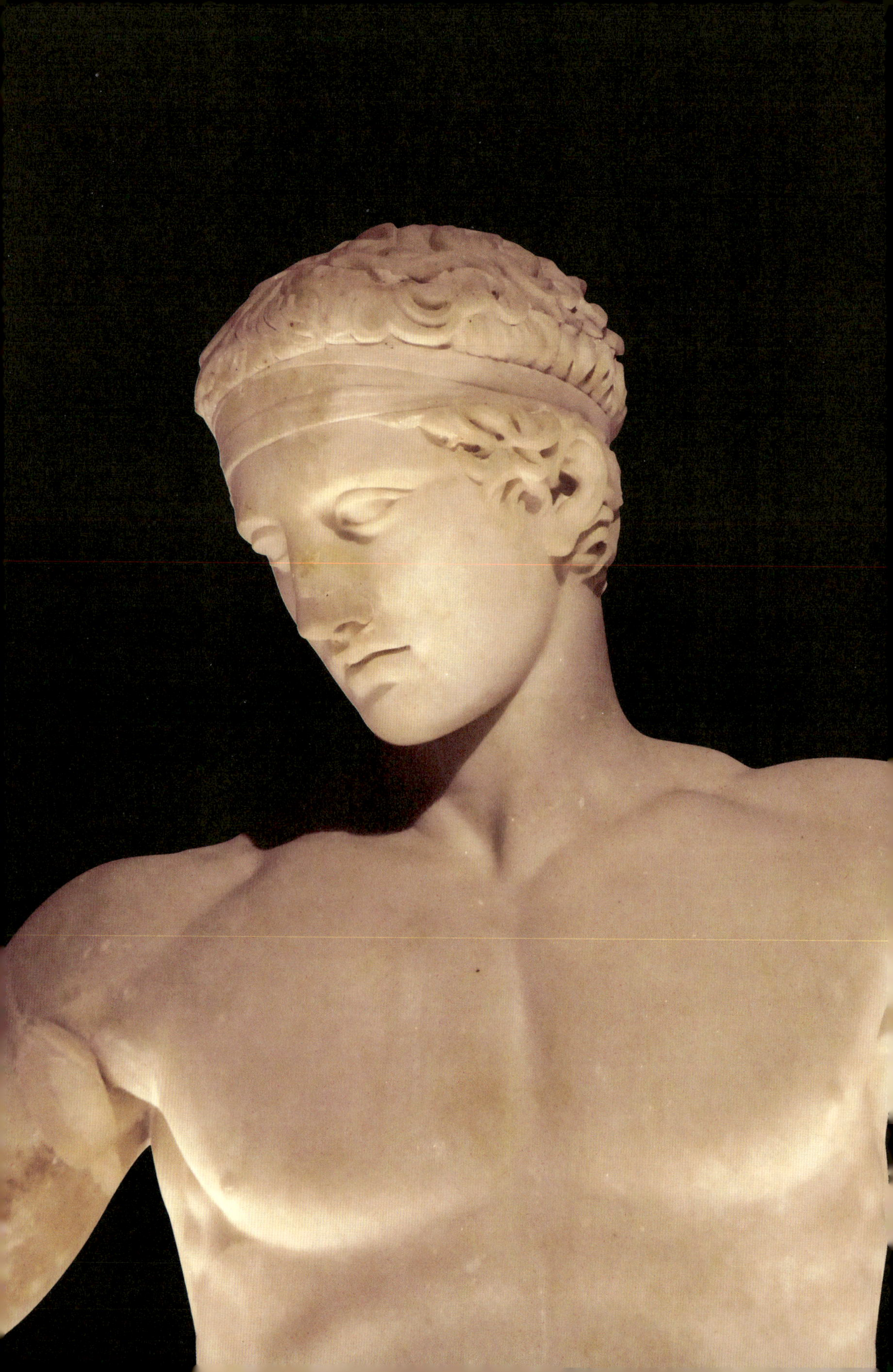

阿波罗和阿耳忒弥斯的摇篮

提洛岛是爱琴海基克拉泽斯群岛（Cícladas）中最小的岛屿之一。南北长约 5 公里，东西最宽处达 1300 米。虽然今天它是一个几乎没有任何水资源储备的干旱岛屿，但在古希腊，一条名为伊诺波斯（Inopos）的小河从辛托斯山（Cintos）穿过它流向该岛的西海岸。早在公元前 4 世纪，伊诺波斯河的水就已被引入城市中供应众多的蓄水池和喷泉。

位于该岛中部的辛托斯山海拔约 113 米，岛上唯一的城市提洛从其北坡延伸至西海岸。在其最辉煌的时刻（公元前 2 世纪中叶），这座城市占地约 95 公顷。与此同时，据估计它可以容纳人约 25000 名居民，对于这样一个自然资源有限的小岛来说，这是一个巨大的人口数量。由此可见，大规模贸易对维持人口数量的重要性。然而，在此之前很久，该岛就已经是基克拉泽斯群岛中心重要的宗教和商业宝地。

该岛自公元前 3000 年末就有人居住，在迈锡尼时代已经有了贸易路线，保存下来的陶瓷遗迹证明了这一点。在此期间使用的一些礼拜场所也已确定，但无法确定当时是否已经崇拜阿波罗或其他神灵。

在公元前 7 世纪和公元前 6 世纪，纳克索斯人对提洛城产生了重大影响，他们建造了"家园"（oikos），在神庙附近的大道上安放了一些狮子雕像以及许多他们所敬献的雕像。

■ 提洛岛

雅典人神庙

通过神庙入口处的列柱门廊,可以看到圣道上布满奉献的雕像,经过纳克索斯家园后,可以到达阿波罗的三座神庙。其中最北端的波利诺斯·纳奥斯神庙(Porinos Naos)由雅典人于公元前6世纪末(也许是在第一次净化岛屿之际)建造。而在公元前5世纪,提洛人决定在更南一点的地方建造大神庙,花了一百多年才完成。

公元前425年左右,雅典决定在波利诺斯·纳奥斯神庙和提洛人神庙之间的地带建造一座神庙。建造雅典人神庙或七尊雕像神庙(两个名字都出现在铭文中),可能是在第二次净化岛屿和颁布岛上出生和死亡禁令后引入的改革计划的一部分。有人推测它可能在公元前417年雅典人每五年庆祝一次提洛岛的

▶ **雅典人神庙的遗迹** 可能在公元前417年由尼西亚斯将军建成。这是雅典人去提洛朝圣之际建立的庙宇。然而,现在神庙内部并没有任何遗迹保存下来。

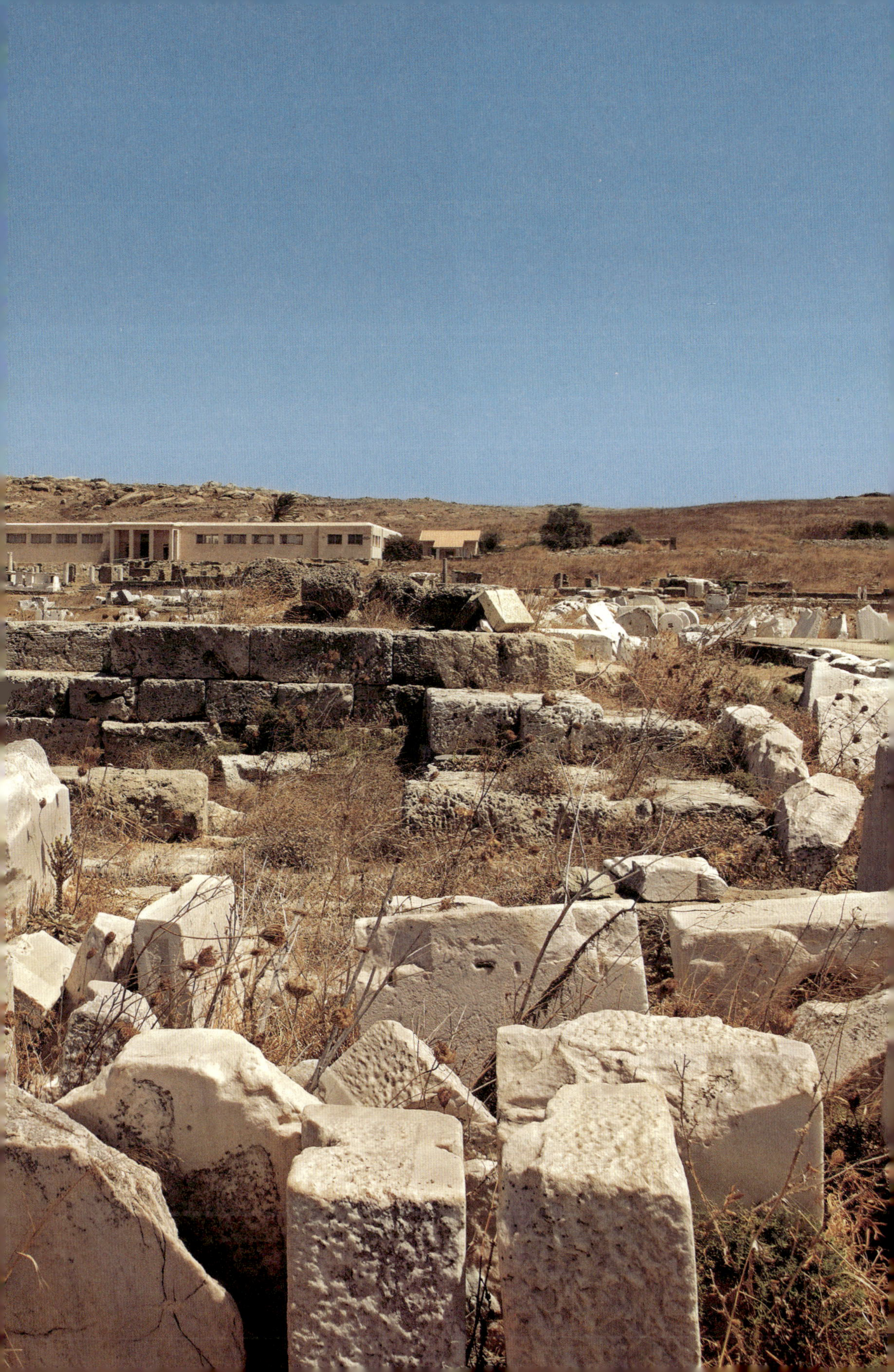

提洛岛

朝圣之际由尼西亚斯将军建成。

这是一座用彭特利库斯大理石建造的建筑，采用明显的阿提卡工艺，遵循雅典帕提侬神庙落成的建筑风格。因此，它是一座双柱式多立克式神庙（有门廊，但两侧没有柱子），长17米，宽11米，短边有6根柱子，竖立在一个有四级台阶（而不是标准的三级台阶）的平台上。它的山墙或陇间壁上没有装饰，但在浮雕带和檐口之间覆盖着精致的铜丝装饰。构成外墙顶层的雕塑群的碎片也保存了下来。

这座神庙被分为一个前厅和一个内殿，通往前厅有五个开放但用栅栏保护的空间，四根方形柱子之间是内殿。建筑物的内部有一个人字形屋顶，而不是平坦的屋顶，有人认为这样做可能是为了容纳一尊大型雕像，这需要更高的内部空间。

里面的雕像

众所周知，内殿内的半圆形底座上安放着七尊雕像，神庙因此而得名，其中一尊很可能是阿波罗的巨型雕像。

阿波罗的另一座神庙

雅典人神庙位于波利诺斯·纳奥斯神庙和提洛人神庙之间，这是为纪念阿波罗神而建造的三座神庙之一。它是作为雅典统治该岛期间引入的改革计划的一部分而建造的，也被称为七尊雕像神庙，因其里面的雕像数量而得名。

波利诺斯·纳奥斯神庙是第二座献给阿波罗的神庙，紧邻雅典人神庙。

❶ 结构 这是一座仿照雅典帕提侬神庙建筑风格的多立克式神庙。长17米，宽11米，矗立在一个有四级台阶（而不是标准的三级台阶）的平台上。

❷ 简朴的风格 建筑的外部几乎没有装饰。无论是山墙还是陇间壁都没有装饰元素。只有一些精致的铜丝装饰覆盖在浮雕带和檐口之间。

❸ 山墙顶饰 神庙的两个立面都有装饰在顶端的雕塑，描绘了绑架的场景。

提洛岛

关于这些没有被保存下来的雕像，特别是阿波罗的雕像，研究者提出了许多观点。流传最广的一种观点认为，建造雅典人神庙是为了取代波利诺斯·纳奥斯神庙，因此，后者的雕塑被移动过来并放置在半圆形底座上。这种说法可能是真的，但没有任何文献或考古学证明支持这种观点。

还有人认为，安放在雅典人神庙中的大阿波罗雕像可能是由艺术家泰克泰奥斯（Tectaios）和安吉利昂（Angelion）雕刻的，这一点从某些资料和神庙本身的物品清单中可以得知。根据这些记录，这座阿波罗雕像高约5米到6米，头戴金冠，右手执弓，左手托着象征神圣纯洁魅力的美惠三女神。在阿波罗旁边，有勒托、阿耳忒弥斯和两对北地的处女，总计有七尊雕像。然而，这只能作为假设，因为没有保存关于神庙内部或考古遗迹的描述。此外，公元前280年将阿波罗雕像放置在提洛人神庙中的事件也有详细记载。然而直到今天，仍然无法知道它是从雅典人神庙转移到那里的，还是从其他地方如波利诺斯·纳奥斯神庙转移到那里的。

山墙顶饰

在雅典人神庙的两个立面之上，有两个由雕塑群组成的山墙顶饰，现在还保存有一些残片。在建筑物最高的中央部分的两个场景都描绘了绑架场景，而在角落里则放置了惊恐逃跑的女性雕像。西侧的山墙顶饰保存的状况很差，描绘了黎明女神厄俄斯（Eos）绑架年轻的雅典英雄赛法洛斯（Céfalo），后者的狗也雕刻了上去。

尽管这些形象不完整，但文学作品使两位主人公的故事广为人知，而且被描绘在现存的许多陶瓷上，借此，人们可以了解神话中的场景。事情是这样的，与战神阿瑞斯发生关系后，黎明女神厄俄斯被爱神阿佛洛狄忒惩罚，不断地爱上凡人。因此，西侧的屋脊装饰展现出黎明女神激情难抑，绑架了英雄赛法洛斯，并把他带到自己在东方的宫殿里一起生活。赛法洛斯身边的狗是米诺斯神的礼物，具有追逐捕捉所有猎物的能力。

东侧雕塑群的状况要好得多，因此在大多数重建工程中，它通常被描绘在主立面上。在这个雕塑群中，可以看到黎明女神厄俄斯的一个儿子——风神玻瑞阿斯（Bóreas，希腊神话中代表居住在色雷斯岛北面的北风之神）正在抢走俄瑞提亚（Oritía），她是厄瑞克透斯（雅典神话中的一位国王）的女儿。在这个场景中，一只动物（也可能是一只狗）惊恐地想要逃离。虽然这个雕塑群的翅膀没能保存下来，但其整体外观仍然非常明显，体现了这个神祇的冷酷坚定和女孩儿的无奈顺从。

最早的重建过程中，人们认为这是一个由两个中心人物（玻瑞阿斯和俄瑞提亚）和两个相邻人物（两个惊恐逃跑的女人）组成的复杂构图。然而，最近的研究表明，没有任何物理元素表明这四个人物可能被连接成一个单一的雕塑组。一方面，中心人物所站立的基座很小，无法容纳更多元素；另一方面，这些人物没有任何物理连接的证据，如钉子或挂钩。因此，现在认为这两个独立的人物实际上是放置在前端角落的山墙顶饰，两个惊恐的女人在观察主要场景时逃跑，为整个雕塑和建筑

■ 提洛岛

▲ **东侧山墙顶饰** 东侧山墙比西侧山墙保存得好，因此它在许多主立面的重建中都有体现。尽管早期的研究认为装饰这一侧顶端的所有人物雕像形成了一个单一的中央雕塑群，但现在人们认为每个侧面都有一座雕像，中间有一个主要场景。

物带来了统一性。

简而言之，山墙顶饰再现的两个场景非常好辨认，都描绘了神话中的绑架事件。然而，它们的象征意义一直有很多争议。选择这两个场景可能有两个原因：首先，它们反映了雅典的力量和青春，包括少女和男孩儿；其

次，它们寓示雅典侵略性帝国的合法化，雅典将自己作为捍卫者的象征，以抵御来自爱琴海北部（以玻瑞阿斯为代表的人物）和东方（厄俄斯）的威胁。

① **中央雕塑群**　描绘了玻瑞阿斯（黎明女神厄俄斯之子）绑架雅典国王厄瑞克透斯的女儿俄瑞提亚的场景。除此之外，还有一只逃跑的狗。

② **两侧**　描绘了两个女人，她们是目睹俄瑞提亚被绑架的证人，惊恐地试图离开现场。

■ 提洛岛

纳克索斯家园

穿过阿波罗神庙入口处的列柱门廊，右手边的第一座建筑就是纳克索斯家园。希腊语中 oikos（"家园"）或 tesoro（"宝库"）不是指那些专门的祭祀场所，而是由城市或个人作为对神庙的捐赠而建造的空间，用于存放供品。与存放在"家园"中的祭品清单一起保存下来的铭文提到例如铜制品（大锅、酒盘或灯），以及船具、皮革外衣、武器和盔甲等部件。第一批发掘和研究它的考古学家们曾经认为，纳克索斯家园实际上是圣地中的第一座阿波罗神庙。然而，没有任何材料记录支持这一假设，所以现在认为，阿波罗在早期没有自己的神庙，只有一个用于祭祀的祭坛（keraton），这种情况一直持续到雅典建造波利诺斯·纳奥斯神庙。因此，这个家园从建造之初就是纳克索斯人聚会

▶ 纳克索斯家园是纳克索斯人为了向提洛城献礼而建造的，现在只剩下废墟。与阿波罗巨像一起，这座建筑庄严地迎接着神庙的游客。

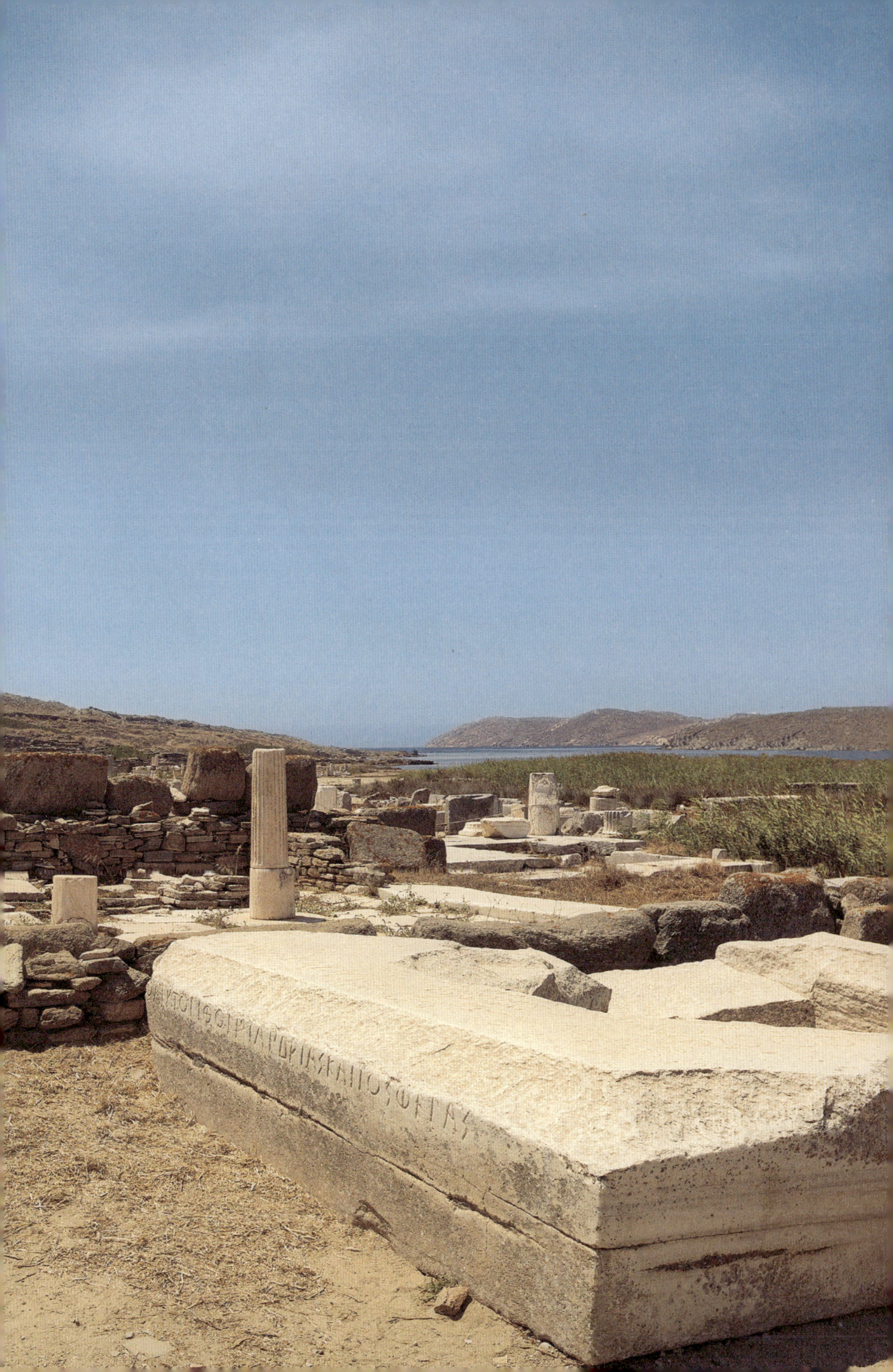

纳克索斯家园

公元前 7 世纪下半叶,纳克索斯人建造了这座建筑。作为敬献给阿波罗的圣所。它的结构包括前殿和内殿,还有大理石屋顶。这座建筑最引人注目的是守卫它的巨大雕像——一座 9 米高的库罗斯雕像,代表阿波罗。

雕像上的青铜元素装饰:头冠、腰带、弓和一支或多支箭。

巨像具有库罗斯的典型特征,但其特殊性在于手臂与身体是分开的。

北墙有小门,可以进殿。

在重达 30 多吨的整块雕刻底座上,可以在其西面看到以下铭文:"纳克索斯献给阿波罗。"

NAXIOI APOLLONI

主立面在西侧，有两根用大理石建造的中央柱。山墙的装饰没有保存下来，一个世纪后，在东侧增加了一个新立面，由四根爱奥尼克柱支撑。

家园建在坡度相当大的花岗岩地基上。

提洛岛

提洛岛的库罗斯雕像

在提洛岛发现的一组古代雕塑是古希腊最重要的雕塑之一，对研究古希腊雕刻技术及其演变有重大意义。雕像有多种类型，但最重要的都是代表青春和美丽的理想化人物形象，如女性的科莱和男性的库罗斯。这些雕像大多数是来自纳克索斯岛和帕罗斯岛的献祭品，雕刻用的材料是出自这些岛屿的大理石，可追溯至公元前7世纪和公元前6世纪。起初人们认为它们代表阿波罗或阿耳忒弥斯的形象，但在今天，众所周知，除非雕像带有某些特定符号（例如弓或箭头），许多库罗斯雕像实际上代表英雄或体育比赛中获胜的年轻运动员。所有的库罗斯雕像都是裸体的，虽然面带微笑，但呈现出僵硬的正面姿势；他们的双臂伸向身体两侧，一条腿比另一条腿稍微向前；躯干肌肉组织随着时间的推移而演变，从几乎平坦到切实地表现胸肌、背肌和腹外斜肌。关于比例，库罗斯雕像的大小非常与众不同，有些低于常人的高度，不到1米；但大多数身高在1.7米到2米之间；例外的是，在古希腊还发现了一些巨大的库罗斯雕像，例如纳克索斯的巨像，或在萨摩斯岛的赫拉神庙中发现的一座库罗斯雕像，其高度超过5米。

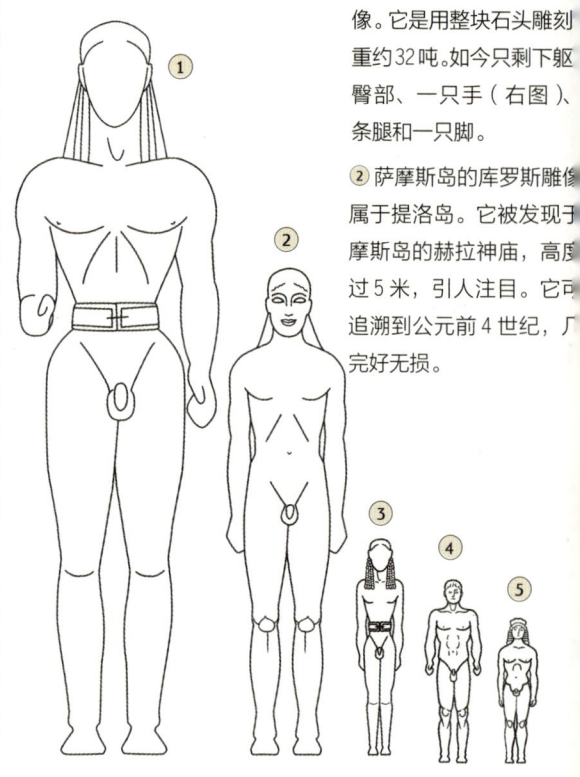

① **纳克索斯巨像** 高9，是已知最大的纳克索斯巨像。它是用整块石头雕刻，重约32吨。如今只剩下躯、臀部、一只手（右图）、条腿和一只脚。

② **萨摩斯岛的库罗斯雕像** 属于提洛岛。它被发现于摩斯岛的赫拉神庙，高度过5米，引人注目。它可追溯到公元前4世纪，几完好无损。

▲ 磨损严重的库罗斯雕像残片，其磨损由侵蚀造成。这件作品可以追溯到公元前5世纪。
🏛 提洛岛考古博物馆

和献祭的场所。

无论如何，在古希腊时期，纳克索斯家园和其中的阿波罗巨型雕像庄严地迎接那些前来参观的游客。公元前6世纪末，在围墙西南面即神庙门楼左侧的纳克西亚柱廊建造完成时，这个区域成为纳克索斯的权力、财富以及其建筑技能的真正展示空间。如今的游客可以通过1966年的发掘活动中进行的一些修复成果来大致了解纳克索斯家园的原始形态，修复人员重新排列了一些侧墙的石块，使其稍微升高，

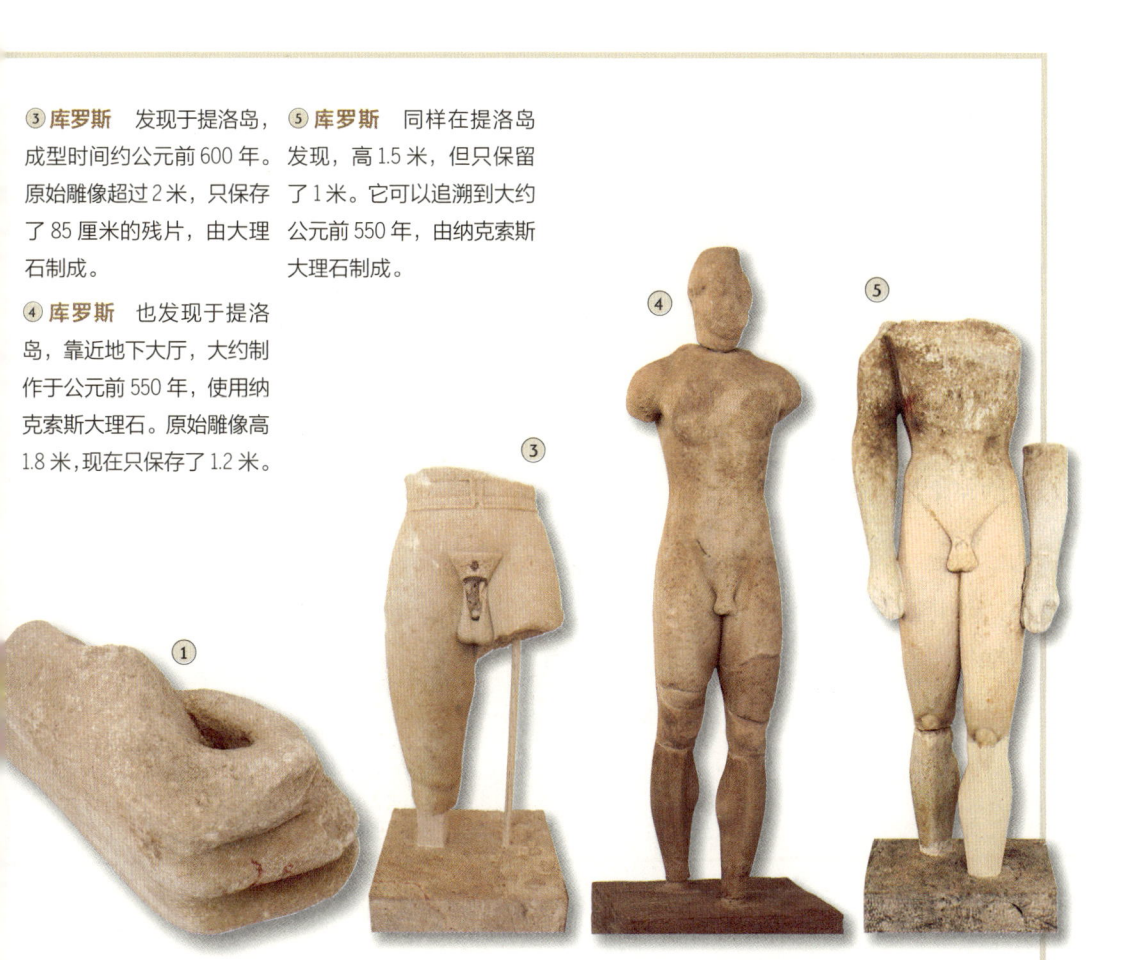

③ **库罗斯** 发现于提洛岛，成型时间约公元前 600 年。原始雕像超过 2 米，只保存了 85 厘米的残片，由大理石制成。

④ **库罗斯** 也发现于提洛岛，靠近地下大厅，大约制作于公元前 550 年，使用纳克索斯大理石。原始雕像高 1.8 米，现在只保存了 1.2 米。

⑤ **库罗斯** 同样在提洛岛发现，高 1.5 米，但只保留了 1 米。它可以追溯到大约公元前 550 年，由纳克索斯大理石制成。

并恢复了保留着的内部柱的柱身，试图将整个建筑呈现出来。

纳克索斯家园建在一个坡度相当大的地面上，建造工程复杂，这要求其建筑师在设计时必须具备精湛的技艺。该家园建于公元前 7 世纪下半叶（或许在公元前 6 世纪初期），通过用花岗岩块建造坚实的地基解决了地面坡度问题，尤其是在西侧，入口处设计了四级台阶。这一侧的正面用大理石块建造，有两根中央柱。山墙的装饰没有保存下来，但在博物馆里可

▲ 展示发型细节的库罗斯头像，雕刻于公元前 540 年至公元前 520 年。
🏠 提洛岛考古博物馆

> 提洛岛

以看到恢复的檐口装饰，上面展现了一张蛇发女妖的脸。

这座建筑的面积为 24 米 × 10 米，由一个前殿和一个内殿组成，内殿中央是一个支撑大理石天花板的爱奥尼亚式柱廊。这是古希腊第一座完全由大理石制成屋顶的建筑，这证明了纳克索斯工匠在雕刻瓷砖和组装同样由大理石制成的梁和横梁框架时的技艺。家园在北墙的中央有一个小门，公元前 6 世纪中叶，在东立面增加了一个新的大门，也是用纳克索斯大理石制成的。这个由四根爱奥尼克柱子竖起的新门廊将建筑加长至 29 米。

纳克索斯巨像

在建筑物的西北角附近，至今仍可见支撑纳克索斯巨像的大理石基座。纳克索斯巨像是一尊阿波罗雕像，高约 9 米，雕刻于公元前 6 世纪初。这个巨大的底座是一整块雕刻而成的，重约 32 吨，在中心处可以看到一个洞（如今已经破损，因为在中世纪时被砍掉了边缘以取出雕像），雕像就安放在这个基座上。

基座的西侧仍可见奉献的铭文："纳克索斯献给阿波罗"，东侧的铭文则是"雕像和底座是由同一块石头制成的"。后一句话引起了许多假设，因为它可以有不同的解释，或者是底座和雕像是以整体的方式雕刻在一起的（这一解释是错误的，因为雕像是安放在基座上的）；或者它们是分开雕刻的，但却是用同一块大理石雕刻的（从技术上讲，这非常困难）。这个问题研究者一直争论不休，甚至有人建议将铭文解读为谜语，就像德尔斐的神谕一样。

巨像展示的是一个库罗斯（运动青年），面朝西方，全身赤裸，留着长发，左脚比右脚稍前，双臂在肘部弯曲。有各种青铜元素装饰着雕塑：他手里拿着一张弓和一支或多支箭；他戴着腰带和头冠，他的几绺头发甚至可能也是用青铜制成的。

不幸的是，在目前糟糕的状态下，很难欣赏到这座雕塑的古风格和特征（巨像也不例外，据了解纳克索斯岛还有其他雕像，尽管它们并没有保存下来）。今天可以看到的遗迹，包括部分躯干和臀部，展示在阿耳忒弥斯神庙中，远离它们原来的位置，并且因各种移动雕像的行为而遭受到大面积的损坏。众所周知，早在 1416

年，克里斯托弗·布恩德蒙蒂（Cristoforo Buondelmonti）率领的佛罗伦萨旅行者探险队就试图移走这座雕塑，尽管动用了一百多人的力量，还是无法将它从原处移走。

多亏安科纳的西里亚科，留下了一张1445年的巨像图，当时巨像还很完整（虽然已经倒塌）；事实上，1636年，一群英国人想带走它的躯干，还想把它锯成两半，但失败了。1675年左右，威尼斯总督（或英国船长，故事版本不同）无法拿走巨像的大部分，决定割下头部（现已失踪）带走。今天，这个巨像的一条腿和一只脚在大英博物馆展出；一只手留在提洛岛博物馆里，其余的肢体都失踪了。

■ 提洛岛

尼奥里翁长廊

这座提洛岛上最原始、最与众不同的建筑之一，位于圣殿东侧，在城市行政建筑、市政厅（pritaneo）、议事厅以及圣域围墙之间的空地上。在第一次发掘中，人们提出了许多观点来解释所发现的遗迹，法国考古学家狄奥菲勒·霍莫勒认为这是资料中提到的角形祭坛，即克拉顿（keraton），但后来发现克拉顿位于提洛人神庙的西部；他的同事莫里斯·霍勒（Maurice Holleaux）认为这条长廊可能是一个船具仓库，旅行者可以在这里找到修理船只所需的一切；有人甚至认为这可能是一个祭祀池或一个形状有些特殊的简单神庙。

起初，这座建筑曾被称为"铜牛纪念碑"，因为内部两个柱子上装饰着两个牛头。然而，直到对其余的装饰物和城市铭文进行仔细研究

▶ 尼奥里翁长廊占据了议事厅、法官官邸和城市行政建筑以及南侧围绕阿波罗神庙的围墙之间的空地。

可以从外部或主正殿进入的内殿包含一个带雕塑的梯形底座和一个天窗，天窗的楣上装饰着描绘战争场景的浮雕。

长廊内放置了一艘战舰作为海战胜利的祭品。

长廊长69米，宽10米。其人字形屋顶由木结构支撑。

山墙顶饰展示的是胜利女神。柱冠上的三陇板和陇间壁环绕着整座建筑。

一艘祭祀船停放在一个深度为50厘米的无水的大理石池中。

内墙上装饰着真实和神话中的海洋生物。

提洛岛

钱币上的胜利女神

古希腊钱币上的图像向研究者提供了有关古代雕塑的宝贵信息,其中包括已在古代失踪的或现在残缺不全的雕塑。例如,由于在奥林匹亚圣殿铸造的大量硬币,现在人们知道了失落的奥林匹克宙斯金像是什么样子。此外,马其顿国王安提柯二世·戈纳塔斯(Antígono Ⅱ Gónatas)的父亲德米特里厄斯·波利奥塞梯斯(Demetrio Poliorcetes)在公元前306年的海战中获胜后铸造了4德拉克马纪念银币,其中一面描绘了手持三叉戟的海神波塞冬,刻着"德米特里厄斯国王"(dhmhtpioybasileos)的字样,另一面则描绘了一艘船的船艏和一个翅膀展开的胜利女神吹着号角宣布胜利。

长期以来,人们认为这种硬币与在萨莫色雷斯发现的胜利女神雕像(保存在卢浮宫博物馆)有关,然而,今天已知这个雕像是在一个世纪后雕刻的,因此硬币纪念的一定是另一场战斗(目前还不知道是哪一场)。无论如何,萨莫色雷斯的雕像和德米特里厄斯硬币上的图像都表明这种雕像是常见的,因此认为在尼奥里翁长廊的内部安放了类似的雕像似乎并不突兀。更更重要的是,如果真的是德米特里厄斯下令在提洛岛建造这座长廊并在其中安放船只,那么这枚硬币可能正好描绘了为装饰这个长廊而雕刻的船艏和胜利女神。

▲ 这是一枚4德拉克马银币,一面刻有带翅膀的胜利女神(左图),另一面刻有手持三叉戟的海神波塞冬,周围环绕着"德米特里厄斯国王"(右图)的字样。
🏛 提洛考古博物馆

后，才发现这座建筑的真正功能：它是一个长廊，类似船坞，用于容纳一艘战舰作为海战胜利的祭品。

提洛岛的尼奥里翁长廊面积大约有 69 米 × 10 米，覆盖着一个由木结构和大理石构成的双坡屋顶。它的主立面朝南，遵循典型的神殿前廊模式，有六根前柱和两根侧柱。它的正面有一个山形墙，没有装饰保存下来（可能原本就没有装饰），顶部有一个描绘胜利女神的山墙顶饰，其主体部分收藏在博物馆里。柱冠上有三陇板和陇间壁，其装饰已经严重磨损，很难确定描绘的是什么，这些装饰贯穿整个建筑物，延伸到长长的侧墙上。

中央的大长廊上是一个白色的大理石池，有半米

▲船放置在花岗岩石级上，船的高度低于69米长的中央过道的侧廊。这种布局给游客留下了船在水中漂浮的印象。

▲可能是装饰在长廊柱子上的牛头。
⛩ 提洛考古博物馆

> 提洛岛

深,两侧有走道,里面有船;这个池子里从来没装过水,只是以这样的方式布置,让游客觉得放在花岗岩石级上的船(今天仍然可以看到)处于比侧廊低的位置。

中央长廊内墙的下部装饰着一条长长的楣板(高约 0.5 米),描绘了一支海洋游行队伍,其中似乎包括波塞冬、海中仙女(Nereids)和半人半鱼的海神(Tritons),以及其他神话中或现实中的海洋生物,例如海豚。该建筑的北部是专门用来作为礼拜场所的内殿。除了有两个侧门外,它还可以从中央长廊通过一个平台进入,该平台由两根侧柱构成,顶部是牛头雕塑(因此得名"铜牛纪念碑"),中间有两根多立克式半柱。内殿内有一个梯形底座,据信上面放置了一座雕塑,可能是船艏(根据最常见的重建)或船艉,或者只是一尊阿波罗雕像。

除了这座雕像之外,内殿很可能还有一个放置祭坛和火堆的空间,因为它是开放式的,带有高高的天窗。事实上,这个内殿比其他部分都高。

建造长廊的推动力

一旦认识到这座建筑的形式和功能,研究面临的下一个困难就是破解谁委托建造它以及为了纪念什么战斗而建造它。长期以来,许多研究认为捐赠者是马其顿国王安提柯二世·戈纳塔斯(公元前 277 年—公元前 239 年),他也是圣殿北门廊的捐赠者。事实上,从古代资料中可以得知,安提柯二世·戈纳塔斯在科斯战役中战胜埃及人后,将一艘战舰献给了阿波罗,这次胜利使他控制了爱琴海。然而,这些资料并没有说明他在哪个城市或圣地竖立了纪念碑,此外,从对提洛岛长廊建造技术以及对雕塑装饰残片的研究来看,该建筑的年代为公元前 4 世纪末或公元前 3 世纪初,这意味着它建于安提柯统治之前。因此,我们必须考虑建造者可能是在这之前在位的统治者。最近有人提出,捐赠者可能是安提柯的父亲德米特里厄斯·波利奥塞梯斯,在公元前 306 年塞浦路斯的萨拉米斯战役中战胜埃及人之际(著名的萨莫色雷斯胜利雕塑也与这场战役有关)。然而,还有一些研究者认为长廊是雅典人在更早时期捐赠的,因为提洛岛的一些神庙捐献清单可以追溯到公元前 340 年左右,其中已经提到了建造一艘三桅帆船所需的材料(尽管它们很可能是指准备出海的船只,而不是指纪念碑的献祭船只)。

提洛同盟

希腊的小城邦总是非常乐于互相订立契约来应对入侵和其他外部危险。提洛同盟应运而生,而且成功地联合了爱琴海的所有岛屿和沿海城市,成为当时最大的海军和商业联盟。

公元前490年至公元前479年,希腊和波斯帝国的希波战争结束时,尽管希腊取得了胜利,但爱琴海岛屿和亚洲沿岸的希腊城市继续受到波斯可能进一步扩张的威胁。出于这个原因,在公元前478年,雅典与这些城市和岛屿结成联盟,根据联盟约定,他们将在面对危险时保持团结。联盟被命名为"提洛同盟",因为宣誓是在提洛岛举行的,而阿波罗圣殿被选为提洛岛的行政和财政总部。尽管该联盟宣布所有成员在投票方面平等,但雅典的优越性是显而易见的,并且其霸权得到默许,例如选举雅典的官员监督联盟的财政。联盟的每个成员都通过缴纳贡金来提供支

▲伯里克利的头部雕像,他在西蒙被逐出雅典后指挥提洛同盟。该雕像是克雷西拉斯(Cresilas)为雅典卫城制作的雕像的罗马复制品。它来自莱斯博斯岛,可追溯到公元前492年。
🏛 柏林阿尔特斯博物馆

◀雅典在提洛同盟中对同盟城邦行使霸权,直到公元前404年在伯罗奔尼撒战争中战败。

▲ 商业活动是提洛岛主要的经济来源之一，港口是其主要的货物进出口通道。尽管最初提洛同盟促进了该岛与其盟友的商业关系，但由于雅典的征税政策，最终导致了负面影响。

持，可以用士兵和船只或金钱来支付，但根据具体需求而定。因此，像莱斯博斯或萨莫斯这样的大岛屿，提供了部分舰队以组成共同的海军，而像纳克索斯这样的其他岛屿，尽管想贡献船只，却被迫以货币形式缴纳贡金。

帝国扩张

联盟的主要发起人是雅典政治家阿里斯蒂德斯（Aristides），但正是雅典的西蒙利用指挥一支装备精良的庞大海军舰队的机会，开始了真正的帝国扩张，将新的城邦纳入联盟。他的意图是控制爱琴海贸易路线，尤其是北部的贸易路线，以确保与黑海的贸易。西蒙失宠并被流放后，伯里克利接任同盟首领，之后同盟不断扩大，到公元前5世纪中叶，已经收到250多个城邦的进贡，并控制了从黑海到亚得里亚海的海上贸易。同盟城邦在雅典的指挥下，在同盟内部的决策权越来越小，最终爆发起义，但未获成功。以提洛岛为例，原本深受联盟青睐，并因其是商业帝国的中心而迅速变得富裕，但随着时间的推移，它开始感受到雅典在岛上的存在所带来的负面影响，因雅典试图将货币和政权强加于人。然而，直到公元前404年在伯罗奔尼撒战争中战败，雅典的霸权才受到挑战，同盟随即解散。

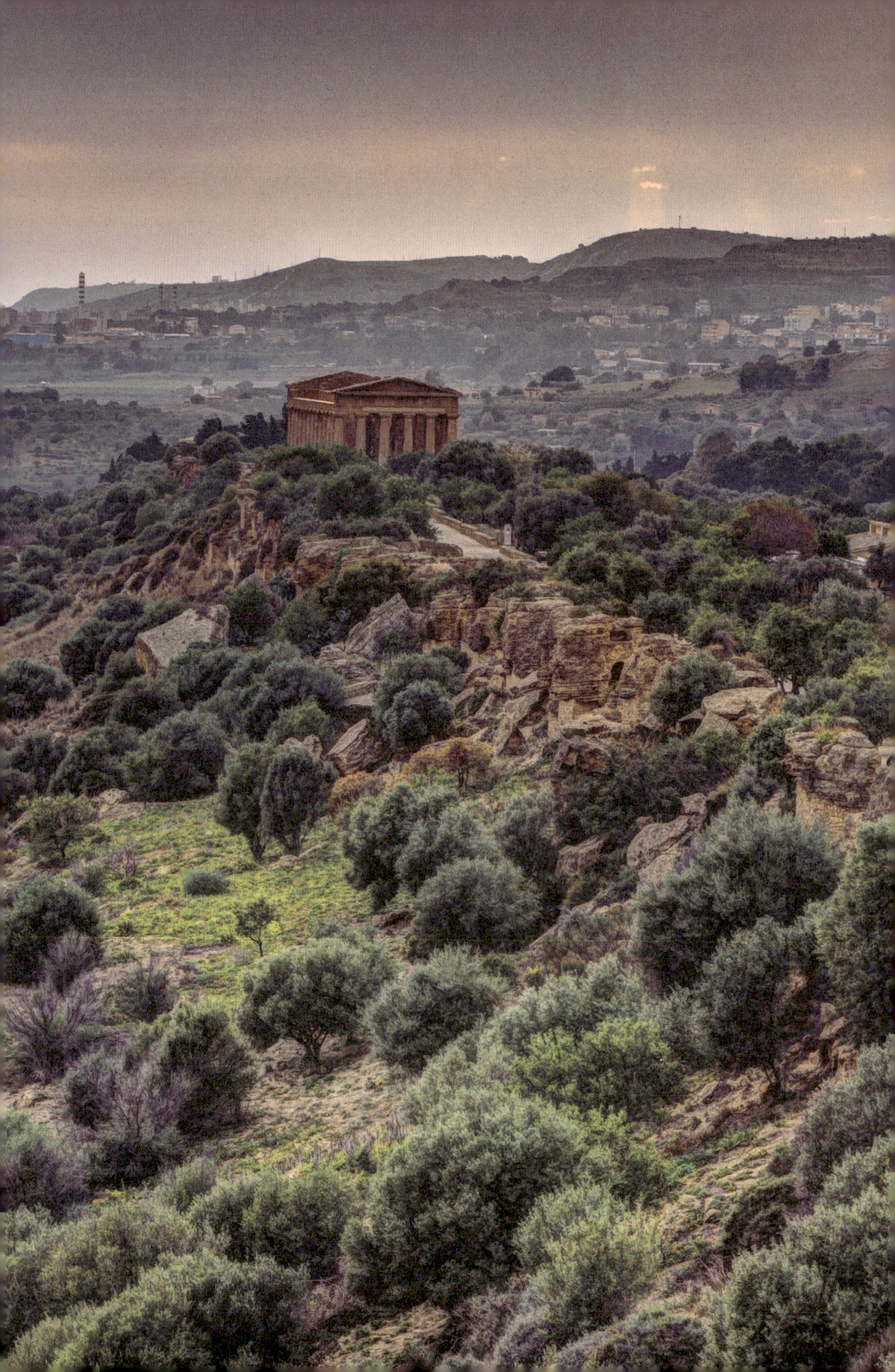

阿格里真托

阿格里真托（希腊语为 Akragas）被品达誉为"人类最美丽的城市"，是公元前6世纪和公元前5世纪西西里岛最强大的城市之一。迦太基在公元前406年征服了它。其雄伟神庙的废墟是那种荣耀的遗迹。

根据古希腊历史学家修昔底德在他的《伯罗奔尼撒战争史》中所述，阿格里真托的起源可以追溯到公元前580年左右，或者大约在那个时候，当时居住在邻近城市盖拉（Gela）的居民在阿克拉加斯河（Akragas）和希普萨斯河（Hypsas）之间的美丽地段建立了这座城市。希腊人的阿克拉加斯是盖拉的一个殖民地，盖拉位于西西里岛南部（如今的阿格里真托），位于非洲海岸线对面。在开始深入研究这座城市的历史之前，值得停下来谈谈所谓的"希腊殖民化"，因为只有这样才能深入理解它。

然而，这些城市与雅典一样具有希腊特色，它们位于距离希腊很远的西西里岛上。被称为殖民化的现象始于公元前8世纪，与城邦形成的大规模移民过程相关。迈锡尼世界及其政治和社会制度在公元前1200年左右消失了。在几乎没有任何数据的所谓黑暗时代之后，希腊面临着以创建城邦和重新定义社会秩序为中心的社会重组。向地中海的大规模移民与这些事件有关。

多立克式瑰宝

　　从南面进入古老的阿克拉加斯，沿着从港口出来的道路，可以看到一排排巨大的多立克式神庙，在城墙之上若隐若现，光彩夺目。它的快速发展使阿格里真托成为建筑风格统一的典范城市。它所有的神庙都是多立克式的，它的城墙规划都在相对较短的时间内完成，几个世纪以来都没有改变，这在古代是不寻常的。

① 雅典娜神庙
② 赫菲斯托斯神庙
③ 冥府（Ctónico）圣殿
④ 科林贝特拉潟湖
⑤ 迪奥斯库里神庙
⑥ 奥林匹亚宙斯神庙
⑦ 赫拉克勒斯神庙
⑧ 康科迪亚神庙
⑨ 赫拉神庙
⑩ 城墙一号门
⑪ 得墨忒耳神庙
⑫ 阿克拉加斯河
⑬ 剧场
⑭ 古剧场
⑮ 议事厅

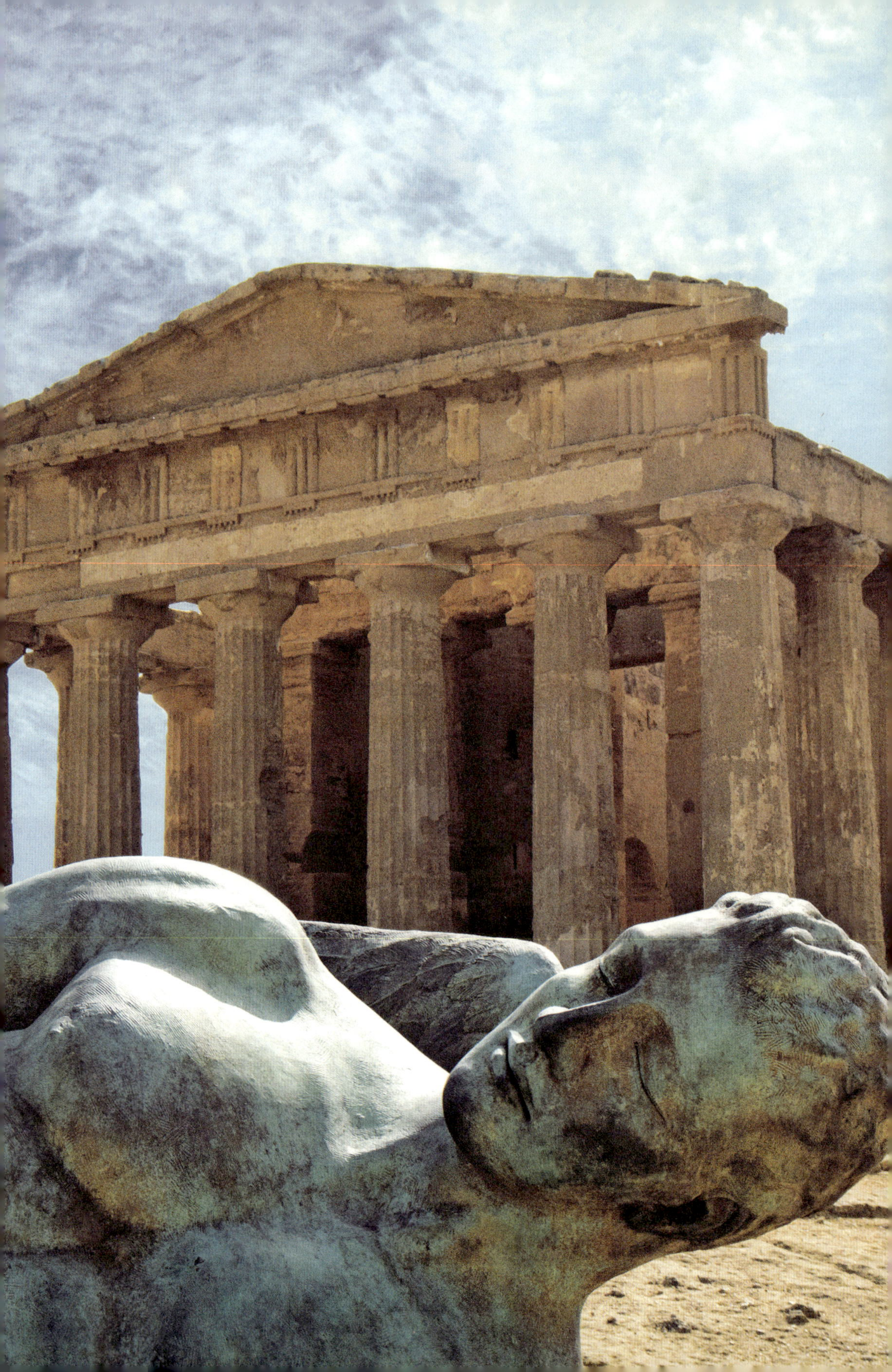

神庙山

"神庙之谷"是世界上为数不多的仍能让游客感受到古希腊风貌的地方之一。它奇妙的遗迹唤起了一个文明的回声,以及一个富裕和强大的城市对其神灵的认可。它是古典时代遗留给我们的所有保存最完好、最令人印象深刻的考古遗址之一。

然而,"山谷"一词并没有很好地定义该地区的地形特征,因为大多数神庙实际上位于小山丘的顶部,这些小山丘共同构成了城市南部的低矮山脉。因此,它本身并不是一个山谷。在这个地区,在卫城南部的北山上,在公元前6世纪和公元前5世纪之间建造了七座具有类似特征的特殊神庙。所有这些都是多立克风格的,由围墙式的柱子包围,而且,除了奥林匹亚宙斯的神庙之外,那六座都是六边形的:即东西短边各有六根圆柱。鉴于这些神庙的年代相似,它们很可能也有类似的外观,但不幸的是,人们对它们的装饰知之甚少。自18世纪中叶以来,所有的神庙都被挖掘出来,某些还通过原物归位(anastylosis,一种考古学重建技术,包括用原始材料提升部分结构)进行了部分修复。

除了历史学家西西里的狄奥多罗斯(Diodoro Sículo)提到的宙斯神庙,所有神庙的名称都是随意的,研究者试图将神庙与那些被认为必须在这些宏伟建筑中的神祇联系起来。在神庙山上,今天仍然可以感受到阿格里真托城在建造神庙时所拥有的力量。

■ 阿格里真托

奥林匹亚宙斯神庙

阿格里真托的奥林匹亚神庙或奥林匹亚宙斯神庙是已知最大的古代多立克神庙。它可能是在公元前 480 年，塞隆（Terón）在希梅拉（Hímera）战役中击败迦太基军队后下令建造的。据说这场较量与萨拉米斯战役发生在同一天，这场战役让希腊人和波斯人陷入了希波战争的冲突之中。战后凯旋的塞隆对希腊万神殿的主神宙斯心存感激，决定建一座空前的神庙献给他。

这是一座巨大的神庙（56 米宽、112 米长），短边有 7 根柱子，长边有 14 根柱子。虽然被柱子包围的神庙被称为"周柱式建筑"，但阿格里真托奥林匹亚神庙的情况却不同。对于考古学家来说，它是一座

▶ 男像柱（位于图片中央的人像）大概是如今奥林匹亚宙斯神庙唯一可辨认的遗迹。

◀◀ 康科迪亚神庙的主立面。在它前面，是波兰裔德国艺术家伊戈尔·米托拉伊（Igor Mitoraj）的现代雕塑《坠落的伊卡洛斯》。

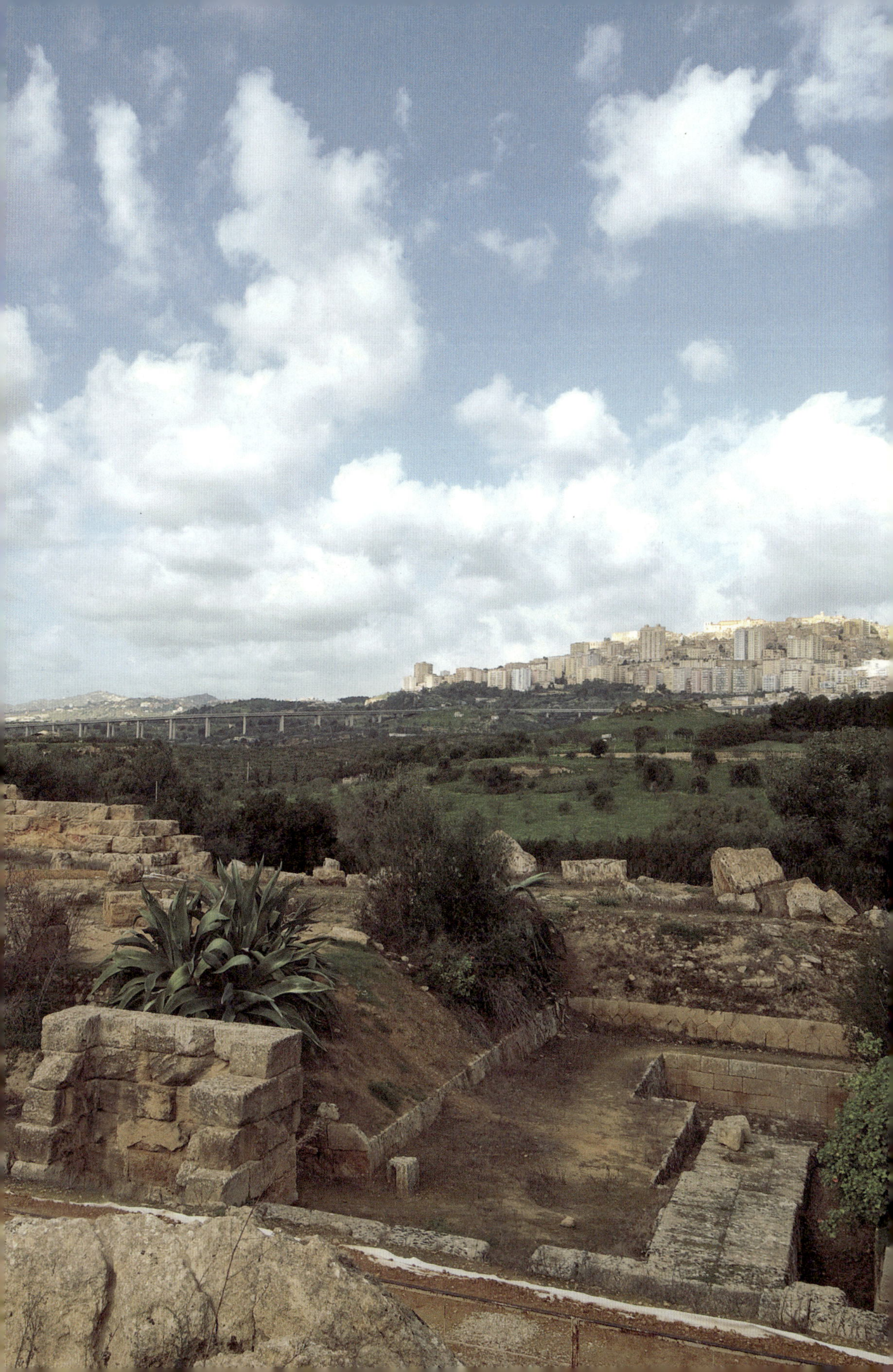

❶ **入口** 可以通过位于主立面两端的两扇隐蔽的门进入神庙，这在多立克式神庙中是不常见的。在南侧立面上可能还有另一扇门，也没有装饰。

❷ **内殿** 阿格里真托奥林匹亚神庙的建筑特色之一是其巨大的内殿，部分暴露在外。它占据了建筑物的中心，祭司的仪式在那里举行，禁止其他人参加。

这些瓦片别具特色，有彩色的几何装饰。

原始而巨大

阿格里真托奥林匹亚神庙是古希腊最大的多立克式神庙。相对于普通的多立克式神庙，它呈现出几个特点，其中最明显的是，它被阿特拉斯柱或男像柱形式的巨大人像包围。

❸ **男像柱** 柱与柱之间，在半山腰的墙上，竖立着一些8米高，用石块建造的阿特拉斯柱，上面覆盖着灰泥。也许他们代表战败的迦太基人。

❹ **祭坛** 距主立面50米处，有一个巨大的祭坛，供动物献祭。它由石头建成，几乎和神庙一样宽。

山墙的顶部或框架装饰着狮子头，与其他图案交替出现。

祭祀是希腊西部最大的祭坛（54米×16米），由叙拉古（Siracusa）的希罗二世（Hierón Ⅱ）建造。

在举行动物祭祀、祈祷、音乐舞蹈、宴会等活动的广场上，可能会摆放一些雕像。

■ 阿格里真托

"伪周柱式"建筑,因为它的柱子是一种介于外部柱子和内部壁柱之间的混合体。同时,一堵堵墙填充了柱子之间的空隙(即柱间距),因此不能将其归类为普通的周柱式建筑。

这些柱子高约21米,在柱间的墙上放置了著名的阿特拉斯柱(atlantes)或男像柱(telamones),他们高举双臂,支撑着建筑的横梁和屋顶。有人认为这些背负着神庙重担的著名雕像展现的可能是被征服的迦太基人,但也可能是被宙斯打败的提坦神。柱子上方有一个近2米高的柱冠。根据规范,柱冠分为楣梁、浮雕带和檐口。目前,我们对檐口知之甚少,但楣梁高约3.5米,由6.2平方米的石块组成。浮雕带略高于3米,按多立克式样装饰,有陇间壁和三陇板,后者由一整块石头制成。

有几个古代作者的作品记载,阿格里真托奥林匹亚神庙之所以没有完工,是因为它没有屋顶。然而,它似乎很可能像其他这种规模的神庙一样,中央是敞开的,两侧都有遮盖。

正殿位于神庙的内殿两侧。它们几乎和内殿一样宽敞,宽超过12米,其装饰细节不得而知。

侧立面每边有14根柱子,而短边只有7根柱子。

一些壁柱支撑着神庙内部，包括侧殿和内殿。大约每8米就有一根。

奥林匹斯众神与提坦的战斗神话是山墙上浮雕的主题，但没有保存下来。

基座包括五级台阶。最后一级有其他台阶的两倍宽，形成了一个隔离神庙的平台。

这座神庙里的柱子实际上是半柱——一半嵌在建筑物的外墙上。

男像柱的手臂就像在支撑屋顶的重量。

■ 阿格里真托

构建神庙的所有巨石都立在一个有五级台阶的基座上，其中第五级也是最后一级台阶是其他台阶的两倍宽，从而形成了一种神庙与周围空间隔离开来的平台。

提坦与诸神之战

公元前 1 世纪的古希腊历史学家西西里的狄奥多罗斯在他的《历史丛书》（*Bibliotecahistórica*）中提到了神庙山墙的装饰，据他说，山墙的最高点约 6 米，"东面部分描绘了提坦之战，雕塑因其大尺寸和优美而著名；西面部分描绘了特洛伊的征服之战，每个英雄都以适合环境的表情来表现"。在神庙考古挖掘中发现的一些大型浮雕证实了这一说法。然而，它们并没有提供足够的信息使这些雕塑得以重建。

据推测，建造神庙时体现的是一种理性主义和系统性结合的真理观，整个建筑的平面图都可以框在一个网格中，石头通常具有相同的比例，尤其是基座上的石头；侧室内的壁柱与内殿的壁柱完全一致——这里的内殿被称为 sekos（不是 cella），因为它具有区别于普通内殿的特征——短边和长边的柱子间距几乎相同（约 8 米），只有细微的差别。

其建筑特征以及其一致性使考古学家得出结论，这座建筑是在短时间内建成的。这无疑得益于阿格里真托在希梅拉战役后得到的大批奴隶。据西西里的狄奥多罗斯说，这座城市接收了许多战俘，他们大多被用于公共工程和"雕刻用于建造众神最伟大的神庙的石头"。

显然，只能通过位于建筑物东立面边缘的两扇门进入神庙，这在多立克式神庙中是不常见的。这种分布可能是受神庙内部布局的影响。两个带大屋顶的内室之间有一个开放的内殿，两侧正殿以外墙和内殿墙为界，宽达 12 米多，与普通神庙的内殿宽度相当。内室的两堵长墙上有 12 根巨大的相对的柱子，与内殿中的分布相同。侧室似乎可以被外墙上的窗户照亮，还有人指出在内殿的柱间有可以放置雕像的壁龛。然而，研究者对神庙的配置、装饰布置及其祭拜的雕像一无所知。这座雕像可能位于内殿中，由赤陶土或大理石制成，可能是坐着，也可能是站着，但可以肯定的是，它是彩色的，就像希腊雕像中常见的那样。不幸的是，假设仅限于此。

文献缺失

古希腊神庙内部的装饰和布置通常不为人知。众所周知，古希腊宗教中的仪式典礼在不同的场所进行，包括神庙内部和祭坛。神庙内发生的事情只有祭司们知道，其他人无法窥见。这使得研究者了解其内部细节更加困难，因为在文本中很难找到相关描述。考古遗址在这方面通常也提供不了太多信息。

由于这座建筑的规模和内部独特的空间分布，专家们从古代开始就争论所谓的宙斯神庙是否真的是一个宗教崇拜的场所，或者更像是一座纪念塞隆在希梅拉战胜迦太基军队的巨大建筑。如今，人们普遍认为这是一个重要的宗教崇拜场所。历史学家狄奥多罗斯的报告证实了这个假设，即有一个伟大的宙斯神庙。

除了资料，还有一项考古发现证实它是一座神庙——矗立在其东立面前的巨大祭坛。果然，距神庙入口约50米处，耸立着一座约54米×16米的巨大石制祭坛。直到公元前3世纪，在叙拉古的希罗二世祭坛建成之前，这是整个古希腊最大、最壮观的祭坛。这是一个重要的庆典中心，因为在神庙和祭坛所围成的广场上，举行了动物祭祀仪式、音乐和舞蹈表演、市民宴会、向神祈祷和唱赞歌等庆典活动。与基督教、伊斯兰教和其他宗教不同，古希腊宗教中的所有仪式都在室外进行。其前提是，神庙是神的居所和驻地，但人们在外面参加仪式。

动物祭祀

所有古希腊宗教中最重要的仪式无疑是为纪念神而献祭动物。古希腊自公元前第二个千年以来，这种做法就得到了证明，因为米诺斯人和迈锡尼人都实行过。

有各种类型的牺牲。首先，取决于它所献祭的神和其他可能的情况（节日类型、一年中的时间），必须牺牲一种或另一种动物。例如，为了纪念波塞冬而牺牲鱼的仪式是众所周知的；而在斯巴达，似乎为了纪念战争和毁灭之神阿瑞斯而牺牲了狗，尽管这种动物在仪式中并不常见；通常使用山羊或绵羊。最终，由于成本问题，牛或铜牛也用上了，但似乎这些牺牲并不像有时候想象的那样普遍，只会在大型节日中进行，可能是城市或一群市民支付这些牲口的费用。

■ 阿格里真托

百牛祭

"hecatombe"（希腊语中的 hekatombe）一词在现代西班牙语中表示不幸、灾难。但本来，这个词指献祭一百头牛（hekaton，"百"；bous，"母牛"）以纪念神，但它很快也用来指较少数量的献祭。尽管这种献祭过去很流行，这个词在西班牙语中仍在使用，但在古代，大杀戮似乎并不常见，而是一种只在非常特殊的情况下进行的仪式。这种限制是可以理解的。一次献祭一百头牛是一项巨大的开支，很少有城市能够负担得起，遑论普通公民。考虑到宙斯崇拜在城市中的重要性，以及他的奥林匹亚神坛的规模，它有可能容纳了大墓。此外，有一些文本记录了阿格里真托人的巨大财富，如西西里的狄奥多罗斯所说，"从小就被教育追求奢侈，穿戴过于精致的服装和金饰，使用银和金的刮痧板和瓶子"。据说叙拉古为了庆祝以凶残著称的僭主色拉西布洛斯（Trasíbulo）被驱逐，用450头铜牛祭拜宙斯。或许阿格里真托作为驱逐僭主的主要推动者之一，会在其辉煌的神庙高坛上用大规模献祭来庆祝这场胜利或其他胜利。

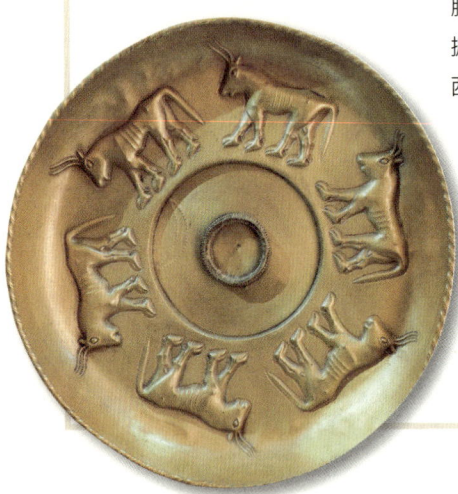

◀ 祭祀仪式中盛酒的金杯。杯内装饰有6头牛的浮雕。可追溯至公元前7世纪。
🏛 伦敦大英博物馆

▶ 阿格里真托奥林匹亚宙斯神庙的男像柱或阿特拉斯柱之一的脸。
🏛 阿格里真托地区考古博物馆

此外，根据动物要献祭的神灵，对动物的年龄也有规定。动物必须同意自己的牺牲，因为理论上，反对仪式的动物不能参与其中，而且会污染仪式。祭司们等待动物做出赞同的姿态，如低头或弯膝表示服从。如果动物没有做出姿态并拒绝，可以使用一些技巧来获得它的认可，常见的做法是往它脸上洒几滴水，使其低头并"欣然接受"即将到来的牺牲。祭祀之后是一场宴会，即一个公共餐会，一种"大众餐"，所有公民，可能

还包括奴隶,都会参加。

  尽管在某些情况下分类不太清晰,但这个宴会似乎本身就是一种社交活动,有权势的人向邻里分享食物,因为他们的地位是被其邻人视为强大的。另一个重要的事实是,古希腊城市的大多数社区居民都无法每天吃肉。要屠宰牛,必须拥有或购买牛,这需要相对富裕的人才能做到。因此,祭祀仪式和随后的宴会既是一种社交活动,也是大多数社区居民获得肉类菜品的方式。

▲ 男像柱是支撑神庙的男性雕像。图片中的是保存在阿格里真托考古博物馆的复制品。

■ 阿格里真托

法拉里斯的铜牛

　　僭主法拉里斯（Fálaris）的铜牛最早是诗人品达在公元前470年写的《皮媞亚》中提到过，这首诗为庆祝叙拉古的希罗在德尔斐的阿波罗神谕下举行的战车比赛中取得胜利而作。品达在诗中提醒叙拉古的僭主，做一个像吕底亚国王克罗伊索斯那样公正、慷慨的统治者，比做像法拉里斯那样的统治者要好，后者因把他的敌人放在铜牛中烧死而"在任何地方都有一个可憎的名声"。法拉里斯的残忍已经成为谚语。无论这位暴君的名声是他的后任政治家们为了创造一个负面传说而捏造的，还是事实，西西里的狄奥多罗斯在其《历史丛书》中记载，当迦太基人希米尔孔（Himilcón）在公元前406年围攻并洗劫叙拉古时，"他把最著名的物品送到迦太基，其中包括法拉里斯的铜牛"。根据狄奥多罗斯的说法，早在古代，铜牛传说就存在疑点："关于这头铜牛，蒂迈欧（Timeo）在其所著《历史》中断言，它从未存在过，但事实已经证明了它的存在。事实上，在征服阿克拉甘特（阿格里真托）约260年后，西庇阿在摧毁迦太基时将铜牛归还给了阿克拉甘特人……在我们写这篇历史时，它仍然在阿克拉甘特。"这里提到的是公元前146年的事件，当时罗马元老院命令西庇阿·埃米利安努斯（Escipión Emiliano）将迦太基夷为平地并撒上盐。波利比乌斯（Polibio）也证实了铜牛的存在。据他说，"当青铜变得通红，里面的人就会被烧伤直至烧死。当无法忍受的痛苦让他尖叫时，听到的人会感觉到一种哞哞的声音回响；这是由于铜牛在熔炼……它的背部中间有一个门，犯人就是从这里被扔进去的，门被关了起来"。

▲ 阿格里真托的僭主，从公元前488年开始统治，直到公元前472年去世。在他的统治下，这座城市经历了一段辉煌的时期。上图展现了法拉里斯铜牛的传说。

希腊宗教的基石

动物献祭在古希腊社会有非常的重要性，有一个神话可以解释其起源。著名的古希腊诗人赫西俄德在他的作品《神谱》中叙述道，"当人神分离时……普罗米修斯献上一头巨牛，但他勇敢地将其分割，以欺骗宙斯"。作者似乎在暗示先前人神共处的时刻，以及两人共同参加的宴会。提坦神普罗米修斯让宙斯在覆盖着牛脂的骨头和隐藏在皮下的牛肉之间做出选择，宙斯"双手抓住了白色的牛脂"。正如奥林匹斯山的至高神选择骨头和牛脂一样，普罗米修斯的恶作剧解释了希腊献祭中分配不均的原因，其中人类食用肉，而众神则食用献祭中燃烧的脂肪。总而言之：无论是人还是神，都需要祭祀仪式才能生存，这就是这种仪式成为古希腊宗教基石的原因。

▲ 在奥林匹亚宙斯神庙前方曾有一个巨大的祭坛，用于进行百牛祭和其他宗教仪式。现在仍然可以看到其遗迹，在远处可以看到赫拉克勒斯神庙的柱子。

■ 阿格里真托

康科迪亚神庙

这座建筑的名字来源于西西里历史学家托马索·法泽洛（Tommaso Fazello）在其周围发现的拉丁文铭文，他将其归于最初的建筑名称。然而，现在认为它与此无关。如前所述，阿格里真托的神庙名称是任意起的，没有科学研究来确定建筑的主神。除了奥林匹亚宙斯神庙，没有办法知道其他神庙的主神，因此决定给它们分配一个字母来作名称，而不冒险假设。根据这种分类，康科迪亚神庙分配到的字母是F。

这座多立克式神庙建于公元前440年左右，四面环绕着柱子：短边有6根，长边有13根，面积为16.9米×39.4米。它建在一个陡坡上，坐落在一个由四级台阶组成的基座上。这座建筑由前殿（pronaos）、内殿（cella）和后殿（opistodomos）

▶ 公元6世纪时，神庙改建为基督教教堂，进行了深度改造，后在18世纪修复时恢复了原貌。

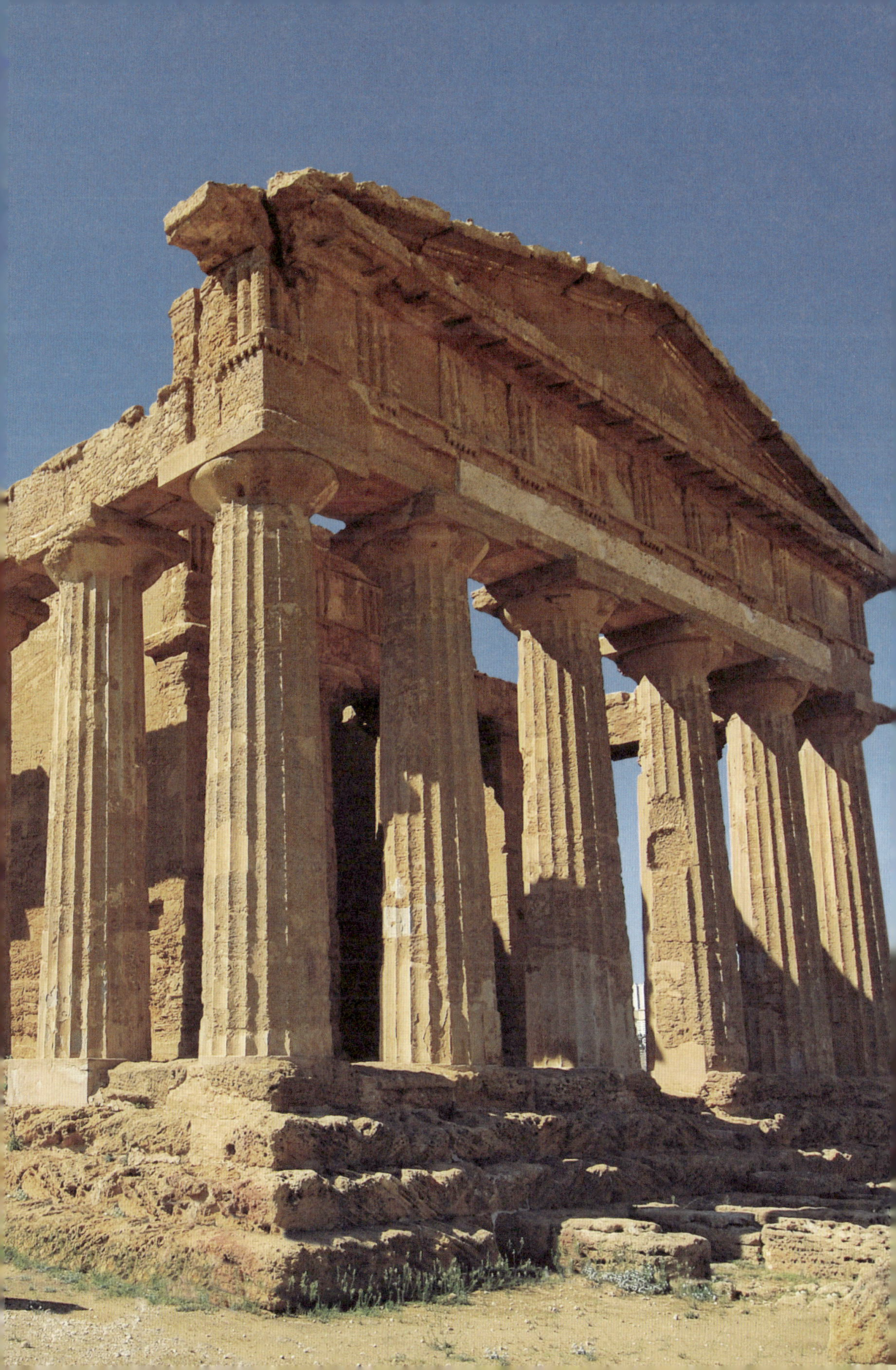

阿格里真托

组成。前殿的门廊中有内殿的入口，内殿是神庙中最神圣的地方，也是神像所在的地方。前殿的入口通常有两根柱子，分立两侧，这种设计称为"前廊"（in antis）。内殿的后面，与前殿相对的是后殿，这是保存神庙档案和存放祭品的地方。建筑的每根外柱高 6.7 米，由四个柱鼓组成。柱冠由多立克式的顶板（ábaco）、拇指圆饰（equino）和柱颈（collarino）组成。山墙上没有钉子或挂钩，表明没有用浮雕装饰。

和公元前 5 世纪的大多数古希腊神庙一样，该神庙中建有从前殿通往内殿入口两侧的楼梯。这些楼梯通往神庙的屋顶，尚不清楚它们是用于维护，还是具有某种仪式功能。该神庙还有一个显著的特点：位于外山墙里面的三角楣上有大开口，就像窗户或门一样。虽然最初认为它们是后来加的，但现在认为它们属于该建筑的原始设计。

这座神庙的另一个显著特点是内殿中没有柱子，而同一时期其他地方的神庙中都有柱子。楼梯的存在、柱子的缺失和内部三角楣的开

和谐的典范

这座美丽的神庙由于经过修复，比古代阿克拉加斯的其他神庙都保存得更好，其对称性和构造和谐性尤为突出。此外，它还是了解西西里岛西部希腊人特殊信仰的重要方式。

6 世纪末，这座神庙被改建为基督教大教堂后，其装饰大部分消失或被清除。

没有底座的多立克柱：直接立在神庙的地基上。

❶ 立面　外柱高度7米，有许多锐角凹槽和典型的多立克式柱冠，由顶板、拇指圆饰和柱颈组成。

❷ 门廊　在前殿中，有两根柱子位于内殿（圣室，里面装有神像）入口的两侧，这种设计被称为前廊。

神庙是周柱式的（四边被圆柱包围：短边6根，长边13根）。

山墙没有装饰，这似乎表明三角楣上没有钉子和挂钩。

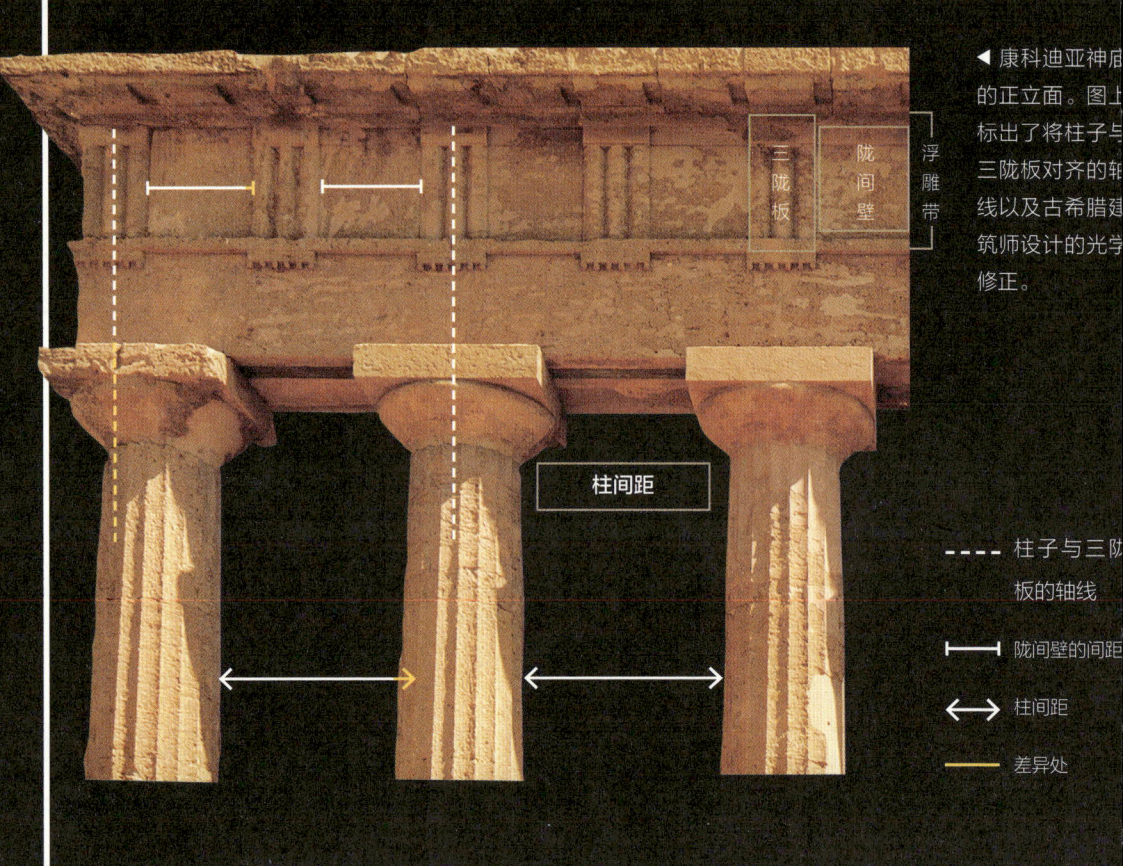

◀ 康科迪亚神庙
的正立面。图上
标出了将柱子与
三陇板对齐的轴
线以及古希腊建
筑师设计的光学
修正。

三陇板
陇间壁
浮雕带
柱间距

- - - - 柱子与三陇
板的轴线

├──┤ 陇间壁的间距

⟷ 柱间距

── 差异处

"拐角问题" 解决方案

古希腊神庙的所有结构都基于建筑元素之间的压力平衡。建筑师在建造之前通过数学计算来实现这种平衡。然而，古希腊人非常重视神庙的视觉感受，因此他们应用光学修正来增强和谐与完美的感觉。

多立克式风格的神庙存在一个特定的问题：如何解决所谓的"拐角冲突"，即像其他情况一样，使楣板的最后一个三角形与柱子形成一条轴线（见上图）。

多立克柱式是最古老的柱式，自公元前 7 世纪以来被广泛使用。在这种柱式中，浮雕带由两种装饰元素交替组成：三陇板和陇间壁。后者有时包含浮雕。这种交替旨在为整体带来和谐，使得三陇板的中心与柱子形成轴线，因此，人们说三陇板和柱子是对齐的。然而，在拐角处存在问题：如果遵循这种模式，中间的柱子会变得突出，突出在立面的两端。为了避免这种"不和谐"，希腊人提出了五种建筑方案（见下页图 1 至图 5）。

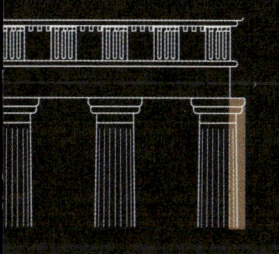

图1　在建筑上不进行任何修正，让柱子在立面的拐角突出。

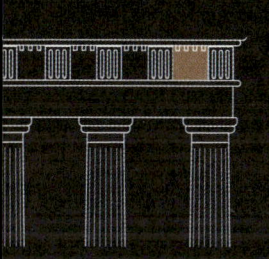

图2　将最后一块陇间壁稍微拉长一点，使三陇板中心与柱子形成轴线。

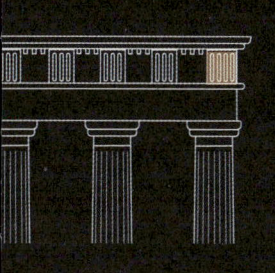

图3　拉长最后一块三陇板，与图2的目的相同。三陇板的花纹或凹槽恰好对应。

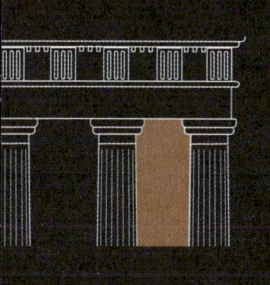

图4　缩小立面最后两根柱子之间的空间，使浮雕带以三陇板结束。

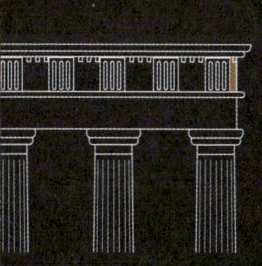

图5　在拐角处的檐口添加楣板，将神庙浮雕带多余的空间填满。

完美的视觉

为了追求更好的和谐与平衡，古希腊建筑师们构思了其他解决方案，通过不完美之处给人类留下了欣赏众神圣所完美之处的印象。下图中的细节被轻微放大以更好地展示。

① **圆柱微凸**　柱子的底部在中心处加宽，减少了直立柱子产生的凹陷效果。

② **倾斜效果**　柱子向内倾斜以避免倾倒的感觉。产生所谓的"金字塔效应"。

③ **改变宽度**　为了消除结构在该点的最大推力，外角柱变宽。

④ **修正距离**　柱间距（柱子间隔的空隙）并不总是相等的。这种"修正"旨在避免在中心出现聚集效应。

⑤ **调整曲率**　曲率增大和样式弯曲向上，以避免所谓的"屈曲效应"（即不要向中心弯曲）。这是补偿压力的一种方式。

> 阿格里真托

口让专家们推测,与古希腊宗教的普遍做法相反,这座神庙的内部一定在仪式实践中发挥了主要作用,也就是说,它必须对参加仪式的人开放。

考古学家强调了这座建筑的对称性和严谨的统一性。这就是为什么据说康科迪亚神庙不仅因其构图的和谐而成为古典时期西西里神庙最优秀的典范,而且还构成了古希腊特定信仰的最重要见证。

成为教堂的 1200 年

公元 597 年,阿格里真托的格雷戈里主教将康科迪亚神庙改造成了一座基督教教堂,他将原来的古希腊建筑改造成了供奉使徒彼得和保罗的大教堂。然后在内殿的墙上开了十二个拱门,并将柱间空隙封闭。入口设置在西侧,这意味着取消内殿和后殿之间的分隔,而主祭坛则设在旧的前殿。教堂一直使用到 1748 年,之后得到修复,并恢复到原始状态。

赫拉神庙

这座纪念赫拉·拉西尼亚（Hera Lacinia）的建筑位于遗址东南角的山丘上，也被称为朱诺神庙（这位女神的罗马名字）。根据最科学的分类，它被命名为 D 神庙。在该神庙西侧附近，是所谓的三号门遗迹，是阿格里真托城墙的入口之一。

对于这座神庙供奉的主神，人们知之甚少。专家们一致认为，奉献给赫拉是惯例，但在这种情况下，错误的来源也是已知的。拉丁史学家和科学家老普林尼（Plinioel Viejo）在他的《博物志》[48]（*Historia natural*，第 35 卷，64 页）中叙述了以下事实：据说当时阿格里真托的人们请著名的希腊画家宙克西斯（Zeuxis）为朱诺·拉西尼亚的神庙画一幅画，他在画之前"审视了那个城市的一些年轻裸女，并选择了五个人在他的画中再现她们每个人最值得称赞的地方"。然而，老普林尼在这段文字中可能犯了一个错误：宙克西斯的这件事可能并不是发生在阿格里真托，而是在克罗托纳，具体来说是在位于意大利南部塔兰托湾西部边界的拉西尼奥角（现在的科隆纳角）的赫拉·拉西尼亚神庙中，位于大希腊地区。西塞罗[《修辞学》(*La invenciónretórica*)，第二卷，1—3 页]和其他作者证实了这一点。另一个故事证实了拉西尼奥角的位置。根据西西里的狄奥多罗斯所说，这个海角的名字来源于一位古代国王，赫拉克勒斯带着革律翁（Geryon）的牛群返回希腊时，与克罗顿（Croton）一起将国王杀死。赫拉克勒斯预言："在未来的时代，会出现一个与死者同名的著名城市。"那座城市就是克罗托纳，其海角被命名为拉西尼奥角。西西里历史学家托马索·法泽洛（Tommaso Fazello）读过老普林尼的书，遂将这座建筑命名为朱诺神庙，并将其加入宙克西斯的故事中。事实上，他在其书中叙述了此事，并补充说在神庙中"有一幅绝妙的朱诺肖像画"。法泽洛这样命名这座神庙的原因是清楚的：他知道老普林尼所叙述的故事，一张女人的脸也似乎表明这

---

[48] 又译《自然史》。——译者注

阿格里真托

座神庙是献给女性神灵的。幸运的是，在这种情况下，可以追溯到这座神庙的错误归属，而在其他情况下这几乎是不可能的。

这座神庙可能建于公元前460年或公元前450年，从许多方面来看，它与康科迪亚神庙相似。事实上，有人认为这两座建筑可能是同一城市规划项目的一部分，甚至可能由同一位建筑师负责设计，因为这两个神庙几近相同。康科迪亚神庙在某些方面拥有的技术改进可能是由于该建筑师在赫拉神庙中尝试了一些解决方案，然后在另一座建筑中重新思考和改变了这些方案。总之，赫拉神庙很可能是康科迪亚神庙的建筑模型。

这也是一个古典多立克式的神庙：其平面尺寸为16.9米×38.1米，周围有柱廊（短边有6根柱子，长边有13根柱子），由前殿或带柱门廊、内殿和后殿组成。与古希腊

▶ 在这七座多立克式神庙中，赫拉神庙是位于神庙山最东端的，坐落在四级台阶的基座上。它与康科迪亚神庙采用了相同的建筑方案。

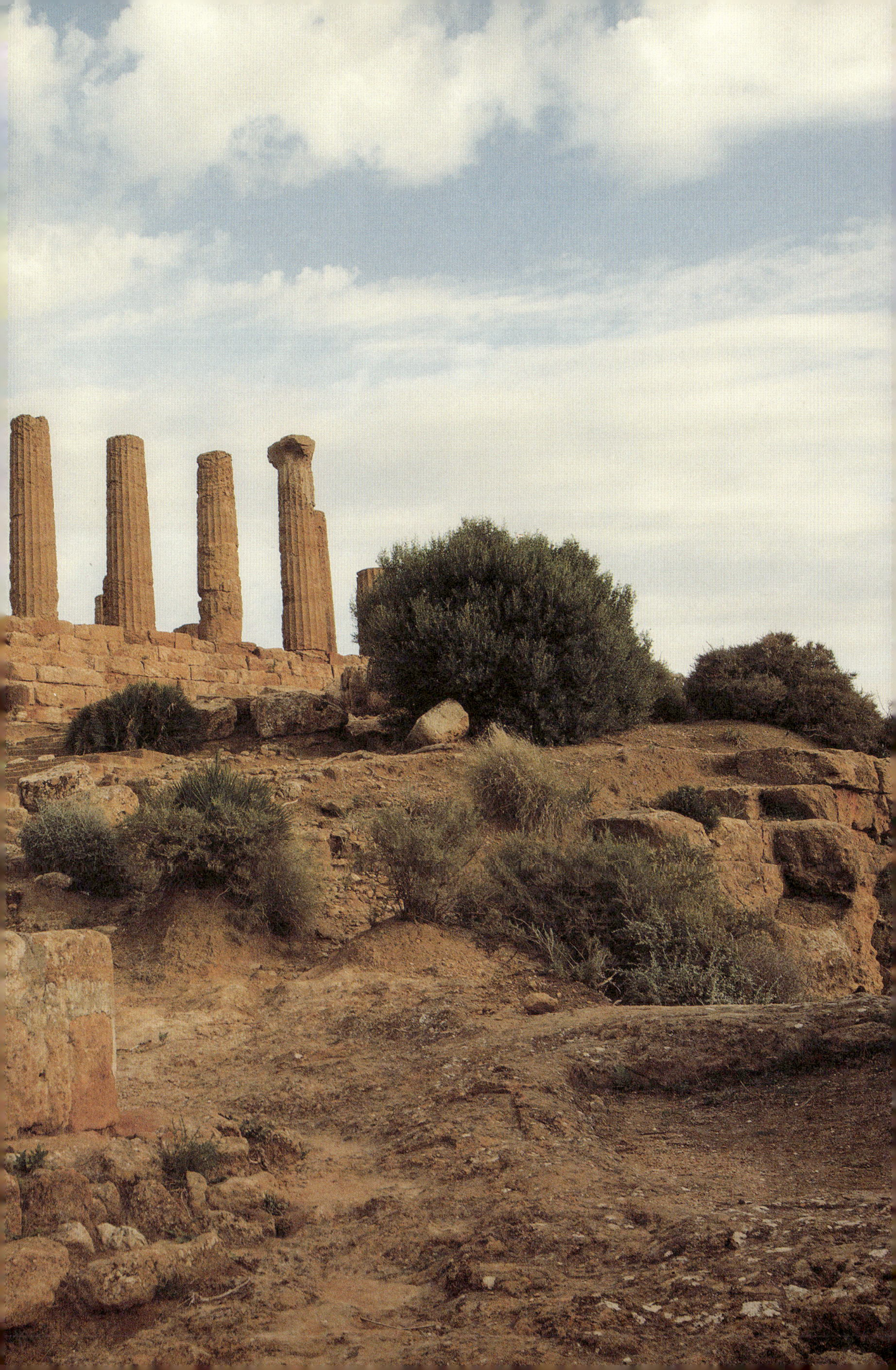

◼ 阿格里真托

西方的神庙一样，建筑物在前殿与内殿之间的门口两侧各有两座楼梯。柱廊有 34 根柱子，高 6.3 米，直径 1.7 米，由四个柱鼓叠加而成。整个建筑建在一个四级台阶的基座上。在东面的主立面前，有一个祭坛，几乎和内殿一样宽。在神庙后面的西侧还发现了一个水池。

内殿的墙上有些石头显示出公元前 406 年卡塔戈围攻并征服城市时的火灾痕迹。1787 年，该神庙经历了一次重建，重建了 34 根柱子中的 25 根。

双子神庙

赫拉·拉西尼亚神庙与阿格里真托的另一座著名神庙——康科迪亚神庙非常相似。一些考古学家认为，鉴于其相似性，它们可能是同一位建筑师的作品，他在这座建筑中尝试了几种解决方案后，在建造康科迪亚神庙时稍稍做了些改动。

在距神庙西南立面几米处建造了一个蓄水池，用于储存雨水。

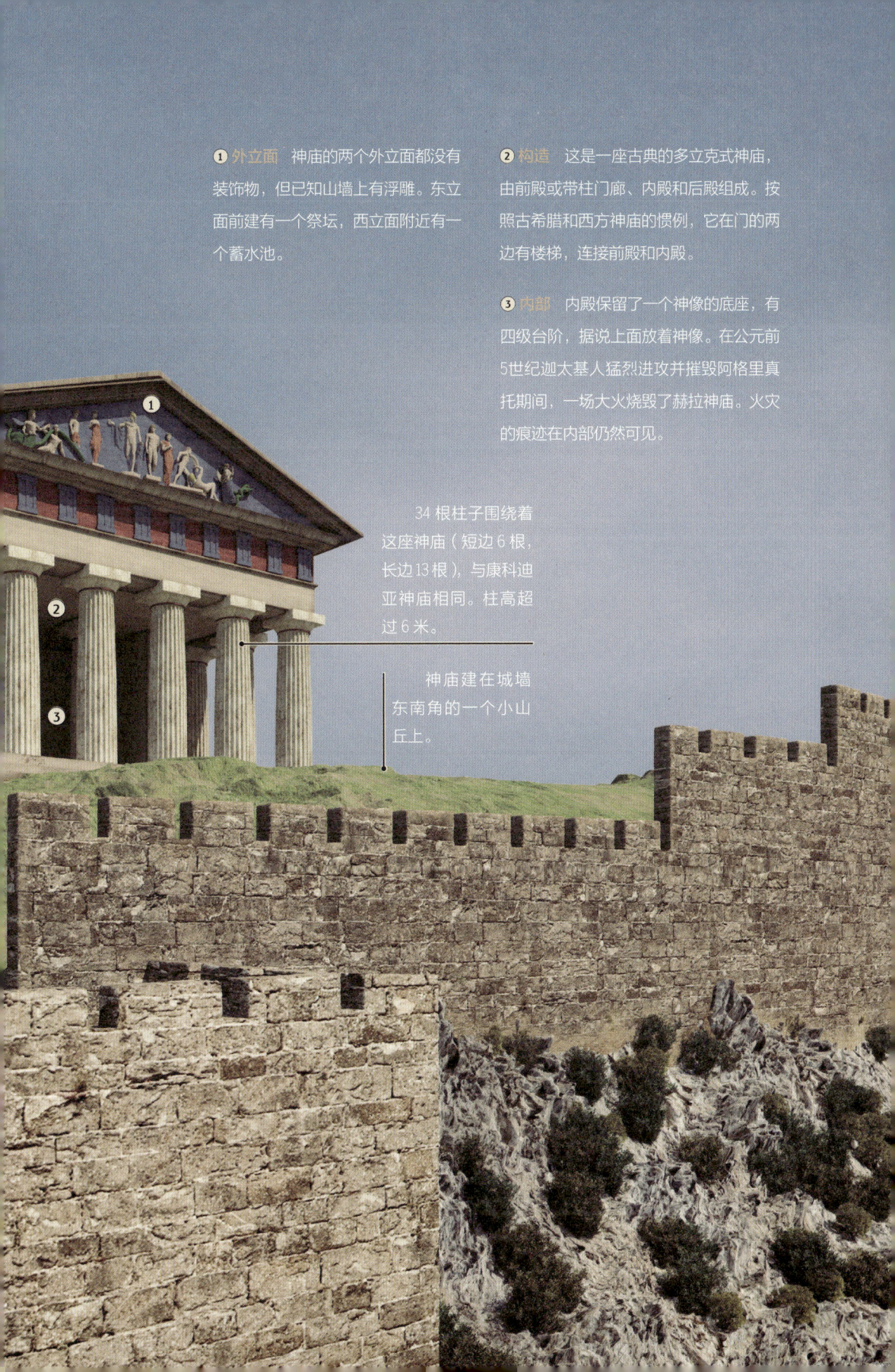

❶ **外立面** 神庙的两个外立面都没有装饰物，但已知山墙上有浮雕。东立面前建有一个祭坛，西立面附近有一个蓄水池。

❷ **构造** 这是一座古典的多立克式神庙，由前殿或带柱门廊、内殿和后殿组成。按照古希腊和西方神庙的惯例，它在门的两边有楼梯，连接前殿和内殿。

❸ **内部** 内殿保留了一个神像的底座，有四级台阶，据说上面放着神像。在公元前5世纪迦太基人猛烈进攻并摧毁阿格里真托期间，一场大火烧毁了赫拉神庙。火灾的痕迹在内部仍然可见。

34根柱子围绕着这座神庙（短边6根，长边13根），与康科迪亚神庙相同。柱高超过6米。

神庙建在城墙东南角的一个小山丘上。

■ 阿格里真托

赫拉克勒斯神庙

靠近城墙四号门，紧邻"金色领地"——阿格里真托的赞助人亚历山大·哈卡斯尔为自己建造的豪宅，赫拉克勒斯神庙（在考古学术语中命名为 A 神庙）的遗迹耸立在一座小山上。在该遗址的所有多立克式神庙中，这座神庙是最古老的。其建造的确切时间尚不清楚，但据信在公元前 500 年至公元前 480 年。这一事实意味着，在公元前 6 世纪末，阿格里真托已经是一座稳固而繁荣的城市，甚至可以通过建造这座神庙来庆祝它的伟大。在希梅拉战胜迦太基人（公元前 480 年）后，阿格里真托的财富和奴隶增多，开始建造其他神庙，包括壮观的奥林匹亚神庙。

由于年代久远，赫拉克勒斯神庙独具特色：它有 6 根短边柱子和 15 根长边柱子，不符合其他多立克

▶ 神庙的西南侧是今天唯一可见的一侧。它的15根柱子中有9根或全部都在20世纪初重建过，现在它们或缺了柱冠或缺了柱础。

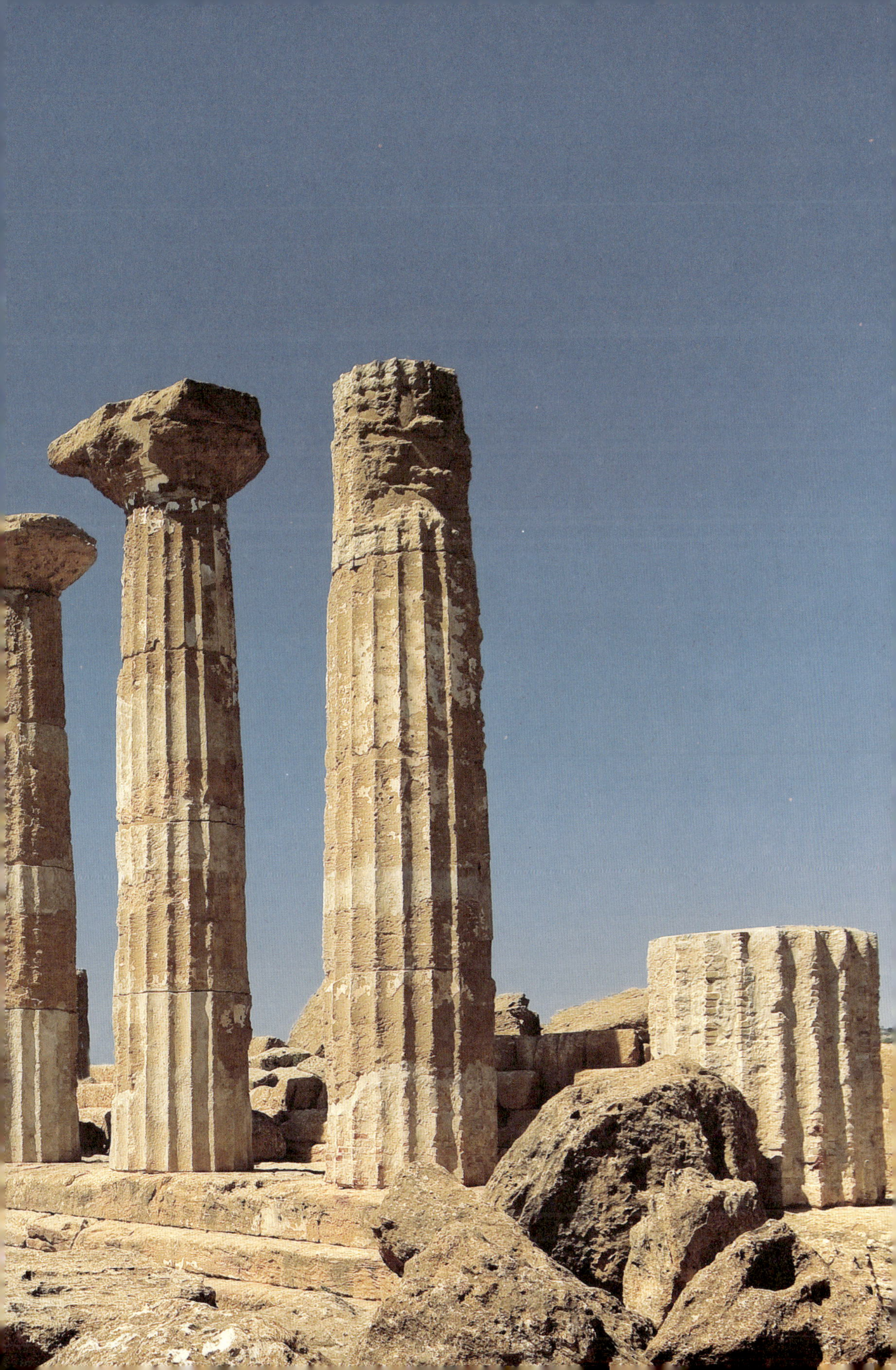

奇特的神庙

献给赫拉克勒斯的圣殿，还有奥林匹亚神庙，都是阿格里真托所有多立克式神庙中较为独特的。然而，除了一个显而易见的特点外，赫拉克勒斯神庙的特殊之处并不容易察觉：它是所有神庙中最长的，其长边有 15 根柱子，而不是通常的 13 根。

① **内殿** 内殿没有柱子，这是一个 330 平方米的开放空间，可能在其中举办一些人们可以进入内殿的宗教仪式，这在古希腊宗教中是不寻常的，因为仪式通常在神庙外进行。

一尊赫拉克勒斯雕像原本应该放在内殿的核心区。西塞罗曾经说过，由于那些崇拜神明的人们的不断亲吻，赫拉克勒斯的嘴唇和下巴已经磨损得相当厉害。

② **山墙** 在主立面的三角楣里有丰富的雕刻装饰。然而，目前还不确定这些装饰所描绘场景的主题是什么，可能是提坦之战（奥林匹斯众神与提坦的战斗）。

所谓的阿格里真托"战士"的形象可能是东部山墙浮雕带的一部分。

建筑采用了狮头作为装饰的花纹，也发现了棕榈叶的装饰。

这些柱子比赫拉神庙和康科迪亚的多立克神庙高出三分之一。

阿格里真托

山墙上的战士雕塑

　　1940 年,在宙斯神庙区域的挖掘中发现了一名战士的大理石躯干。后来又发现了其他残片,一条大腿和一只左手(在同一座宙斯神庙的南侧发现),以及一颗头(在赫拉克勒斯神庙的北侧发现)。这些碎片埋在深坑中,似乎证实了整个下阿戈拉的宙斯和赫拉克勒斯神庙都在公元前某个世纪进行了重建。甚至有迹象表明奥林匹亚神庙变成了一个防御据点,正如西西里的狄奥多罗斯所指出的那样,当迦太基人在公元前 254 年围攻城市时,他们部分地摧毁了城墙,农民们逃到宙斯神庙避难,这就是这个区域存在蓄水池的原因。这座"严肃风格"的雕塑很可能属于赫拉克勒斯神庙的山墙。如果这个山墙像宙斯神庙的山墙一样描绘了一场提坦之战,那么这座雕塑既可以被认为是被赫拉克勒斯杀死的库克诺斯(Cicno)的形象,也可以被认为是一个提坦。甚至有人认为这座雕塑可能是著名雕塑家毕达哥拉斯·德·雷吉奥(Pitágoras de Regio)的作品。

▲在赫拉克勒斯神庙和宙斯神庙区域之间,发现了战士雕塑的残片。普遍认为它是赫拉克勒斯神庙前端的浮雕之一。
🏛 阿格里真托考古博物馆

◀工作人员对战士雕塑进行了理想化的修复,使其形象完整,以尽可能接近其原始样貌。

神庙的 6×13 的规范（除了宙斯神庙）。经典的规范要求侧面柱子的数量与正面柱子的数量成比例，可以是两倍，或者两倍加一（就像阿格里真托的其他多立克式神庙一样）——甚至是两倍加二。因此，与其余神庙相比，该神庙相当长（25.3 米 × 67 米），这赋予了整个建筑群一种特殊的外观。

这座神庙建在三级台阶上，由带有两根柱子的门廊、内殿和后殿组成。此外，由于其在北侧和南侧延伸的独特设计，它拥有一个 330 平方米的开放式内殿，因为与当时的希腊相比，西方希腊的神庙通常没有内部柱子。也许，就像其他阿格里真托的神庙一样，这个巨大的内殿可能举行了人们可以进入的宗教仪式，这在古希腊宗教中是一个例外，因为仪式通常在祭坛外进行。

差异

赫拉克勒斯神庙还有其他特点，第一个特点是柱子顶端的形状。其多立克式柱冠分为三部分：柱颈——连接柱身和柱冠的部分，拇指圆饰——柱冠上方的圆形部件，以及顶板——放置在拇指圆饰和顶梁之间的方形部件。但是赫拉克勒斯神庙柱冠的拇指圆饰比普通的要宽，似乎被顶板"压扁"了。

第二个特点在内部，它很重要，因为它是一个只出现在神庙外部的特征：在柱顶的最高区域——檐口（mútulos）——带有檐板（geison）。檐板指的是檐口的下部，山墙装饰位于其上，而飞檐托块是在檐口下雕刻的一些石板。从结构上讲，这个细节是多余的，与神庙的建造无关，它只是一种装饰元素，没有它，神庙也不会受到影响。有人认为这也是古代的一个特点，试图"制造一个内外一致的神庙"，因此内殿（神庙的主殿）也像外部一样装饰。

对于其内部的装饰，研究者所知甚少，根据历史学家托马索·法泽洛的说法，内殿有著名画家宙克西斯送给阿格里真托的阿尔克墨涅画作。正如老普林尼所说，在这幅画作中，宙斯坐在宝座上，脚下是赫拉克勒斯，后者在母亲阿尔克墨涅的面前勒死了两条蛇。

◀ 赫菲斯托斯神庙远离神庙山中的其他圣殿，建在西端。从遗迹照片中，可以看到一根柱子，位于神庙的一侧。

神像

　　这座神庙被认定为供奉赫拉克勒斯的神庙，是由于西塞罗的这段话："在阿格里真托有一座赫拉克勒斯神庙，离主广场不远，非常神圣，受到他们的敬仰。"[《反维勒斯》(Contra Verres)，第四卷，94页] 这使法泽洛认为这个主广场是城市的下层广场，它位于宙斯神庙和赫拉克勒斯神庙之间。

　　西塞罗在他对西西里行省总督盖乌斯·维勒斯（Gayo Verres）的著名指控中讨论了这一问题，指控其在管理该行省期间犯下的错误。当他谈到赫拉克勒斯神庙时，他还描述了里面的雕像："那里矗立着一尊赫拉克勒斯本人的铜像，我很难说我见过比它更漂亮的东西……尊敬到了极点，审判官们，它的嘴和下巴都磨损得厉害，因为在祈祷和感恩时，人们不仅崇拜它，还亲吻它。"西塞罗在描述了雕像和人们对它的崇拜之后，讲述了一队奴隶在一个叫蒂马奇德（Timárquides）的人的指挥下，在维勒斯的命令下，如何撬开锁冲进神庙，进入内殿拆除雕像，并试图偷走它。听到神庙守卫呼喊，阿格里真托人从家里出来，带着武器去了圣殿。当他们到达时，他们用石头砸小偷，小偷被迫放弃了英雄的雕像，只带走了两个非常小的雕像，以免空手回到海盗面前。

西塞罗所说的雕像有可能是自神庙建成以来一直供奉的那座雕像，但没有任何证据可以证明这一点。不管是什么情况，可以肯定的是，在建造四百年后，这座神庙仍然是极受崇敬的对象。

赫菲斯托斯神庙

赫菲斯托斯神庙（或称火神庙、G神庙）位于神庙山的西端，靠近城墙的六号门和七号门，略微偏离城南神圣区域的其他圣殿。这可能是在城市中建造的多立克式六柱式（即正面有6根柱子）神庙系列中的最后一座。像其他神殿一样，它的名称是任意起的，是由法泽洛对阿格里真托的描述所决定的。他告诉我们，神殿所在的山丘被称为"火神山"，神殿因此得名。

这是一座多立克周柱式神庙（由柱子包围），短边和长边分别有6根和13根柱子，每根柱子由四个最大直径约1.5米的柱鼓组成，因此柱子的高度达到了6.1米。今天只有其中两根柱子（属于长边）仍在。

神庙面积为17米×35.3米。这座神庙由前殿、内殿和后殿组成。有迹象表明它始建于公元前430年左右，但柱子和构成四级台阶的平台上的石块似乎表明这座神庙从未完工。

考古发掘在内殿中发现了一个更古老的小殿，可以追溯到公元前6世纪，其中保存了部分用于装饰的彩色陶器，装饰精美，工艺精湛。这次发掘也归功于亚历山大·哈德卡斯尔（Alexander Hardcastle）的赞助，他在1928年至1929年购买了这座遗址，并将其移交给意大利政府，以便他们开始工作，由皮罗·马尔科尼（Pirro Marconi）负责。在挖掘之前，他亲自报告了这些遗迹在数个世纪的盗掘中所处的恶劣环境。

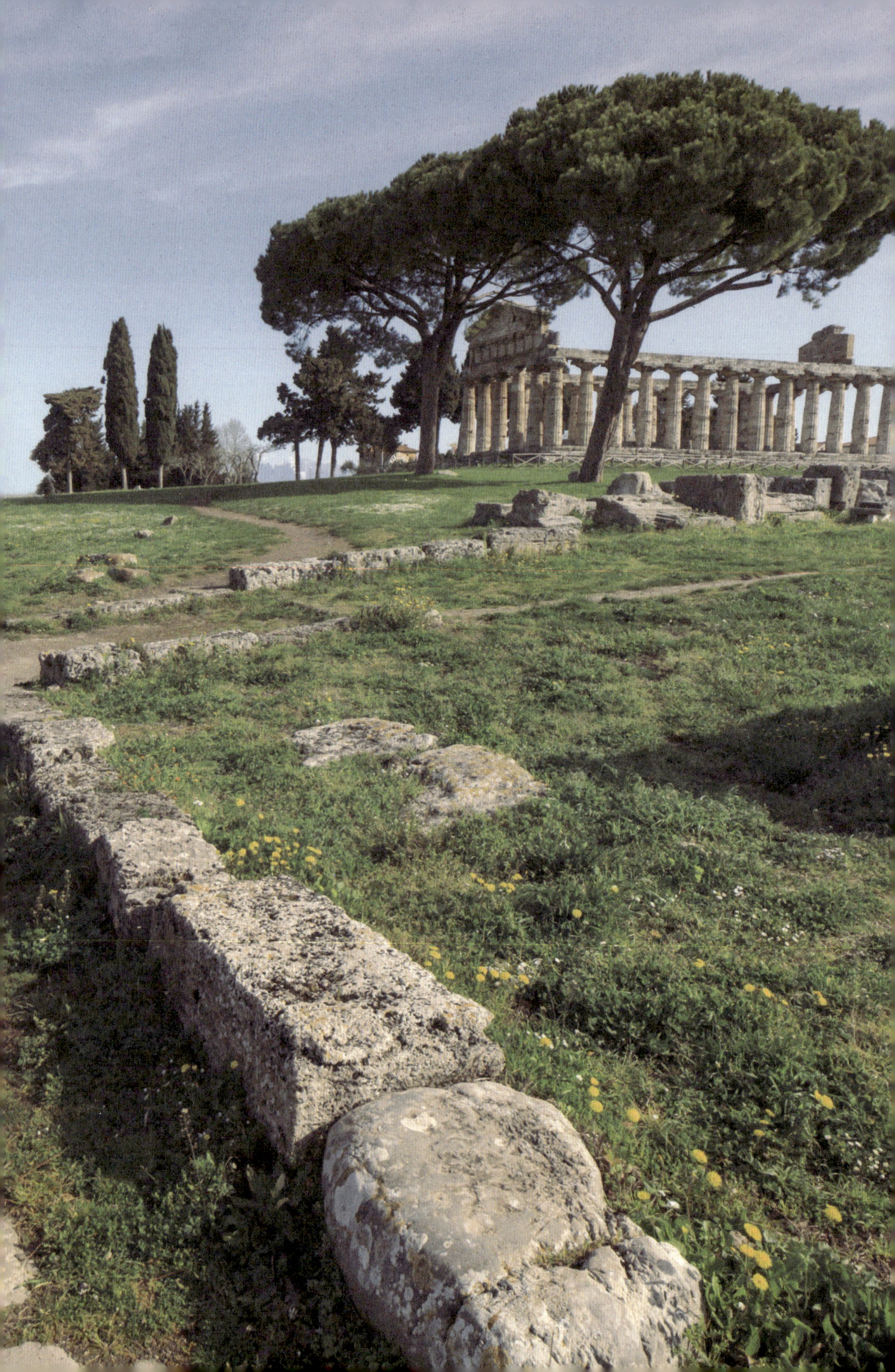

波塞冬尼亚

波塞冬尼亚最初是希腊的殖民地,因被卢卡尼亚人占领,最终成为罗马的城市,称为帕埃斯图姆(Paestum)。它不拘一格的历史和文化,以及它的财富和繁荣,使它成为意大利半岛南部的一个独特城市。

希腊的殖民地

位于萨莱诺湾（Salerno）战略要地和塞莱河口（Sele）附近的希腊殖民地，最初名为波塞冬尼亚，后被卢卡尼亚人占领，最终成为罗马的殖民地，命名为帕埃斯图姆。

① 赫拉神庙一号	⑤ 次街	⑨ 蓄水池	⑬ 黄金门
② 赫拉神庙二号	⑥ 竞技场	⑩ 英雄祠	⑭ 海妖（塞壬）门
③ 主街	⑦ 公民集会场	⑪ 议事厅	⑮ 正义门
④ 广场	⑧ 和平神庙	⑫ 雅典娜神庙	⑯ 海之门

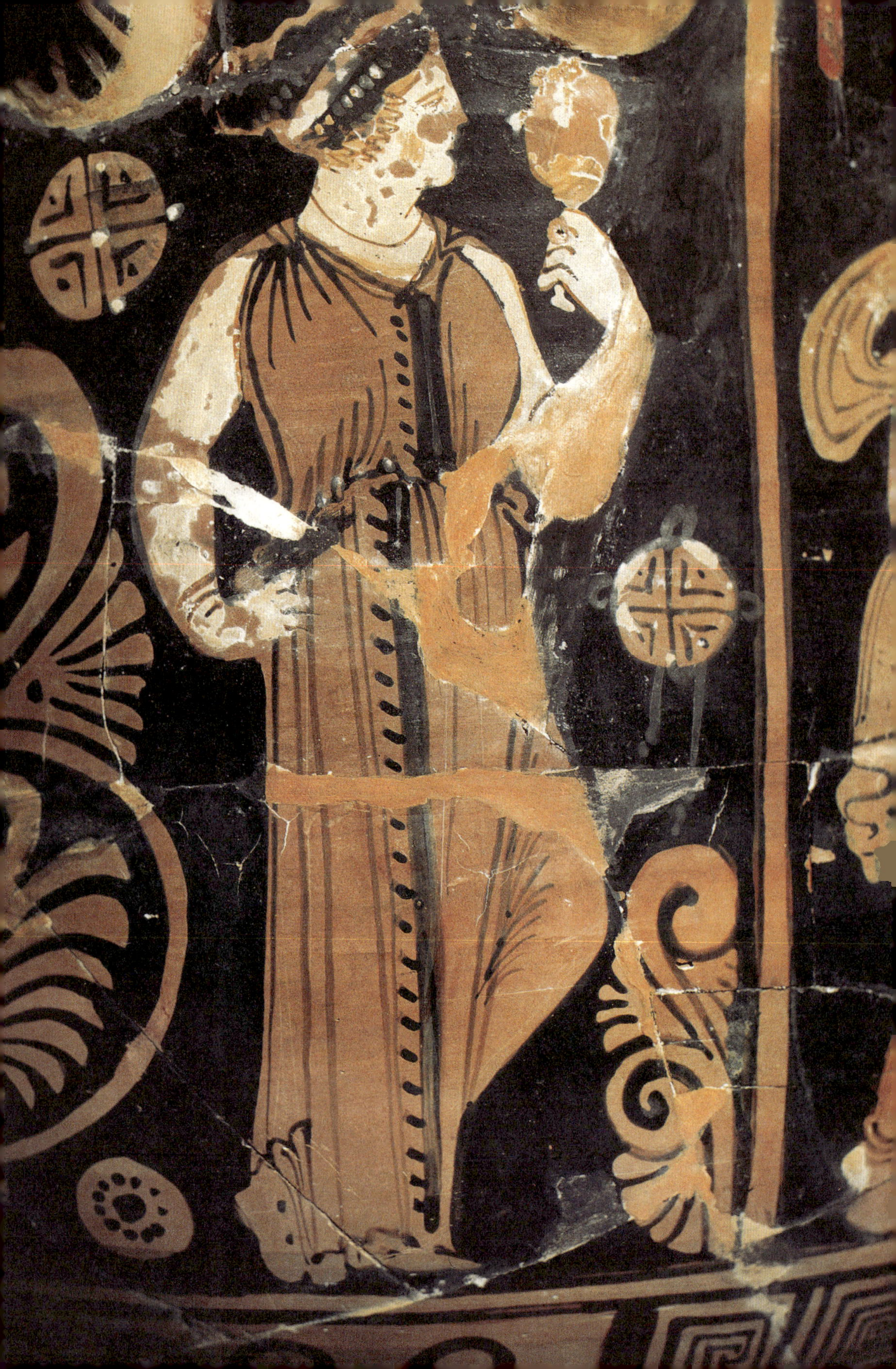

大希腊殖民地

从公元前8世纪中叶起,许多古希腊城市经常进行领土扩张,它们在希腊半岛城市的高密度、人口增长和土地限制等原因驱动下寻找新的领土,以便有一个令人满意的出路,并避免潜在的冲突。于是希腊人选择在远离海岸的地方建立新的城市,这些城市最初与其大城邦有着强烈的社会和宗教联系,但在政治和经济上是独立的。随着时间的推移,这些联系被打破,只剩下记忆和情感纽带。这整个扩张过程被称为"希腊殖民化"。殖民地分布在地中海各地,从小亚细亚海岸到伊比利亚半岛。

从公元前720年开始,希腊城邦开始在意大利半岛南部建立殖民地,锡巴里斯(Sibaris)、克罗托纳(Crotona)和塔兰托(Taranto)是殖民的第一阶段建立的。

随后,这些第一批殖民地的进步带来了新的需求,拥有更多农业和畜牧业用地以及新的商业中心,这些至关重要。为实现这一目标,第二波殖民浪潮在公元前650年至公元前550年,席卷了西西里岛和意大利半岛南部。

在这个阶段,先前建立的殖民地复制了大城邦的殖民化过程,并反过来创造了新的城市。正是在这第二次扩张时期,波塞冬尼亚诞生了,它是另一个殖民地锡巴里斯的领地。自罗马时代以来,占据整个意大利南部的由希腊血统人口组成的一系列殖民地及其领土就被称为大希腊。

■ 波塞冬尼亚

赫拉神庙

根据帕埃斯图姆的考古记录提供的数据，很明显第一座建于殖民地波塞冬尼亚的圣殿是献给女神赫拉的神庙，但在 18 世纪它被误认为是大教堂。这座神庙建于公元前 6 世纪中叶，由于在建筑物内发现了众多小雕像，因此这座神庙的归属似乎很明显。

在这座伟大的神庙建成几年后，在城市的另一侧，也是最高处建造了另一座神庙，这是献给雅典娜的。在第一座神庙建造一百年后，波塞冬尼亚的殖民者决定建造第三个神圣的场所，专家们认为这又是献给赫拉的，这解释了它与殖民地原始神庙之间的距离。然而，18 世纪的早期研究错误地将这座建筑归属于海神波塞冬，毫无疑问是因为它在

▶ 两座赫拉神庙的全景。位于城南，相隔数米。两座神庙的建造时间相差一百年。

◀◀ 陶器上的绘画细节。该陶器是在帕埃斯图姆发现的。

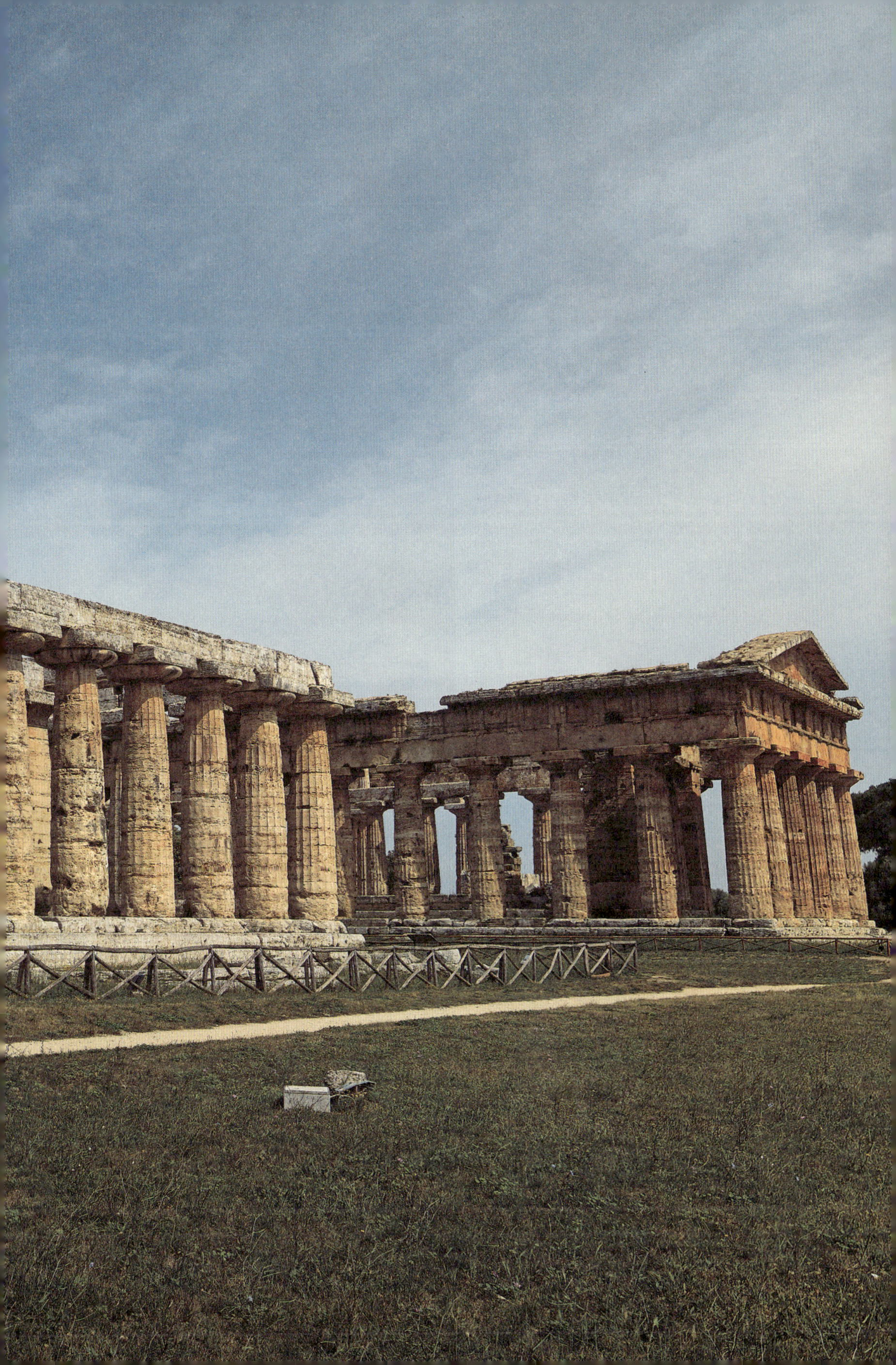

■ 波塞冬尼亚

城市中的重要地位，以及需要将其与殖民地同名的神庙联系起来。尽管后来的挖掘发现了与赫拉女神有关的小雕像，但还有其他研究支持这个假设，即这座神庙也可能是为了崇拜海神波塞冬而建造的。

这三座宏伟的神庙最突出的特点之一是，它们使我们能够观察到多立克式风格在同一座城市建筑中的演变，从最早的公元前6世纪到公元前5世纪中叶。帕埃斯图姆的三座神庙显示出如此有趣的共性和显著的差异，因此自18世纪以来，它们被解释为希腊古典艺术和建筑的典范。

圣殿，一座独特的神庙

公元前550年左右，帕埃斯图姆出现了最古老的希腊神庙，它已经存在了2500多年。这是一个周围有柱廊的神庙，正面有9根柱子，侧面有18根柱子，宽26米，长55.7米。正面和侧面柱子的数量意义非凡。首先，迎接游人的9根柱子是一个不寻常的选择，同样地，长边上的柱子数量加倍也不寻常，因为

古典多立克式的参照

两座建筑相距不远，建成时间相隔一个世纪，是多立克式古典建筑的代表。在两座建筑附近发掘出的陶土祭祀像证实了对女神赫拉的共同崇拜。

神庙的两侧各有18根柱子，这是该建筑的另一个独特之处，因为侧面的柱子数量通常是正面的两倍加一根。

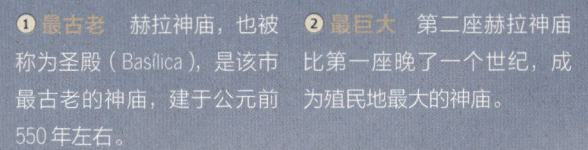

❶ **最古老** 赫拉神庙，也被称为圣殿（Basilica），是该市最古老的神庙，建于公元前550年左右。

❷ **最巨大** 第二座赫拉神庙比第一座晚了一个世纪，成为殖民地最大的神庙。

❸ **平坦的山墙** 两座神庙的山墙都缺少雕塑装饰，这可能因为帕埃斯图姆地区缺乏大理石。

缺乏装饰。山墙缺乏装饰的设计让最初的考古专家们产生了疑惑，他们认为这是一座教堂。

檐口装饰着狮子头，顶部是棕榈树。

浮雕带上的三陇板和陇间壁没有任何雕刻装饰，但是涂上了鲜艳的颜色，增添了生气。

柱子在轴心处有一定凸度，这增强了整体的美感。

正立面的柱子数量为9根，是古希腊建筑中的一个独特现象。

公共祭祀区，有雕像和祭坛，人们聚集在这里祭祀神灵。

■ 波塞冬尼亚

通常的做法是长边柱子的数量是短边柱子数量乘二再加一根。

9根柱子的正立面是早期希腊多立克式风格中独特的建筑方案，另外还有其他有趣的例子，比如梅塔庞托（Metaponto）的B庙，其短边也有9根柱子，因其山墙没有雕塑和装饰，有研究者将这座神庙错误地认为是一座世俗建筑。

神庙内部空间遵循了希腊古典神庙建筑中被认为是规范的结构，由前殿、内殿和后殿组成。前殿是由3根柱子组成的正面，通过两个对称的门与内部的神殿（或内殿）相通。这座神庙引人注目的另一个元素可能是在内殿中央建造了一排柱子，将房间沿轴线分成两个相等的部分，有两个独立的入口。这种划分使一些学者认为，该神庙可能供奉了两个不同的神灵。

这座建筑的另一个有趣元素，也加强了它的古老特色，就是它的柱子呈现出微妙的膨胀感，这使整个建筑更美观。柱顶的柱颈处有优雅的植物图案装饰，显示出迈锡尼建筑传统的重要影响。

部分浮雕带保存了下来，这些浮雕带显示出典型的三陇板和陇间壁的结构。神庙的屋顶由木梁支撑，以美丽的檐口为界，长边上装饰着狮子头，周边则是带棕榈叶和莲花的装饰。这些陶土装饰被认为是大希腊地区最重要的建筑装饰品之一。

神庙入口的对面是祭坛。由于发现了一件祭品和一块铭文，研究者确定了该神庙供奉的是赫拉女神，但也有一种关于该神庙有双重归属的假设，提出这一假设主要因为内殿被分成两个空间和发现了一件带胡须和皇冠的男性陶土雕像碎片。

考古学证据显示，在罗马人统治帕埃斯图姆的年代，这座建筑没有具体的用途。

尼普顿（波塞冬）神庙

在公元前5世纪，当波塞冬尼亚的很大一部分地区已经城市化时，殖民地的居民决定在南部神圣区域内建造另一座神庙，它长60米，宽25米，将成为城市中最大的神庙。这座新神庙是所有西方殖民地中最完整的多立克式建筑的范例。它的用途仍然值得怀疑，尽管各种假设都围绕着城市的守护神海王波塞冬、天后赫拉（基

巨大的装饰财富

　　波塞冬尼亚的早期赫拉神庙保存了该遗址最独特的建筑元素之一,在那里发现檐口的各种碎片,仍然保持着原来的装饰和颜色,是大希腊建筑中最精致、最复杂的例子之一。这些由陶土制成的碎片记录了意大利南部特色建筑模式的演变过程。檐口由一种"西西里风格"的石板(thrinkos)覆盖,呈现出一个由多立克式柱叶装饰所环绕的花边。侧面装饰着假狮身怪兽,上面绘有几何图案。最后,整个结构由带有花瓣形状的大型前缘装饰,交替使用红色和黑色,呈现出类似于意大利南部文献中记录的美感。

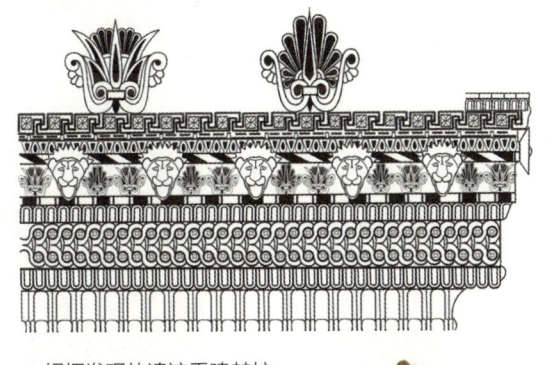

▲ 根据发现的遗迹重建赫拉神庙的檐口。

▶ 这是神庙檐口的一部分,保留了部分装饰和原始颜料。
🏛 帕埃斯图姆国家考古博物馆

波塞冬尼亚

于这样的理解：这座新的神庙取代或补充了另一座供奉赫拉并位于同一建筑群内的神庙）或阿波罗神。

这第二座神庙是周柱式和六柱式（正立面有6根柱子），建在一个三级台阶的标准柱基上，使用了波塞冬尼亚当地的石灰石建造，但表面覆盖着白色灰泥。它的山墙，就像第一座赫拉神庙一样，没有雕刻装饰，这可能是因为该地区缺乏雕刻用的大理石，也没有发现其他用雕刻的材料。浮雕带上的三陇板和陇间壁上也没有装饰，但很可能涂上了鲜艳的蓝色和红色颜料，使整个建筑群非常华丽。在柱子上方有一些装饰有植物图案的柱头和柱顶。

尽管这座神庙的柱子比例适当，但其建筑因柱子过于夸张而给人以沉重的感觉。

内部布局遵循基本空间的传统结构：前殿、正殿和后殿。进入正殿需要通过一扇宽敞的门，还需要上三级台阶，因为它位于较高的水平面上。这座建筑最独特之处是在大殿内立着两排较小的柱子，每排7根，将空间分为中央大殿和两边过道。同时，还有第二层柱子，可以支撑和承载神庙的屋顶重量，增加了大殿的高度，使其足够宽敞，可以容纳一尊巨大的神像。一条石灰石阶梯可以通往上层走廊，从那里可以看到雕像并进行屋顶的维护。

这个结构与另一个重要的神庙——奥林匹亚的宙斯神庙有很多相似之处。因此，传统上认为帕埃斯图姆神庙的内殿有意复制了奥林匹亚宙斯神庙的内殿。这种类比也使人们可以推断波塞冬尼亚神庙是在奥林匹亚神庙之后建造的，后者的建造可以

追溯到公元前5世纪中期。

神庙外是公共祭拜区，那里有祭坛。与神庙有关的两个不同的祭坛都有记录：第一个与神庙同时建造，比另一个年代稍远；第二个属于罗马时期。

对于这座建筑在罗马时期的用途，没有太多疑问：发现了一组代表医药神的祭品，表明这座神庙是献给阿波罗的。此外，在两座神庙之间还发现了一尊美丽的罗马时期银像，描绘的是阿波罗神。

▲第 座赫拉神庙的内部，也被称为大殿。前景是将神庙的内殿分成两部分的一根柱子的底座，背景是西面的9根柱子。

■ 波塞冬尼亚

古希腊神庙的第二层柱子

　　古希腊神庙的内殿需要足够的空间来容纳神像。通常，通过建造第二层柱子来增加神庙的高度。这种方法还可以提升神庙的稳定性，两层柱子共同支撑整个屋顶。比如，在帕埃斯图姆的尼普顿神庙中，第二层是一个限制进入的走廊，祭司们可在那里进行私人崇拜和其他仪式。幸运的是，这些第二层柱子的一部分至今仍保存完好。18 世纪的艺术家和版画家，如皮拉内西（Piranesi），描绘了这座神庙的独特之处，提高其轮廓的高度并赋予其版画更多的情感内涵。

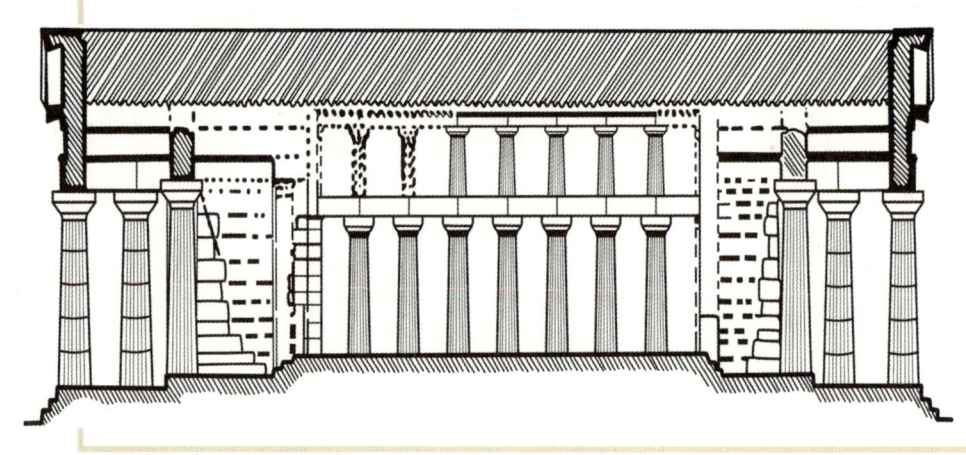

◀ 帕埃斯图姆尼普顿神庙的一部分，可以看到内殿的两层柱子。

▲ 来自塞勒河口的赫拉圣殿的陶器灯。塞勒河口的赫拉圣殿是帕埃斯图姆地区献给赫拉女神的第三座圣殿。
🏛 帕埃斯图姆国家考古博物馆

圣地规划

　　古希腊大城邦并没有一个统一的城市设计系统，而是取决于许多因素。然而，从公元前 5 世纪初开始，米利都的希波达莫斯（Hipodamo de Mileto）确立了正交性原则，应用于城市地块的设计。

　　对于不同的古希腊大城邦来说，每个新的殖民地都代表着一块空白画布——一个没有建筑物的空间，使其能够规划、试验和构建新的城市。神圣空间、公共空间和住宅的位置取决于意识形态和实际因素，显然还取决于地形。

波塞冬尼亚最初的城市规划中最有趣的方面之一是主要神圣空间的位置。在这个殖民地中，按照与梅塔庞托类似但与其他古希腊殖民地非常不同的模式，设计了一个轴线，两个神圣区域守护着城市的政治中心。这种布局似乎显示了宗教崇拜对最初居民的重要性，因为城市的政治发展依赖于大型神庙，即城市中神的"住所"。

事实上，这种布局直到中世纪城市衰落和之后被弃置时才改变。因此，在罗马时期，公共区域仍然位于两个神圣区域之间。在这个宽敞的空间中，既有论坛，也有其他公共建筑：议事厅、市场、公民集会场，甚至还有一个圆形剧场。

▲ 第二座赫拉神庙（也被称为尼普顿神庙）的主立面。它的结构让人想起建于公元前5世纪中叶的奥林匹亚宙斯神庙。

■ 波塞冬尼亚

英雄神殿

古希腊社会对宗教非常虔诚。他们为不同神祇献上祭坛和神殿，并定期举行宗教仪式，这使得公民能够更加自信地面对未来。除了众神，古希腊社会还崇尚其他类型的人物，这些人物更接近人，在某些情况下，还有更具体的历史，他们就是英雄。这些具有神话或半神话起源的人类，由于卓越的功绩接近了奥林匹斯山。

许多古希腊城市通过建造英雄神殿来向他们的英雄致敬，这些神殿通常建在墓地或荒冢上。对于城市来说，这些场所非常重要，甚至城市之间的争端可能会以胜利者窃取或抢夺英雄的遗骸而告终。例如，斯巴达就夺走了在特吉亚（Tegea）的俄瑞斯忒亚（Orestes）的遗骸。

波塞冬尼亚作为一个古希腊殖

▶ 英雄神殿在波塞冬尼亚城中占有突出的地位。在图片中，可以看到被挖掘出来的建筑结构的一部分。这是一个没有开口的矩形建筑，有一个山墙屋顶。

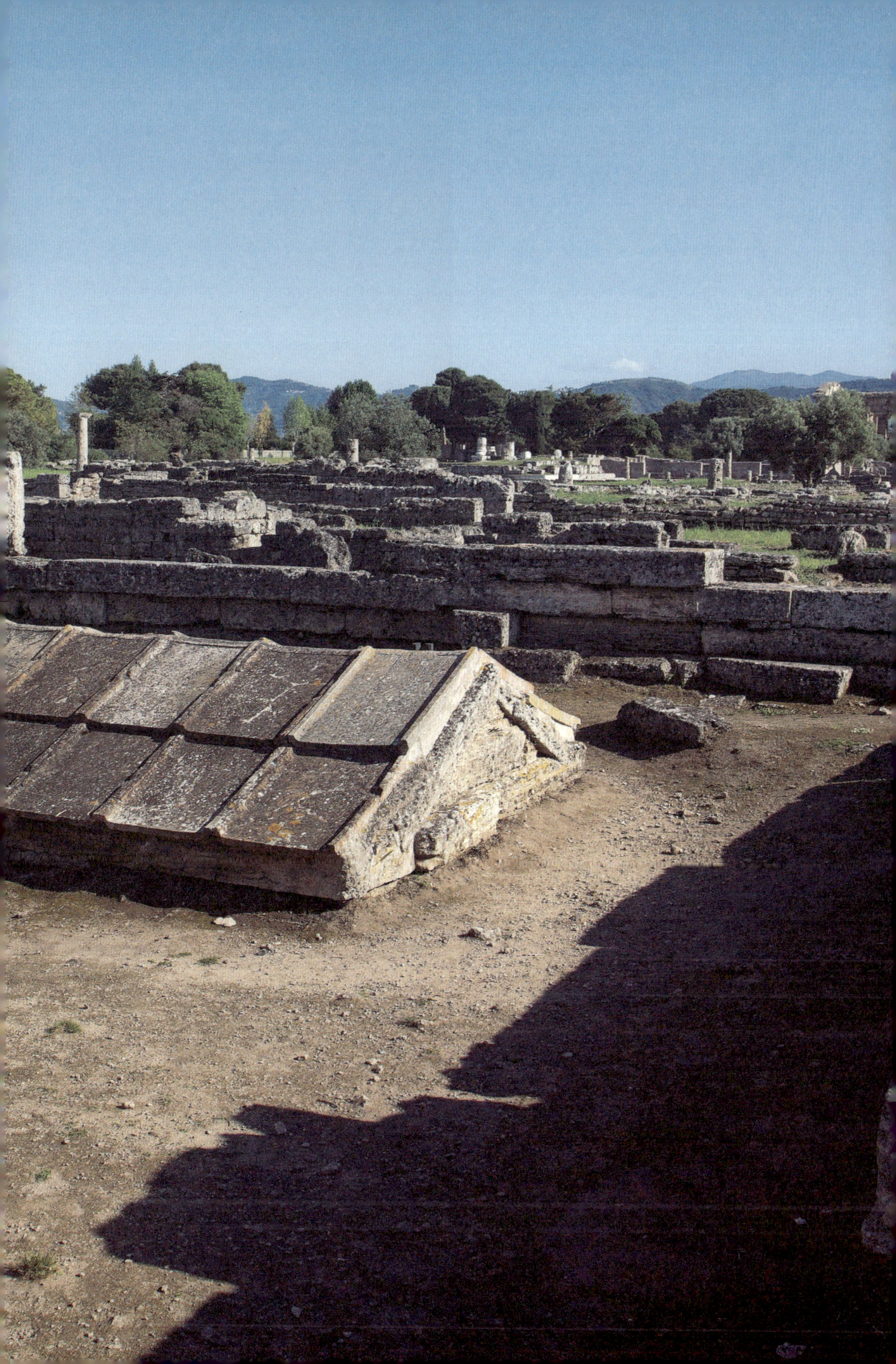

波塞冬尼亚

民地，也建造了自己的英雄神殿来纪念本地区的英雄。这座神殿大约建于公元前 520 年至公元前 510 年，建筑的位置应该是在城市公共生活中占据重要地位的广场。它的原始状态与其发现者意大利考古学家佩莱格里诺·塞斯蒂里（Pellegrino Sestieri）在 1954 年发现的遗迹相差甚远，完全被埋在地下，没有最初覆盖它的古墓的任何痕迹。

最初的建筑包括一个由石灰石块建成的小型矩形建筑，并由一个山墙屋顶覆盖。最令人惊讶的是，经确认，这里没有门窗或其他开口，因此，人们认为该建筑从外部是密封的。整个建筑都被一座土墓覆盖着，这可以从用来划定界线的一排石头看出。为了向英雄致敬，祭坛建在神殿旁边，露在地面上。

在被掩埋的建筑物内，发现了用高超技术制作的八个青铜器皿（六个提水罐和两个双耳细颈瓶），里面有蜂蜜残留物，还有一个公元前 510 年左右的阿提卡双耳细颈瓶（ánfora）。青铜水罐中的蜂蜜代表着不朽，在古希腊的书面传统中不

创始人之墓

在这个被土墓覆盖的方形小神殿里，没有发现城市创始人的遗骸。考古学家得出结论，这是一座空殿，不需要安置尸体，可以通过祭品和仪式来崇拜英雄。该英雄神殿在波塞冬尼亚内占据了一个突出的位置，位于市中心的商业、政治和文化中心——广场区。

① 水罐是青铜容器，里面装有蜂蜜，手柄上有精美的装饰。蜂蜜在希腊传统中是一种象征不朽的食物。

❶ 建成后，被覆盖上一座土丘。除了没有任何开口，该神殿还装了一个山墙屋顶。

❷ 下部由石块建成，并被另一层陶瓦覆盖。

❸ 祭坛是与城市英雄直接交流的空间。波塞冬尼亚的公民们把祭品留在那里，相信英雄可以享用它们。

唯一发现的陶瓷容器上绘有黑色绘画的典范。其图案分别描绘了赫拉克勒斯的神化和狄俄尼索斯。

由石灰石制成的建筑没有任何开口，因此可以推断它是从外部密封的。

在英雄神殿旁边建了一座祭坛，该祭坛露出地表，供奉这座城市的创始英雄。

中央是一张由两块石块拼成的桌子。它可能被一块布覆盖，在里面发现的纺织品残留物可以证实这一推测。

波塞冬尼亚

断出现，尤其是在《荷马史诗》的英雄传说中：阿喀琉斯在其好友帕特罗克洛斯（Patroclo）火化的岩石上放置了装有蜂蜜和油的罐子；而在阿喀琉斯的葬礼上，英雄的身体在火化前被涂上蜂蜜和香膏。

夹住阿提卡黑色双耳细颈瓶脚的金属夹显示了这件陶瓷制品在随葬品中的重要性，若要将其纳入，必定要将其损坏的部分修复。它的图画描绘了赫拉克勒斯与雅典娜的战车在一起，由赫尔墨斯和阿波罗护送的神化过程，因而它无疑具有很大的象征意义。

空墓

在波塞冬尼亚的英雄神殿中没有发现任何人类遗骸，因此，它很可能是一个空殿，是为了纪念一个埋葬在附近墓地的英雄人物而设立的。这种情况，加上它位于殖民地的中枢位置和对其他英雄缺乏崇拜，使人们认为它可能是为当地的创始人英雄奥基斯特斯（Oikistes）而设立的。他的身份尚未得到证实，很可能是一个名叫梅吉尔（Megyl）的人物，因为这是在公元前5世纪波塞冬尼亚铸造的一枚硬币上出现的唯一的人名。然而，还有其他理论，其中一种理论认为，它是另一个为赫拉女神而设立的神庙。

无论如何，当殖民地落入罗马人之手时，英雄神殿失去了其重要性。在公元前3世纪，罗马统治者决定拆除覆盖它的坟墓，并将其完全埋葬，其所在的区域被划定出来以示尊重。

雅典娜神庙

公元前6世纪后期至公元前5世纪初（公元前510年—公元前500年），波塞冬尼亚的定居者建造了当时的第二座神庙。它的位置符合一个非常有条理的计划，它旨在用非常明显的神圣区域来标记城市的政治和社会中心，即集市。这座神庙建在城市的最高点，面向东方，与赫拉神庙的方位相同。

在18世纪，这座神庙的归属被曲解，被认定为得墨忒耳神庙。目前，人们发现它实际上是献给雅典娜的。我们发现了一个事实，即在罗马时代，崇拜雅典娜的信仰在罗马也有对应的信仰，即崇拜密涅瓦女神。对雅典娜的归属可以归功于发现了古代陶土雕像，这些雕像代表了雅典娜女神作为"普洛马科斯"（Promacos，意为"战斗在前线的雅典娜"）的形象，以及其他位置同一神祇的形象。随着新的挖掘工作继续推进，发现的雕像数量不断增加，此外还发现了属于密涅瓦女神的雕像，这表明当时该城市是一个拉丁殖民地。这些发现还包括一件陶瓷碎片，上面有一部分铭文写着"密涅瓦女神"。

正面有6根柱子，符合建筑规范，在两侧长边上各有13根柱子，是正面柱子数量的两倍多一根。这座神庙最显著的特点是它的柱间距始终保持固定，这与其他古代建筑不同。侧面的13根柱子坐落在一个精确测量的石基上，高度约为100英尺（hekantompedon）。外部多立克式柱的柱头由红色、蓝色和金色的华丽叶冠组成。这座神庙的特点是其柱子的强度略有提高，其建筑元素更为丰富，包括其梁和三角形装饰。这座神庙的古老特征突出表现在其柱子的坚固性上，以及其三陇板和陇间壁尺寸比普通的略大。与城市中其他两座神庙一样，这座神庙的浮雕带上也缺乏装饰。

外部柱子的比例与内部的不成比例形成对比，这是由于缺乏后殿和东西立面门廊宽度的差异所致。这座古老的神庙中另一个特点是前殿多立克式柱子和爱奥尼克式柱子并置。

■ 波塞冬尼亚

非正统的内饰

这座神庙的内部布局与古风时代的规范相比也非常独特。首先，前殿两侧都有爱奥尼克柱。其次，神庙的这一部分非常宽敞，这无疑是由于后面的单层建筑缺乏屋顶的缘故。前殿由四根正面柱子支撑，两侧各有两根柱子，每侧还有一根半柱。内殿的入口两侧是两座巨大的楼梯，可以通往更高的楼层，仪式可能在那里举行。

这座圣殿还是古希腊伟大神庙再利用的杰出例子之一。除了将神从雅典娜换成密涅瓦，还发现了与崇拜拉丁神利伯（Liber，等同于希腊酒神狄俄尼索斯）有关的各种雕像。如果这一事实与酒神节（Liberalia）有关，那么这一事实就特别具有象征意义，该节在罗马恰好为纪念密涅瓦而举行庆典的节日。这个由年轻人主导的派对意味着男性获得男子气概和女性游戏季节结束。

▶ **雅典娜神庙的正面图** 该神庙建于公元前6世纪初。在城市的最高点。这是一座六柱式的华丽神庙，正面采用规范的立面设计，但其内部空间具有独特之处。

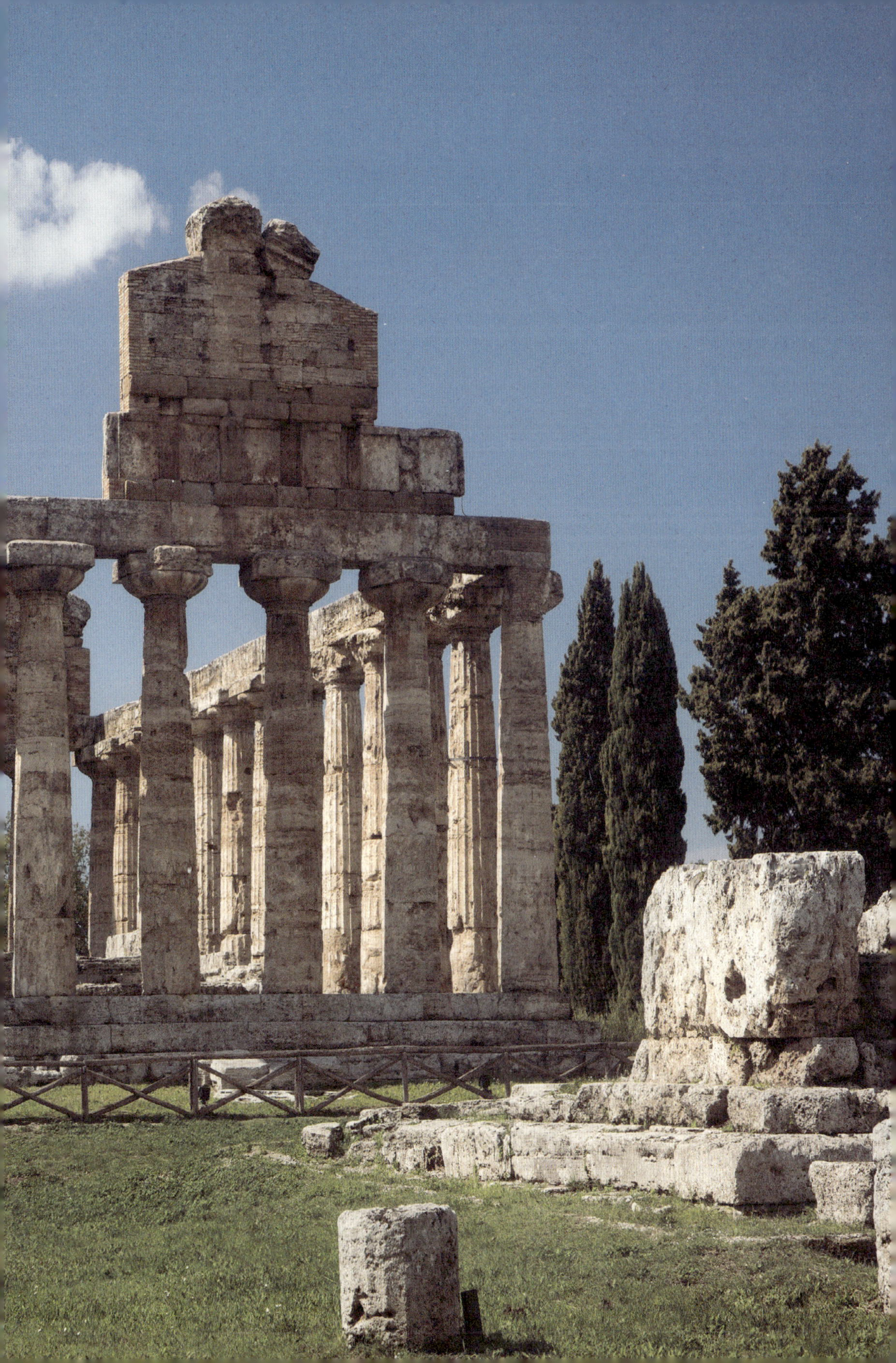

纪念雅典娜

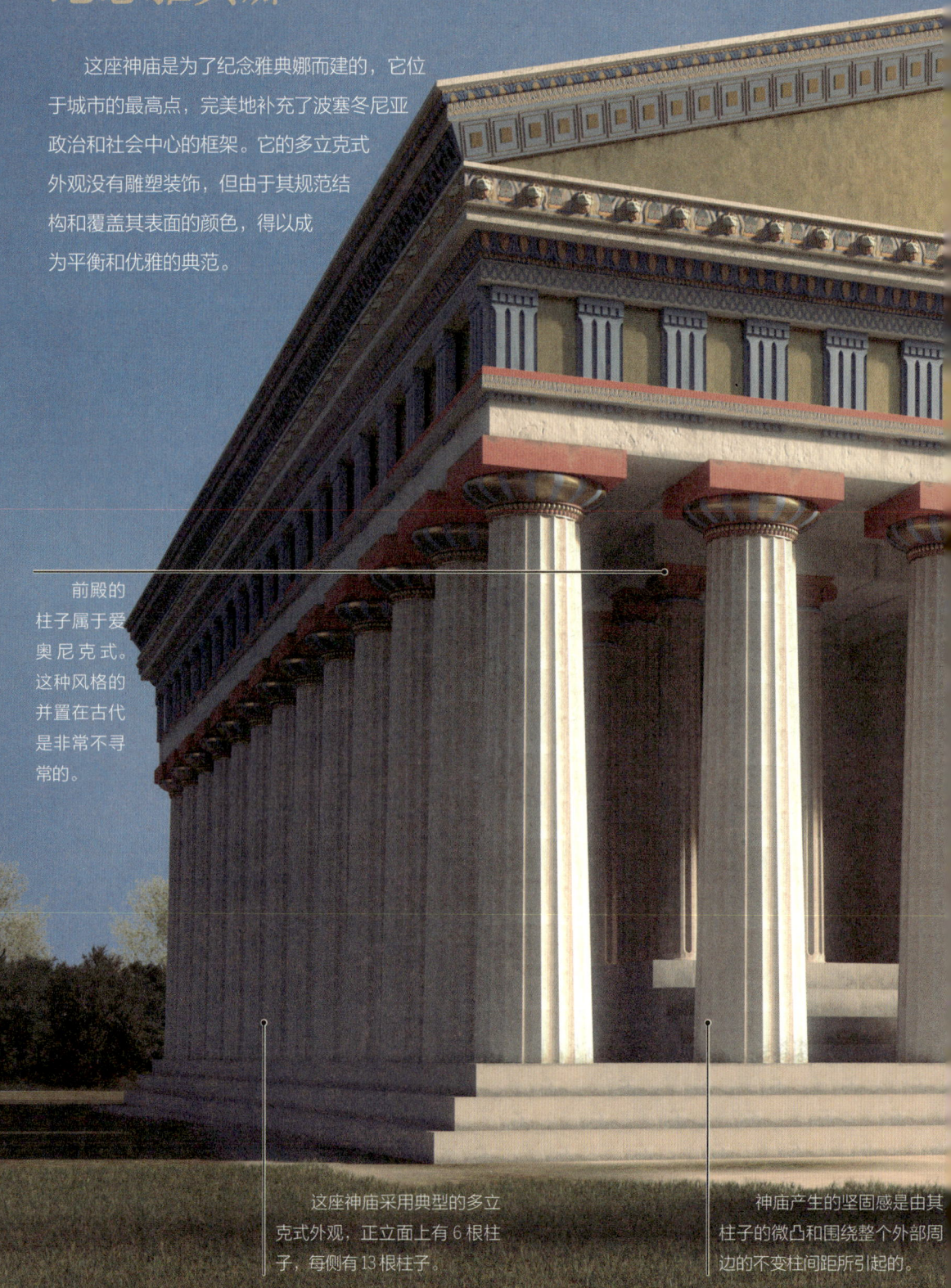

这座神庙是为了纪念雅典娜而建的，它位于城市的最高点，完美地补充了波塞冬尼亚政治和社会中心的框架。它的多立克式外观没有雕塑装饰，但由于其规范结构和覆盖其表面的颜色，得以成为平衡和优雅的典范。

前殿的柱子属于爱奥尼克式。这种风格的并置在古代是非常不寻常的。

这座神庙采用典型的多立克式外观，正立面上有 6 根柱子，每侧有 13 根柱子。

神庙产生的坚固感是由其柱子的微凸和围绕整个外部周边的不变柱间距所引起的。

山墙和陇间壁没有其他城市的神庙那样的雕塑装饰。

多立克式柱头外柱上装饰着蓝色、红色和金色等色彩强烈的图案。

神庙前是祭坛,这是一个可以自由出入的空间,市民首先可以在这里祭拜雅典娜,以及罗马时代的密涅瓦。

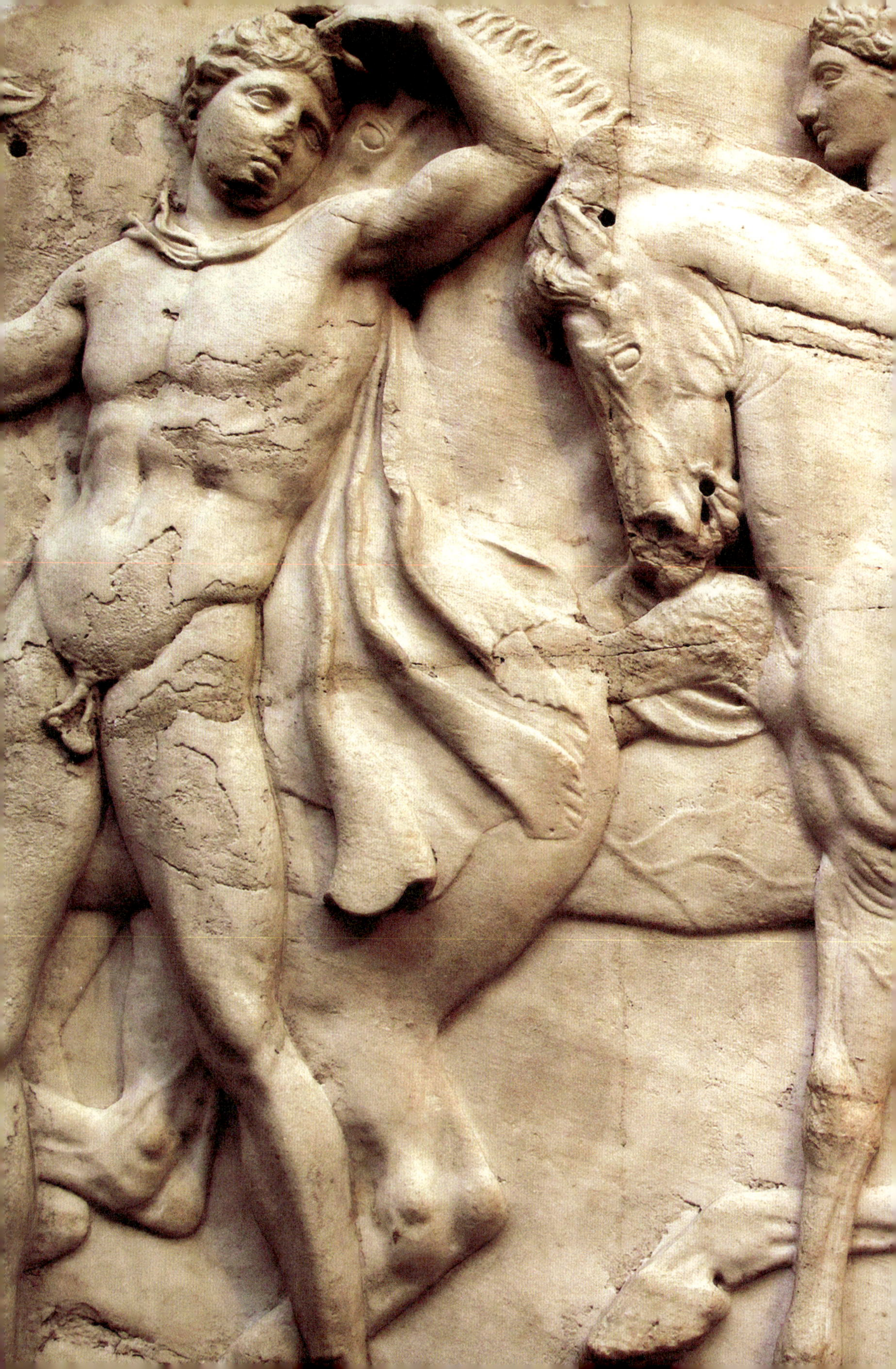

附 录

雅典卫城博物馆	350
雅典古市集博物馆	356
雅典陶瓷考古博物馆	359
德尔斐考古博物馆	362
奥林匹亚考古博物馆	369
阿斯克勒庇俄斯考古博物馆	374
提洛考古博物馆	379
阿格里真托考古博物馆	384
帕埃斯图姆国家考古博物馆	389
古典雅典漫步	394

◀ 准备游行。骑手和马匹准备开始大泛雅典娜的游行。帕提侬神庙西侧浮雕的局部。

雅典卫城博物馆

城市	雅典
开馆年份	2009年

尽管在今天已经破败不堪，但像帕提侬神庙和厄瑞克透斯神庙这样的建筑物仍然因其宏伟、比例的古典和谐与壮美而引起游客的赞叹。总的来说，它们都是古典艺术的典范，是所有来到雅典的游客不可忽视的参观之地。参观雅典卫城博物馆也是必不可少的，该博物馆展示了自土耳其人在1834年离开希腊以来，对卫城进行的各种考古活动所发掘出的文物。但并不是全部文物，因为1799年，时任英国驻希腊大使的第七代艾尔金伯爵汤马斯·布鲁斯与土耳其政府协商，他认为帕提侬神庙上的浮雕在当时仍在土耳其帝国统治下的希腊并不安全，因而成功地将约一半的浮雕、92块陇间壁板中的15块以及一些山墙雕像带回英国。如今，这些文物可以在伦敦的大英博物馆中欣赏到。然而，希腊自从凭借英国的帮助从奥斯曼帝国中获得独立以来，就一直在要求返还这些文物。

① 博物馆的外立面。
② 博物馆由一百多根柱子支撑，其下面保护着在地下发现的遗址。
③ 古代作品展厅。
④ 帕提侬神庙展厅。

不合适的位置

第一家博物馆由帕纳吉斯·卡尔科斯（Panagis Kalkos）设计，并于1874年开放，该建筑物旨在不引起注意，且不会争夺建在东南方的帕提侬神庙的主角地位。然而，这800平方米很快就被证明容纳不下考古学家发现的所有东西，特别是从1886年开始，当他们开始进行系统而大规模的考古挖掘后。在20世纪70年代，游客数量的逐步增加进一步凸显了博物馆的局限性，它根本无法完成储存所藏珍宝的任务。经验表明，对建筑的任何改进都不能解决这些问题，唯一可行的解决方案是建立一个新的场馆，但由于是在卫城本身以外的空间，任何干预都可能对遗迹造成损害。1974年，希腊总理康斯坦丁诺斯·卡拉曼利斯（Constantinos Karamanlis）提出了这一建议，并受到重视。然而，新博物馆的计划仍然需要一段时间才能实现。

▼ "狮身女王之眼"的科莱女像，身着当时的时尚服饰，符合当时的美学理念。该塑像采用帕罗斯岛的大理石制成，年代为公元前500年。

古雅典的一个地区

尽管新博物馆选址在历史悠久的马克里亚尼（Makrigianni）区南部约300米处，但建设的时间比预期要长。原因是在这个地块上发现了一大片城市建筑群，由于其考古价值，决定尽可能地对其进行保护。在对其进行的研究中，揭示了这个地区从新石器时代到公元6世纪后期（当雅典已成为一个基督教城市）都有不间断的人类居住区。因此，可以回收房屋和工作室、街道和广场以及无数日常用品，以发掘关于城市历史和居住在城市中的人们的新信息。

简约与朴素

由建筑师伯纳德·特修米（Bernard Tschumi）和迈克尔·弗蒂亚迪斯（Michael Photiadis）承担的新博物馆项目最终获得了批准，工程于2003年开始，持续到2009年。在旧博物馆永久关闭两年后的2009年6月20日，新的雅典卫城博物馆正式开放。

新博物馆的总面积为25000平方米，是旧建筑面积的10倍。此外，7000平方米的绿色空间使这座建筑更加个性化，进一步凸显了这座建筑的现代、简约和朴素的设计，与马克里亚尼区流行的新古典主义美学形成鲜明对比。

玻璃是这座建筑的主要元素。除了让自然光进入展厅，还可以将展品与它们的来源地联系起来，透过玻璃墙，卫城及其建筑物在任何时候都可以被游客看到。在底层，还可以欣赏到博物馆所在遗址的大部分，仿佛博物馆飘浮其上。

参观帕提侬神庙

博物馆的藏品是按时间和主题布展的。第一层展示的是自古以来在山坡上建造的圣殿和圣山洞穴中发现的文物。第二层是考古学界对公元前480年被波斯人摧毁的古卫城遗迹复原的场景。再往上的第三层专门展示了古典时期的帕提侬神庙，这无疑是博物馆中最令人印象深刻的展厅。整个展厅中心是长方形的混凝土结构，其大小和方向与伊克蒂诺斯和卡利克拉特斯大神庙的中庭相同，旨在完全呈现神殿的大型浮雕。总共有50米的原始浮雕，其余的是大英博物馆中浮雕板的复制品（另外 80 米）和散落在巴黎、巴勒莫、维也纳、慕尼黑和哥本哈根的博物馆中的残片。除了浮雕，还展示了描绘希腊人战胜波斯人的神话战斗的陇间壁装饰板。到达这个地方后，我们需要再次下到一楼，古典卫城的景观在此与其他建筑物的遗迹相结合，特别是山墙、厄瑞克透斯神庙和雅典娜胜利女神神庙的遗迹。这个展厅还融合了同一时期的祭祀石碑、历史依据，以及属于罗马帝国和拜占庭时代初期的雕塑。

■ 附录

古代和古典艺术

提到卫城的雕塑,就必须提到菲狄亚斯及其学派,它代表了古希腊艺术的最高境界,其所处的时代即被称为古典时期。然而,自19世纪以来,在雅典的山丘上进行的发掘工作,也使得许多来自其他时期的重要作品得以恢复,特别是早期文艺复兴时期的作品,这些作品对于更好地理解古希腊艺术起着决定性的作用。

兰平(Rampin)骑士像

创作于公元前560年,是希腊发现的最古老的骑士像。这位发型和胡须都精心处理过的贵族人物据说是雅典僭主庇西斯特拉图(Pisístrato)的一个儿子。其头部是复制品,原件被法国收藏家乔治·兰宾捐赠给了巴黎的卢浮宫博物馆。

穿着无袖衫的科莱像

这座科莱像被认为是所有科莱像中最漂亮的,其作可能是兰平骑士像的雕刻师,在公元前 540 年或公元前) 年左右雕刻的。虽然其特征属于典型的古老雕塑(严、僵硬和正面),但其脸部特征和身体的雕刻样式表明,门对更加自然的表现方式产生了新的兴趣。

金发少年

这座雕像因其头发上保留的金色痕迹而得名,其表现出的沉重表情以及一些特征(鼻子、厚眼皮)表明,匿名艺术家试图使这个模特个性化。它的年代可以追溯到公元前 480 年。

女像柱

厄瑞克透斯神庙里的原始女像柱都放在博物馆中,以免受污染。然而,不是所有的女像柱都在雅典卫城博物馆,还有一个在大英博物馆。女像柱的身体姿势、制作材料和每一个形象的塑造都表明,这是古典风格全盛时期的作品。

肌肉发达的青年

这座青年肖像雕像大约雕刻于公元前 570 年,是古代雕塑的杰作之一。雕像中的青年背负着一头小牛,准备献给雅典娜。它之所以成为杰作,是因为它真实地描绘了年轻人和动物的解剖结构,同时也尝试着表现行走的动作。

雅典古市集博物馆

城市	雅典
开馆年份	1957年

在古代雅典，城市政治、宗教、商业和经济生活的中心都在雅典的市集广场。这无疑是雅典的心脏，是自由公民们前来交流思想和观点的地方。参观古市集博物馆是了解雅典市集和雅典人生活的最佳方式。它位于阿塔罗斯广场，是一个大型的柱廊，由帕加马国王阿塔罗斯二世在公元前2世纪下半叶下令建造，其遗址在1859年至1902年由希腊考古学会挖掘，20世纪30年代由雅典的美国考古学院挖掘。随后，在1953年至1956年，美国古典研究学院在洛克菲勒基金会的资助下和建筑师约翰·特拉弗洛斯（John Travlos）的领导下忠实地按照原型重建，旨在将其转变为一个博物馆，以容纳在整个市集广场地区最有价值的文物。这些文物包括从新石器时代到拜占庭和奥斯曼时期的考古发现，但古典和希腊化时期的文物最为丰富。

① 阿塔罗斯柱，位于雅典古市集博物馆。
② 科伊尼克斯，用于测量谷物的容器。
③ 红色人物图案的圆形画作，描绘了一个挑水工。
④ 一块石碑上的浮雕，民主女神为雅典的民众长官加冕。
⑤ 阿里巴洛斯，一种古代的油瓶，形状为一名系着胜利飘带的运动员。

民主的起源

博物馆的展览按照时间和主题分成不同的部分，展示在雅典艺术家和商人出售产品的空间里。特别有趣的是关于雅典市民和日常生活的内容，尤其是公元前 5 世纪和公元前 4 世纪的民主和制度。除了不同的重量和度量衡器物、货币样品和纪念或祭祀雕像，这个博物馆中突出的文物还包括一个用于计算公共法庭演讲者发言时间的陶制水钟；铜制投票牌，用于陪审团投票；一种用于随机选取公职人员的大理石装置，这种叫作克莱罗特里翁（kleroterion）的大理石投票装置，用于从那些已被选为任职一年的 6000 名陪审员市民中

▼ 水钟（clepsidra）。用来测量水从一个容器滴到另一个容器所需的时间。它被用来计算演讲者的发言时间。

抽取必要的人来处理当天的案件，他们排队等候以填补职位并领取薪水；以及几个刻有文字的陶瓷碎片，例如刻有城市政治生活中一些杰出人物的名字；还有一块大理石碑非常有价值，石碑的制作时间为公元前 336 年，其顶部是一幅浮雕，描绘了民主的人形化身为雅典的民众长官（demo）加冕，而下部则刻有反对暴政的法律文本。

陶瓷和雕塑

雅典古市集博物馆还收藏有大量黑色和红色陶器，包括一只由优秀的陶器制作家埃克塞基亚（Exequias）于公元前 530 年制作的酒盆。其中一面展示了荷马史诗《伊利亚特》中的一个情节，即为了争夺帕特洛克罗斯（Patroclo）的尸体而发生的争执，而另一面则描绘了赫拉克勒斯在奥林匹斯众神面前被神化的游行。在 2012 年开放的一楼展厅中，雕塑占据主导地位，从古典时代和希腊化时代（公元前 5 世纪—公元前 3 世纪）的神和英雄的理想化形象，到复制的罗马时期的古典作品和罗马雅典市民的肖像。这些雕塑作品创作于公元 1 世纪至公元 3 世纪。其他雕塑和建筑碎片，同样来自广场上的建筑和神庙，分布在底层的门廊上。

雅典陶瓷考古博物馆

城市	雅典
开馆年份	1937年

1862年，在外陶瓷区建造连接雅典和比雷埃夫斯港的公路时，发现了一系列墓碑。考古学家和碑铭学家对其进行了研究和分类，但当时没有进一步的发现。然而，几年后的新发现揭示了这个发现并不是偶然的，这里是一个相当大的墓地，可能是整个古代雅典最大的。随后，希腊政府收购了这些土地，并委托雅典考古学会挖掘该地区。到1913年，雅典德国考古学研究所接手了这项工作，直到今天仍在研究这个遗址。

一位富有的德裔赞助人

陶瓷区墓地的大部分考古发掘工作都是在一位富有的德裔美国商人古斯塔夫·奥伯伦德（Gustav Oberlaender）的资助下完成的，他从学生时代起就对古希腊、古罗马的文化充满热情。在他去世一年后，即1937年，他的另一笔慷慨捐款使陶瓷考古博物馆得以开馆。为了纪念这位赞助人，该博物馆也被称为奥伯伦德博物馆（Oberlaender Museum），它收藏了该遗址中最有价值的文物。

该建筑根据建筑师海因里希·约翰内斯（Heinrich Johannes）的设计而建造，让人联想到古典时代的房子，房间围绕着一个有顶的院子排列。在20世纪60年代，勃林格兄弟的捐赠使展览空间得以扩大。最新的发现是在2002年，出土了一件非常珍贵的古代雕塑，被称为"圣门上的库罗斯"[49]。为了在最佳条件下向公众展示它，设施进行了深度翻新和现代化改造。

死者的形象

博物馆的展品按照时间顺序排列，从迈锡尼时代（公元前12世纪左右）到罗

---

[49] 库罗斯，西语为kuros，英文为kouros，复数为kouroi，含义为青年男子，是古希腊古风时期（公元前800年—公元前479年）的雕像风格，即成年男性雕像正面直立，重心均分在两脚上的雕像。如果是女性的类似雕像则被称为科莱（kore）。——译者注

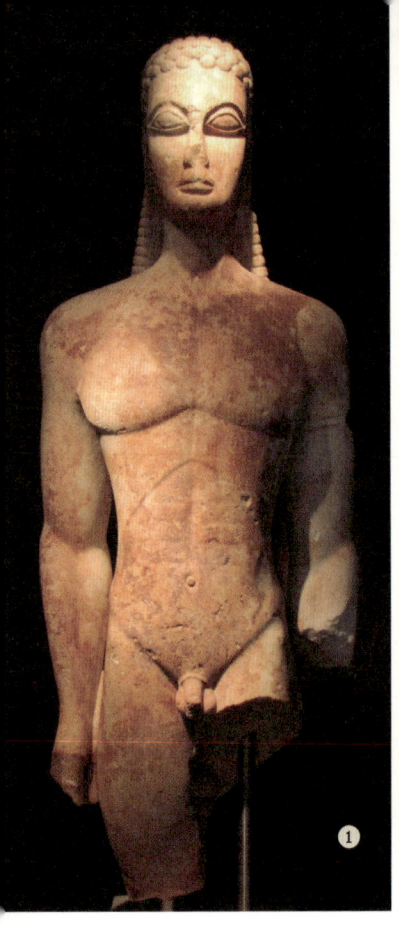

马时代。入口大厅和内院以墓碑和从墓园中发现的殡葬雕塑为主。除了放在门口的前面提到的"圣门上的库罗斯"之外，还有一些其他的雕塑，如一座古代狮身人面雕塑（公元前6世纪），它是一座墓碑的顶部，保留了一些彩绘；还有阿姆法莱特（Ampharete）的石碑，风格为古典主义（公元前430年—公元前420年），上面描绘了一个女人抱着她的孙子，表现出爱的姿态；还有德克西勒俄斯（Dexileos）的石碑，建于公元前394年，展示了一个年轻人骑马战胜敌人的场景。

同样有趣的是丰富的陶瓷藏品。从公元前9世

① 圣门上的库罗斯雕像。
② 一块刻有青年人练习古典式摔跤的石碑。
③ 古老墓葬中的狮身人面像。
④ 一圣门上的狮子像。
⑤ 公元前4世纪的德克西勒俄斯石碑。

纪到公元前8世纪的几何风格的陶瓷作品，质量非常高，外形也很有趣，罐子、双柄杯、混合碗和各种装饰有菱形、螺旋、棋盘和锯齿线条的瓶子，还有一些动物，如马，非常抽象化。在这个博物馆中，红色和黑色图案的陶瓷器物描绘了神话场景，同时还展示了日常生活用品，如化妆品容器、药膏瓶、油灯和工具。

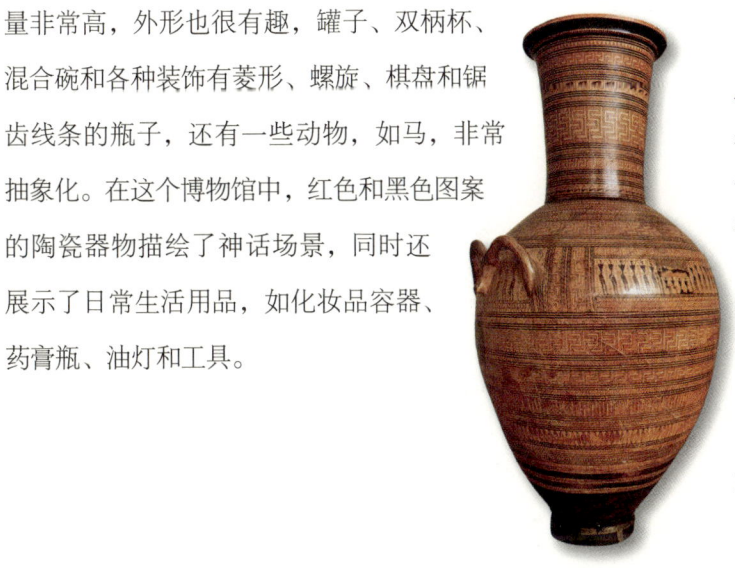

◀ 公元前8世纪，在被称为迪皮隆大师的作坊里生产的大型葬礼花瓶。瓶身遍布几何图案的边纹，两个手柄之间的中央浮雕带描绘了哀悼场景，通过展示尸体和唱哀歌来表达对逝者的哀思。

德尔斐考古博物馆

城市	德尔斐
开馆年份	1952年

1892年,法国考古学院在雅典进行大型发掘活动,很快就发现需要建造一座博物馆来收藏阿波罗圣殿中出土的大量文物。这座博物馆是由法国建筑师阿尔伯特·图雷尔(Albert Tournaire)设计的,他在狄奥菲勒·霍莫勒指导的考古发掘中工作,并由伊斯坦布尔的银行家安德里斯·辛格罗斯(Andreas Syngros)资助,安德里斯·辛格罗斯也资助了奥林匹亚的第一座博物馆,该博物馆于1903年5月2日落成,希腊人和法国人都因此感到自豪,两国政府都派出了由主要政治家组成的代表团。

然而,由霍莫勒亲自组织的展览受到了科学界的批评,因为这些文物没有按照时间或主题顺序排列,展品摆放得非常杂乱,使博物馆看起来更像是一个仓库。尽

① 一只来自爱奥尼亚的银公牛（公元前6世纪）。

② 前方是阿坎托柱（Acanto），后面是道库斯（Daoco）纪念碑的雕塑。

③ 三只蛇形青铜小雕像，来自公元前7世纪。

④ 纳克索斯狮身人面像，立于爱奥尼克柱上（公元前6世纪）。

管花费了很多力气来重建雕塑的一部分（如锡弗诺斯宝库的外墙），以重现它们的原貌，但由于研究这些艺术品的时间太短，导致了许多错误。尽管如此，展览仍然保持不变，直到20世纪30年代，由于德尔斐的文物出土数量不断增加，有必要建造一座更大的博物馆，以容纳越来越多的参观者。这座新建筑于1939年完工，康斯坦丁诺斯·罗迈斯（Konstantinos Romaios）和皮埃尔·德·拉科斯特–梅塞利耶尔（Pierre de La Coste-Messelière）负责组织新的展览。许多修复的文物被拆开，以清除霍莫勒在修复中使用的石膏。同时，这些作品按时间顺序排列，并附有说明，使游客的参观更加愉快和富有教育意义。

▲ **祭祀盾牌** 在德尔斐遗址区域内的阿波罗神庙发现的古代青铜器。

附录

被埋藏的文物

第二次世界大战爆发导致博物馆在开幕前关闭。展厅不得不清空,许多文物被重新埋藏在遗址中,或者被转移到雅典。博物馆一直关闭到希腊内战结束后。1952年重新开放时,世界已经发生了巨大变化,1939年的博物馆项目已经过时了。事实上,德尔斐突然变成了一个旅游景点,有了新的道路和设施,而现代欧洲博物馆也在尝试新的展示方式,以吸引各地的游客。因此,在考古现场准备接待公众而不干扰正在进行的挖掘工作的同时,建筑师帕特罗克洛斯·卡兰提诺斯(Patroklos Karantinos)被委托对博物馆建筑进行深度改造。室内重新设计,并创建了两个新的大型自然采光展厅,约安娜·康斯坦丁努(Ioanna Konstantinou)负责展品布局,使得无论文物大小,都有其空间和位置,她在工作中优先考虑雕塑,但也不忽略神庙的重要建筑物。

雕像

该博物馆收藏了一系列保存完好且最有价值的希腊雕像,向游客展示了几个世纪以来希腊雕刻艺术家技术演变的完整过程。

运动员阿吉亚斯

色萨利的代表道库斯二世向德尔斐市赠送了一套雕塑,其中包括他的曾祖父、著名的运动员阿吉亚斯和其他家庭成员的塑像。这座古典雕像是希腊著名雕塑家利西普斯(Lisipo)在公元前340年左右制作的大理石复制品,它见证了从古老的正面和僵硬的形象到更和谐、精致形象的演变。

阿波罗雕像

这个奥林匹亚神祇雕像的代表作品突出了雕塑作品的神秘主义和正面性。其他特征也很突出,如贴身的手臂,长而直的头发和杏仁形的眼睛。这个青铜雕像是在公元前6世纪中期制成的。

酒神狄俄尼索斯

这座雕塑是阿波罗神庙西侧（或后侧）山墙的一部分，该神庙在公元前4世纪被地震摧毁后重建。这个手持竖琴的形象代表了希腊神话中的酒神狄俄尼索斯。它占据了山墙场景的中心，并被几个崇拜神的女性所包围。

阿尔戈斯双胞胎

这套作品来自雅典人宝库，它们是向德尔斐城献上的最古老的纪念碑式祭品。这是阿尔戈斯的波利梅德的作品，也是最早的古代雕塑的例子之一（约公元前600年）。在每一尊雕像中，人体解剖学的不同部分都有完美的比例，尽管它们的体积巨大。根据希罗多德的记载，这套雕像体现了来自阿尔戈斯的两个虔诚的兄弟克莱奥比斯和比东。然而，根据一些资料推测，他们代表宙斯之子（Dioscuros），即双胞胎英雄卡斯托尔（Cástor）和波吕克斯（Pólux）。

香炉

公元前5世纪中期的祭坛香炉，其比例协调，于1939年在圣道下的宝藏中被发现。这个青铜香炉的鼎立支架是一个双臂高举过头的年轻女子雕像，代表她被迫承担最沉重的负担。这可能是一位在音乐比赛中获胜的长笛手的捐赠。

附录

这个展览于 1961 年开幕，一直到 2004 年雅典奥运会期间，博物馆决定对建筑进行部分翻新，以使参观路线现代化。新的建筑既符合新的博物馆时尚，也符合关于德尔斐遗址的最新考古理论。在 20 世纪下半叶和 21 世纪初，对圣殿的研究和解释不断发展，关于考古遗迹的用途和年代的新结论导致了对展品的新安排。这些展品仍按时间顺序排列，但注解更全，试图显示它们的政治和宗教意义，当然还有艺术意义。

库罗斯

现如今的展览从专门展示德尔斐早期文物的两个展厅开始，在这里可以看到迈锡尼时期的遗迹，包括各种女性雕像和大型青铜三脚凳，以及米诺斯时期的盾牌。

在西西昂（Sición）宝库的陇间壁遗迹旁边，摆放着在雅典人宝库西北部发现的两件名为阿尔戈斯双胞胎的古希腊库罗斯雕像。这两座雕像的年代都在公元前 600 年左右，人们知道创作者是阿尔戈斯的波利

黄金和象牙艺术

在德尔斐发现的黄金和象牙系列作品是这种雕塑技术的独特范例，在公元前 6 世纪和公元前 5 世纪被用于祭祀人物。其中几件作品被认为是阿波罗和他的姐姐阿耳忒弥斯，他们与母亲勒托一起组成了阿波罗神庙的雕塑三人组。

皇冠（corona）

这件用黄金制作的头冠可能曾经戴在阿波罗神像的头上。这件装饰着多瓣玫瑰花和花环的头冠是阿波罗财宝中保存最完好的作品之一。

戈尔贡金片（gorgona）

金质薄片作为胸针装饰着象牙金像的衣服。图片展示的是两块现存的金质浮雕板之一，固定在青铜板上，每块板都装饰着蛇发女妖的形象，这是一个可怕的怪物，但又是一个保护神的古老形象。

阿耳忒弥斯

尽管阿耳忒弥斯头部的许多部分都被填充了蜡，但雕像仍保留着一些原始特征：杏仁形的眼睛，用深深的裂缝表示的弯曲的眉毛，以及丰满的嘴唇。带有螺旋装饰的金头饰和金项链，以及耳朵上的玫瑰花形耳环是女神的装饰品。

阿波罗

这个人物形象被认为是阿波罗。头皮由镀金银片制成，两条波浪装饰的金带沿着胸部垂下，像两个金色的环。脸部失去的部分用蜡填补。弯曲的眉毛和嵌有宝石的杏仁形眼睛非常突出。

狮身人面像（esfinge）

这个狮身人面像（右下图）是其左边雕版的一部分。这些雕版上的动物形象使研究人员相信，这两者可能构成了狩猎女神阿耳忒弥斯雕像衣服的上半部分。

金质花环（Roseta）

这个金盘饰有多瓣玫瑰花形，用钉子固定在雕像胸部作为装饰。制作时首先制作了一个带有图案的模具，然后从后面嵌入，直到形状出现。

米德，因为在雕像的底座上刻有他的名字。虽然雕像的身份还不确定，但有人认为可能是克莱奥比斯（Cleobis）和比东（Bitón），这要归功于希罗多德的一句话，他说阿尔戈斯人建立这些雕像是为了纪念他们的事迹：传说这两兄弟在拉车的牛筋疲力尽时，拖着他们的母亲西迪佩（Cídipe）乘坐的牛车走了几公里。到达目的地后，西迪佩请求赫拉表彰他们的壮举，而女神决定赐死他们，以让他们永远安息。

在第四个展厅中，可以看到大部分珍贵的金银象牙制品，它们在第二次世界大战期间被转运到雅典国家银行的仓库中，现在重新展出在博物馆中。它们被发现埋在圣道旁边，在神庙的露台下面，其中许多显示出遭受火灾的迹象。它们很可能是在公元前6世纪左右神庙重建时作为仪式的一部分被埋葬的，后由于地震或滑坡引起的火灾，迫使部分建筑重建。这个展厅中还展出了复制的银牛，这是公元前6世纪的一个爱奥尼亚祭品。考古学家们已经成功地从保存下来的许多银碎片中重新还原出牛的形象，覆盖在木制结构上，长度达2.5米。

奥林匹亚考古博物馆

城市	奥林匹亚
开馆年份	1982年

德国考古学研究所在奥林匹亚进行的第一阶段挖掘（1875—1881年）发现了大量文物，不久就需要建造一个适合存放这些文物的博物馆。因此，希腊政府于1879年批准了该项目，参与挖掘工作的德国建筑师弗雷德里希·阿德勒（Friedrich Adler）和维尔赫姆·德尔普菲尔德（Wilhelm Dörpfeld）负责建设首家博物馆。该建筑采用新古典主义风格，由希腊银行家和慈善家安德里斯·辛格罗斯（Andreas Syngros）资助。所以该博物馆命名为辛格雷翁（Syngreion），于1888年开放（正式的落成典礼于1895年举行，当时正在安装恩斯特·库尔蒂乌斯的半身像），在这里首次展出了宙斯神庙山墙的雕像和陇间壁的浮雕，以及在奥林匹亚发现的其他重要作品，如德国雕塑家理查德·格鲁特纳（Richard Grüttner）首次复原的普拉克西特列斯（Praxíteles）的赫尔墨斯和佩尼乌斯（Peonio）的胜利女神雕像。

考古发掘日益重要，奥林匹亚建立起首家博物馆，为该地区带来了巨大的经济收入。此外，1896年第一届现代奥运会的举办促进了雅典和奥林匹亚之间的铁路建设，博物馆旁边还建造了一家豪华旅店，成千上万的旅行者在此住宿。事实上，据估计，到19世纪末，大约有11000名游客参观了阿尔蒂斯和考古博物馆。

博物馆的藏品数量一直保持稳定，直到20世纪中叶，该地区发生地震，许多建筑物因此破损。随着挖掘工作的稳步进展和新文物的逐步出现，有必要建造另一个空间，以满足作品展览和博物馆参观更加现代化的新需求，同时也为了将其作为历史和文化演变的重要结果，向参观者推介和展示。因此，在20世纪50年代末，克罗诺斯山西北部的一个新博物馆开始动工，于1975年完工，但直到1982年才开放，因为将文物从一个博物馆转移到另一个博物馆的任务艰巨，时间不得不推迟。

后来，大约在2000年，为了迎接2004年在雅典举行的奥运会，希腊政府在奥

林匹亚开展了一项雄心勃勃的新博物馆项目，旨在使该地区再次成为旅游热点。考古博物馆经历了一次重大的整修，提高了建筑的抗震能力，引入了新的照明系统，并且努力创新了导览和推介材料。这个政府项目还包括恢复旧博物馆辛格雷翁的建筑。决定在其中建立一个新的奥林匹克运动史博物馆，并组织了一次关于古代竞技比赛历史和演变的常设展览。最后，一个相邻的小空间被改造成了新的奥林匹亚考古博物馆。

考古博物馆的新建筑由希腊建筑师帕特罗克洛斯·卡兰蒂诺斯（Patroklos Karantinos）设计建造，展览的结构是围绕着一个专门展示宙斯神庙雕塑的中央大厅，周围有12个展厅按主题和时间顺序放置其他作品。按照顺时针方向，依次从专门介绍圣殿史前的展厅（展示了来自伯罗奔尼撒和该地区其他迈锡

① 门厅总视图。

② 公元前 7 世纪的青铜狮鹫。

③ 宙斯神庙西侧墙面中央位置的阿波罗雕像的复制品。来自公元前 5 世纪。

④ 半圆形希罗德·阿提库斯会谈室的外墙雕像，来自希腊化和罗马时期。

尼人墓穴的大量物品）到专门介绍几何时期[50]和太古时期的展厅（收藏有世界上最大的青铜器，其中大部分是以动物和人类雕像、盾牌、头盔或三脚凳的形式献给圣殿的祭品），古典时期的陶器（如宙斯携带加尼米德的著名场景）和 1994 年修复的佩尼乌斯的带翼胜利女神，在独自的展厅里。

菲狄亚斯的工作室有一个专门的展厅，可以看到他使用过的工具和模具，以及一个刻有他名字的著名酒杯，接下来是专门展示普拉克西特列斯的赫尔墨斯的展厅。从这里进入展示希腊和罗马时期艺术品的展厅，其中包括来自希罗德·阿提库斯的喷泉或凉亭的作品，如一个位于其中心的大理石

▲ 雅典娜头像　戴着阿提卡头盔装饰的雅典娜。公元前5世纪到公元前4世纪。

[50] 古希腊艺术的第二阶段（公元前 900 年—公元前 700 年）。——译者注

附录

公牛，以及皇室家族的雕塑（如马可·奥勒留及其妻子福斯蒂娜等）。展览以一个专门展示圣殿最后几个世纪的展厅结束，其中主要展示来自弗兰戈尼西（Frangonisi）的罗马时期墓地的家居用品和丧葬用品，该墓地靠近奥林匹亚，自公元1世纪以来一直在使用。

军事生活

与古希腊文化的各种表现形式一样，宗教存在于军事教学（以体育训练的形式）中，也存在于军事领域的所有表现形式中。在战场元素的设计中，在战略的规划中，以及最后在纪念军事胜利的祭神仪式中，都可以看到宗教的影子。

军事英雄的武器

两把青铜矛尖和一尊英勇战士的青铜雕像。这尊腋下夹着一把剑的雕像来自一组关于特洛伊战争的大型作品，可以追溯到公元前6世纪。

▲ 公元前6世纪下半叶铸造的青铜狮子。

青铜头盔

这是在祭祀仪式上献给宙斯神庙的,以感谢奥林匹斯之王在军事胜利中提供的帮助。科林斯式头盔的历史可以追溯到公元前8世纪至公元前5世纪,它们装饰有螺旋形和圆形图案的浮雕,这些图案象征着活力和力量。左边是一个装饰有小纽扣形式的圆形图案的头盔。

戈尔贡盾

一件压印的青铜还愿祭品盾,来自公元前4世纪后半期,象征着古老的蛇发女怪戈尔贡。根据希腊神话,她是一个可怕的女怪,同时也是一位保护神。她的力量非常强大,可以将敢于凝视她的人变成石头,因此普通人会在各种地方放置她的形象,以求得保护。图中她被描绘成鱼身、狮腿、戴头盔的形象。

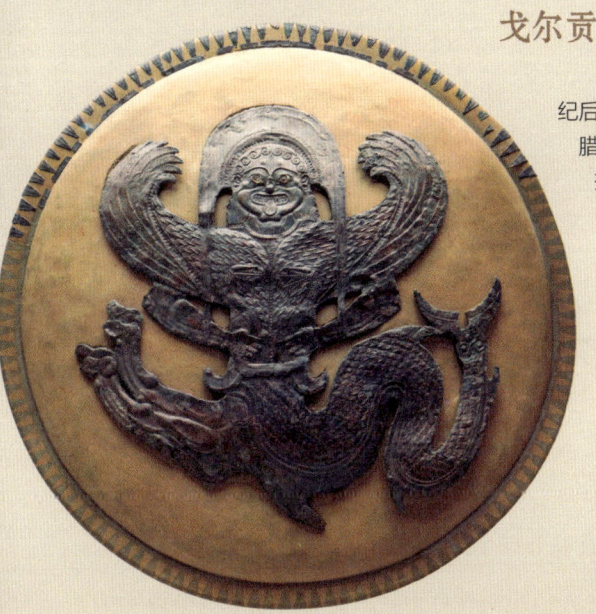

还愿胸甲

这是一副青铜胸甲,上面雕刻着精美的图案,应该是属于一位高级士兵的。胸甲下部装饰着六个人物形象,他们的目光都聚集在胸部的中心。左侧的人物是宙斯,旁边还有两位神祇。右侧的人物是阿波罗,他正在升上奥林匹斯山,也有两位神祇陪伴。这件华丽的作品来自伯罗奔尼撒半岛的一个工作室,可以追溯到公元前7世纪下半叶。

阿斯克勒庇俄斯
考古博物馆

城市	埃皮达鲁斯
开馆年份	1909年

在 19世纪末由帕纳吉奥蒂斯·卡瓦迪亚斯（Panagiotis Kavvadias）领导的雅典考古学会进行挖掘的工作中，人们很快就意识到，有必要建造一个博物馆来展示文物，但更重要的是储存从遗址中出土的大量文物。尽管不断请求资金支持，但直到几年后卡瓦迪亚斯亲自担任了雅典文物总长一职，才使该项目得到社会的资助。最终，经过几年的工程建设，该建筑于1909年落成，取名为埃皮达鲁斯的阿斯克勒庇俄斯考古博物馆。该博物馆位于遗址内，毗邻从剧场到卡塔戈翁的旧路，展示了20世纪初希腊建筑的样式，至今几乎没有变化。它是一个细长的单层水平建筑，两端有两个后来的附属建筑（建于1958年和1971年），使它看起来像一个双T

① 博物馆内重新建造了阿斯克勒庇俄斯神庙的部分柱廊。
② 装饰阿斯克勒庇俄斯神庙西侧山墙的亚马逊女战士战斗场面的碎片。
③ 穹顶上带花卉图案的方格天花板。

▲全身披挂的阿佛洛狄忒。女神的右手（现在已遗失）握着一把剑，剑鞘挂在她的胸前。这件作品由帕罗斯大理石制成，是公元1世纪的复制品，其原型可能是公元前5世纪由小波利克里托斯派的一位雕塑家雕刻。

形建筑。自20世纪60年代以来，关于是否需要扩建该建筑甚至建造一个新博物馆的争论一直在进行，尽管在2014年文化部提议对该地进行全面改造，但经济危机使改造项目陷入了困境。然而，最近在考古区外设立了一个新的展览空间，展出现代戏剧表演的服装。

今天参观展览的形式实际上与卡瓦迪亚斯当时的策划大致相同，并且作为19世纪博物馆的例子而没有更新博物馆陈列。考古学家的半身像迎接着前来游览的参观者，在展览中，参观者会发现圣殿建筑的一些古代元素得到了修复，还能看到大量的雕塑和装饰图案，对于最脆弱和最古老的雕像如阿斯克勒庇俄斯神庙的山墙雕像，只能看到石膏复制品，原件则在雅典国家考古博物馆展出。

附录

铭文、雕像和其他遗迹

博物馆的藏品包括从迈锡尼时代到罗马时代的考古遗迹,甚至还有大量来自附近矿山的化石和矿产,但最重要的部分是希腊时代的,当时圣殿正处于最辉煌的时期。

展览分为三个大厅,第一个大厅展示了阿波罗·马利亚塔斯(Apolo Maleatas)圣殿中发现的一些物品,以及圣殿中最著名的铭文,如伊西洛(Isilo)为阿波罗和阿斯克勒庇俄斯献唱的赞歌,记录阿斯克勒庇俄斯神庙建设经济账目的铭文,以及记录神迹和治愈名单的众多石碑。由于发现的铭文数量众多,其中许多与来自埃皮达鲁斯的铭文一起,放置在博物馆附近的一座小建筑物中。在第一个大厅中,还可以看到在遗址中发现的医疗器械藏品,大部分是希腊化时期的,包括刀、镊子和用于外科手术的精细工具,以及用于装药的灯和陶器。在这个部分还展示了一些罗马时代的雕塑,代表了不同的类型,从穿着军装的男人到穿着长袍的普通市民,

艺术与医学之间

祭礼雕像藏品

埃皮达鲁斯的阿斯克勒庇俄斯博物馆收藏了一整套文物,包括雕塑、小雕像和祭品浮雕,都是在考古发掘中发现的。事实上,由于希腊医学的起源与魔法实践有关,向神祈求快速治愈并献上雕像和祭品的做法非常普遍。

圆形神庙的狮子

圆形神庙的门楣或祭坛上装饰着狮子头和棕榈叶,这是埃皮达鲁斯建筑中颇具特色的一点。现在的博物馆里保存着其中一只狮子的头。在古希腊,这些狮子被认为是高贵、不驯和独立的生物。因此,它们象征着权力和名望。

科林斯式柱头

这个壮观的科林斯式柱头是在圆形神庙的地基中发现的，其上的植物装饰一直比较完好地保存到今天。14个有着这种柱头的大理石柱矗立在圆形神庙的内圈，由建筑师波利克里托斯设计。

马背上的尼姬

尼姬是希腊神话中胜利的化身，是古希腊众多艺术表现的主题。图片中的这个就是其一。虽然不完整，但这个雕塑描绘了骑在马上的胜利女神。这件作品是埃皮达鲁斯的阿斯克勒庇俄斯神庙西侧门楣侧翼上的一个装饰。

阿斯克勒庇俄斯的儿子

阿斯克勒庇俄斯有许多儿子，包括《伊利亚特》中提到的两位医神：波达利里俄斯（Podalirio）和马卡翁（Macaón），还有几个女儿：帕那刻亚（Panacea）、伊阿索（Iaso）和希吉亚等。治疗神泰勒斯福斯（Telesforo）也是这个庞大后代群体中的一员，在这尊用五彩大理石制作的雕像中，他被描绘成一个孩童模样。

再到优雅的女性。大多数雕塑的头部已经遗失，因为它们之前是分开雕刻的，雕刻完成后再嵌在一起。雕塑的身体几乎都是根据模型系列复制的，只需要选择最能代表购买者的模型，然后在献给圣殿时将头部雕刻成肖像。

这个博物馆的第二个展厅保存着数量众多的祭礼雕塑，其中大部分是罗马时期的，其余是现代的石膏复制品。比如，神庙的屋顶装饰，或者希吉亚（Hygieia）喂食阿斯克勒庇俄斯之蛇的无头雕塑，以及各种各样的神的雕像，都是公元前4世纪古典雕塑的杰出例子。在展厅的墙壁上，顶部可以看到阿斯克勒庇俄斯神庙的檐口，装饰有棕榈叶和狮子头，这些装饰也见于圆形神庙。在第二个展厅中，还有重建的圣殿入口的柱廊，可以让人了解神圣之路的宏伟规模，以及在遗址原地重建过程中未重新利用的半身像的一部分。

构架展示

博物馆的第三个展厅展示了重建的阿斯克勒庇俄斯神庙的部分门廊和柱廊，并且石膏复制了门廊和门楣上的雕塑装饰。阿耳忒弥斯神庙的部分门廊也得到了重建，其檐口装饰有狗头。博物馆的这一部分设置了一个完整的展览，以展示属于圆形神庙的不同建筑元素，并通过图纸和照片来解释这个特殊的圆顶墓的原始结构。在神庙的重建工作中，尽管其中一些部件已经被移走存放，但特别值得注意的是一个保存非常完好的柱头，已经成为科林斯风格的参考模型，以及神庙的大理石拱顶，它与内部柱廊一起被修复和重建。

提洛考古博物馆

城市	提洛
开馆年份	1976

在考古挖掘的最初几年，尽管迪米特里奥斯·斯塔夫罗普洛斯（Dimitrios Stavropoullos）总有怨言，并主张将发现的文物尽可能展示在其原始地点附近，但提洛（Delos）最显著的雕塑还是被转移到了雅典国家考古博物馆。同时，铭文、陶瓷和雕像的碎片被带到米科诺斯岛（Miconos），存放在一座小房子里，作为一座古物博物馆，直到1902年该岛的考古博物馆才建成。然而，这个博物馆很小，而且设备不足，无法妥善保存文物，因此很快就发现需要建造一座更好的建筑，以容纳每年挖掘出来的大量文物。

因此，在1904年，已经担任雅典法国学院院长的莫里斯·奥洛（Maurice Holleaux）写信给斯塔夫罗普洛斯，要求在提洛岛上建造一个博物馆，他手上已经有工程师亨利·康弗特（Henri Convert）绘制的一些蓝图。奥洛要求将该项目保密，因为米科诺斯的总督反对该项目，他更愿意扩建该岛上现有的博物馆，而不愿建造一个新的博物馆。后来，尽管米科诺斯的总督反对，但在希腊政府的批准下，工程还是开始了，政府负责确保在建设期间没有争端。工程在推进中遇到了许多困难，包括延期，由于地形的特殊性质，因此地基需要挖得非常深。此外，米科诺斯岛的总督不断抱怨，声称博物馆建在了市政土地上（提洛行政上属于米科诺斯），而斯塔夫罗普洛斯则辩称其位于遗址范围内。这个博物馆建在提洛古城的一个街区上，这导致了其所在地区考古遗址遭到破坏（这在1991年挖掘该区域安装电线时得以证实）。

这座建筑于1906年6月完工，当时将之前存放在米科诺斯的文物搬到了这里，并摆放在方便观赏的位置。很快人们就发现这个博物馆太小了，因此在1911年，在旁边增建了侧楼。但另一个问题很快就显现出来：岛上缺乏安全监管。由于提洛岛无人居住，考古学家只在考古挖掘季节居住在那里，因此博物馆和遗址大部分时间都缺乏监管，容易被盗。在这种情况下，米科诺斯居民开始再次要求将古迹带回

他们的岛上，以便好好保护它们，并使游客无须前往提洛就能参观博物馆。尽管他们不断请求，但这个要求从未得到满足。相反地，1931 年希腊政府批准了大量投资，以改善和扩大提洛考古博物馆，并确保全年都有监管。然而，存储的雕像和其他物品不断地从之前的博物馆和米科诺斯岛运到提洛岛，以及负责照顾它们的人员不断更换（斯塔夫罗普洛斯于 1919 年去世），使得博物馆直到几十年后才得到良好的组织。早在 20 世纪 30 年代，德国考古学家克里斯托斯·卡鲁佐斯（Christos Karouzos）向负责古迹保护的希腊部长发送了多份报告，要求增加投资和合作者，以组织收藏品并改善存储条件。

① 博物馆的雕像藏品。
② 狮子台的原始作品展览。
③ 陶制的阳具。
④ 带有装饰画的双耳瓶。
⑤ 描绘日常场景的壁画。

转折点

在第二次世界大战期间，驻扎在基克拉泽斯群岛的意大利士兵随意掠夺该地区内的遗址和博物馆，对博物馆造成了很严重的破坏。最终在 1941 年，一个由希腊专家组成的委员会决定完全封闭博物馆，等待战争结束。"二战"结束后不久，博物馆重新向公众开放。

在对建筑进行了几次翻修之后，博物馆于 1976 年重新开放，采用了新的基克拉迪风格的外墙，并按时间顺序陈列展品。这就是今天可以参观的博物馆，希腊政府已经宣布对其进行新的整修。它占地面积 2419 平方米，有 14 个展厅，其中 11 个展厅对公众开放，其他展厅则为研究而保

▼ 青铜狮子的小雕像。这座小雕像及其发掘的位置让人联想到阿波罗神庙的守护狮子。

> 附录

留。这些展厅被安排在两个对称的侧翼周围，围绕着两个内院，这使展厅得到了良好的自然光线。各个展厅陈列着铭文、陶瓷（约30000件）、马赛克和壁画的藏品。在所有藏品中，古代雕像尤其值得一提，其中最著名的是克利奥帕特拉（Cleopatra）[51]和迪奥斯科里德斯（Dioscórides）[52]的雕塑，献给阿耳忒弥斯的大量科莱女神像（Korai）模型，以及纳克索斯人献给圣殿的那座著名的狮子像。

---

[51] 克利奥帕特拉七世（约公元前70年至公元前30年），通称为埃及艳后，是古埃及托勒密王朝的最后一任女法老。——译者注
[52] 佩丹尼乌斯·迪奥斯科里德斯（PedaniusDioscorides，约公元40年—公元90年）是古罗马时代的希腊医师、药物学家、植物学家，用希腊语著有五卷本《论药物》（De materia medica）。——译者注

最好的古希腊雕像

提洛城的雕像藏品是古希腊最重要的一部分雕像。在该遗址发现的雕像中，有古希腊最古老的雕像—尼坎德拉的科莱女神像，以及最大的雕像—纳克索斯巨像。

狮身人面像

提洛岛上最好的古代雕塑之一是这座公元前550年的狮身人面像。头部和身体分别雕刻，然后拼接在一起，前腿和两翼也是如此（但已遗失）。狮身人面像后腿呈坐姿，放置在一座爱奥尼亚柱顶上。

阿耳忒弥斯的雄狮

这是公元前500年左右派洛斯岛献给阿耳忒弥斯神庙的两座雄狮雕像之一。这两只雄狮分别在阿耳忒弥斯神庙入口处一侧，作为守护者，头转向入口，相互对视。

狩猎女神阿耳忒弥斯

在这座公元前125年至公元前100年完成的雕塑中，阿耳忒弥斯正准备用长矛刺向一只跪在地上的鹿。女神面无表情的脸，与这一戏剧性时刻形成鲜明对比，象征着不朽的神灵对人类面临的致命危险的漠然。

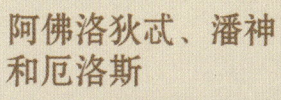

阿佛洛狄忒、潘神和厄洛斯

阿佛洛狄忒用凉鞋威胁潘神（长着山羊腿和羊角的神，曾经追逐仙女未果），而厄洛斯则试图抓住其羊角来推开他。这组雕塑可以追溯到公元前100年左右，是在波塞冬尼亚教区的一个展厅里发现的。

尼坎德拉的科莱女神像

这个雕像是公元前650年左右用纳克索斯大理石雕刻而成的，上面刻有一段铭文，揭示了这位女性的名字和将她奉献给阿耳忒弥斯的事情。"尊贵的尼坎德拉，迪诺迪克斯的女儿，迪诺梅涅斯的姐妹，弗拉克索的妻子，奉献给那些翱翔远方的女神。"

383

阿格里真托考古博物馆

城市	阿格里真托
开馆年份	1967年

该博物馆建在圣尼古拉山上,靠近剧场[53]的废墟,周围树木环绕。博物馆以皮埃特罗·格里弗(Pietro Griffo)的名字命名,他曾在建造时担任城市考古监督,也是遗址历史上最重要的人物之一。该建筑群部分占据了建于12世纪的圣尼古拉修道院的区域,部分则是建筑师弗朗科·米尼西(Franco Minissi)的现代建筑。阿格里真托考古博物馆于1967年6月24日开放,展出了圣殿山和其他考古遗址出土的从青铜时代到拜占庭时期的文物。

这些藏品分布在21个展厅中。其中一些展厅用于举办与古代文献和遗址总体地形有关的讲座、开设工作坊和存放相关材料。

---

[53] 此处原文用的是 ekklesiasterion,并非该剧场的名称,而是古希腊对于集会场所、礼堂和剧场的统称,其前缀 ekklesia 指古希腊民主的主要公共集会。——译者注

① 博物馆的全景，包括一个巨大的男像柱（telamón），最初来自奥林匹亚宙斯神庙。

② 希腊面具的展示柜。

③ 来自阿格里真托墓穴的花瓶。时间为公元前5世纪。

④ 一套女性陶俑。

第三展厅展出的是陶瓷作品，这或许是整座博物馆中最重要的展厅，因为它展示了具有艺术价值的杰作。它总共珍藏了近150个陶瓷杯。虽然有很多值得一提的作品，但其中一些在整个收藏中更为突出。其中一件画着人物的红色深口大杯，描绘了一幅丧葬场景，被认为是画家克列奥弗拉德斯（Kleophrades）的作品，创作于公元前490年左右。画中描绘了亡者的灵魂离开身体，前往冥王哈迪斯（Hades）的王国。这个展厅中另一个重要的展品是一件红色图案的酒器，上面描绘了一幅向阿波罗祭祀的场景，被认为是画家克利奥丰特（Cleofonte）的作品。它的制作时间在公元前430年左右，发现于波吉奥·贾切（Poggio Giache）的墓地。画中描绘了一个吹笛者、一只山羊（即将献祭的动物）和一个有胡须的祭司，正在用水洗手净身。在两根代表神庙的柱子后面，坐着的阿波

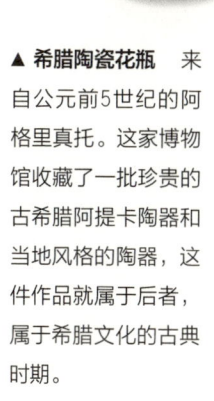

▲ 希腊陶瓷花瓶　来自公元前5世纪的阿格里真托。这家博物馆收藏了一批珍贵的古希腊阿提卡陶器和当地风格的陶器，这件作品就属于后者，属于希腊文化的古典时期。

附录

罗注视着为他祭祀的准备工作。

在第三展厅的橱窗中,还可以看到珀尔修斯和安德洛墨达的壮丽酒杯,其白色背景非常突出。一尊被认为可能是赫拉克勒斯神庙山墙局部的战士躯干也在这个显眼的空间展出。

第四展厅展示了来自圣殿的建筑材料。例如,展出了曾是神庙雕塑装饰的水槽和狮头样本。

祭品

第五展厅存放着神庙的祭祀材料。在该展厅陈列的陶器雕塑使得这个博物馆成为世界上最重要的考古博物馆之一。"狄俄尼索斯的骡子"

破碎的美

该博物馆收藏了一组具有重要艺术价值和象征意义的雕塑,尽管大多数雕塑已破损,但仍有助于研究者发现神话在整个文明图腾中的象征意义。

阿格里真托青年像

这件作品是在得墨忒耳神庙附近的一个水池中发现的,是阿格里真托最著名的作品。这是属于严肃时期的作品,即希腊雕塑风格的前半段,约公元前5世纪。这座雕像是用大理石制成的,比例几乎是真人大小,描绘了一个体格健壮、轻微晃动的青年男子(kuros)。这个形象突出了强烈的自然主义风格。

河神

这个陶制品来自公元前5世纪,出土于赫拉克勒斯神庙区域,展现的可能是河神阿刻罗俄斯(Aqueloo)的头部。根据神话,这位最古老、最强大的水中之神变成了公牛攻击赫拉克勒斯。

珀耳塞福涅

这件作品是来自神庙山的陶土雕塑,描绘了被冥王哈迪斯掳走后成为他妻子和冥界女神的珀耳塞福涅。这件雕塑可能是一组大的群雕的一部分,曾经位于某座神庙的山墙上,其年代可以追溯到公元前5世纪。

林多斯雅典娜

这是一尊创作于公元前6世纪末期的陶土雕像,描绘了战争女神雅典娜在林多斯(罗得岛的一个城邦)的形象,头戴圆帽,身穿希腊长袍或长至脚踝的外衣。这件服装上装饰着三排重复的元素:牛头骨、圆盘和醉神西勒诺斯(Sileno)的头像。

雅典娜头像

这个陶土制成的雅典娜女神头像,发现于宙斯神庙遗址和地府神殿之间的区域,它的年代可以追溯到公元前5世纪,很可能属于一组大的雕塑群。这是博物馆中最有价值的展品之一。

外来神祇

这个容器体现了埃及神话中的守护神贝斯,他是家庭守护神,与爱和性快感有关。由于人们相信他能驱邪避祸,带来好运,同时还有其他超自然力量,因此他经常被描绘在护身符和家居物品上。

一块祭坛的残片

这件陶制的小祭坛雕像作品只保存了一块残片,原本是一只狮子和一只公牛在激烈搏斗。残片年代可以追溯到公元前6世纪。

> 附录

就在这个展厅，这是一件骡子头形的容器。另外有一个描绘着黑人形象的赤土面具，可以追溯到公元前 6 世纪左右。还有一张绘有奔跑的蛇发女妖的许愿牌（pinax），也是这个展厅的亮点之一。此外，还展出了动物造型的烛台和祈祷雕像。这个展厅里的两个陶土头像是世界上保存得最好的古希腊陶土头像。其中一个年代约为公元前 490 年，可能描绘着戴头盔的雅典娜女神。它出土于宙斯神庙和地府神殿之间的区域。另一件是公元前 5 世纪珀耳塞福涅的头像，她是得墨忒耳的女儿，是城市宗教生活中的核心人物。这两个陶土头像肯定是更大的雕塑群的一部分，甚至可能是山墙的一部分。同样引人注目的是一只描绘埃及神祇贝斯（Bes）的花瓶，自米诺安—迈锡尼时期以来，其形象在希腊世界中已经广为人知。

在第六展厅，奥林匹亚宙斯神庙的亚特兰蒂斯巨像（38 座雕像中唯一幸存的）注视着游客。它被放置在柱子旁，就像在神庙里一样。

在接下来的第七展厅里，展示了在所谓的"希腊—罗马区"发现的遗迹。第八展厅陈列着铭文展品。其中展出了著名的铭文，包括托马索·法泽洛（Tommaso Fazello）用来命名康科迪亚（Concordia）[54]神庙的铭文。第九展厅是专门展示钱币的地方，收藏了希腊、罗马、迦太基、拜占庭、阿拉伯和诺曼时期的硬币。

雕塑珍品

在第十展厅摆放着三尊希腊雕像。其中最引人注目的无疑是"阿格里真托青年像"，一尊被称为"严肃风格"的库罗斯，创作于公元前 480 年左右。它被认为是西西里岛公元前 5 世纪希腊雕塑的杰作之一。这尊青年像展现一个年轻人理想化的健美身躯，代表着一种崇高和虔诚的青年理想。它是由大理石制成的，高度略超过 1 米。另外两尊雕像是公元前 2 世纪的阿佛洛狄忒蹲坐的雕像和一尊男性大理石躯干雕像。

博物馆的其余部分展示了其他时期的小型艺术品，并通过地图和注释展示了该地区的地形变化。

---

[54] 意为"和谐""契约"。——译者注

帕埃斯图姆国家考古博物馆

城市	帕埃斯图姆
开馆年份	1952年

帕埃斯图姆国家考古博物馆是意大利最重要的博物馆之一。这个博物馆于1952年在波塞冬尼亚城墙多立克神庙的遗址上建立起来。它非常靠近古老的18号国道，现在是一条步行街。它遵循了纪念主义的潮流，这是法西斯主义时期主导意大利建筑的风格。最初的核心部分只包括一个展厅，用于展示从塞莱河中发掘的宝藏。后来添加了新的展厅，主要是为了展示在几个墓穴发现的物品，周围是一个室内花园，窗户朝向露天空间敞开。

这个博物馆以城市演变和发展为展品展示主线，从希腊殖民地的建立到拉丁殖民地的建立，分为三个部分。最古老的部分集中于塞莱河以南地区的史前和原始时期；其后是一个专门介绍希腊殖民地演变的部分，从其建立到罗马人的到来；最后一部分展示了帕埃斯图姆的罗马时期。

该博物馆收藏中最惊人的集合之一是有着千年历史的展品。首先令人惊讶的是，在一个以古希腊神庙著称的地理环境中，竟然藏着一个展示文化基底的博物馆。这个地方也因其众多陪葬品和工艺品而备受瞩目。

在1943年开始的军事行动期间，发现了一个坟墓群，其年代可追溯到新石器时代至青铜时代，跨越了公元前4世纪末至公元前3世纪中叶。这一发现的重要性如此之大，以至该遗址命名了一整个史前文化，即高多文化。在博物馆的中间层，可以深入了解这个迄今为止意大利南部最为杰出的新石器时代晚期文化。

塞莱河的赫拉神庙

距离帕埃斯图姆城9公里处，在塞莱河河岸发现了一个破烂不堪的赫拉神庙遗址，该遗址早于波塞冬尼亚殖民地的建成时间，因此具有重要历史意义。帕埃斯图姆国家考古博物馆的第一座建筑物就是为了收藏从这个区域中挖掘出来的文物而建

造的，其中包括两组引人注目的陇间壁装饰，分别出自公元前 4 世纪和公元前 6 世纪。为了完整地了解塞莱河河口的建筑群，还应该参观位于赫拉·阿尔吉瓦（Hera Argiva）神庙旁边、塞莱河岸的互动式博物馆。

跳水者之墓

参观帕埃斯图姆国家考古博物馆，一定要看看跳水者之墓，它被认为是公元前 5 世纪希腊壁画艺术的最佳代表。它位于博物馆的一个特别展厅里。除了这个墓之外，还有其他的墓室，装饰有壁画，几乎都属于公元前 4 世纪和公元前 3 世纪。尽管如此，跳水者之墓仍然是希腊文化一个明显而独特的例子，带有一些伊特鲁里亚文化的影响。

① 博物馆里的罗马艺术。
② 烧炉和其他陶土雕像。
③ 来自塞莱河口圣殿的浮雕。
④ 在帕埃斯图姆的圣地发现的祭祀雕像，其中许多代表女神赫拉。

卢卡尼亚人的彩绘墓穴

对于公元前 4 世纪帕埃斯图姆的卢卡尼亚人的文化和社会，我们知之甚少。因此，研究装饰他们坟墓的壁画非常重要。在博物馆里，我们可以看到从典型的卢卡尼亚石棺中修复的几幅壁画。在美丽的装饰中，参观者可以看到男性墓和女性墓之间的差异。男性墓的壁画以战争、狩猎场面，以及战车比赛为主，反映了其男性精英的军事角色。此外，其中农业生活的壁画也非常引人注目。特别值得注意的是在一幅壁画中描绘了一个在路途中的农民和马车，这也许代表了通往永恒安息的最后一段旅程。在女性墓中也有装饰壁画，其壁画中有哭泣的女性。

▼一件陶制女性半身像，曾是建筑装饰的一部分。

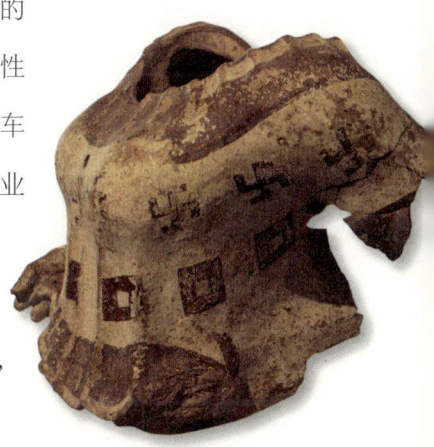

附录

希腊陶瓷

博物馆中还有一个专门介绍红色彩陶瓷的部分，非常引人注目。在公元前4世纪中期，帕埃斯图姆成为全希腊世界中最重要和最著名的红色彩陶瓷制造中心。在这里可以欣赏到一些高质量的陶瓷作品，其中以阿斯特亚斯（Assteas）的欧罗巴被绑架的神话作品最为突出。

罗马时期的部分

最后，博物馆的楼上是专门介绍罗马时期文物的区域，展示了帕埃斯图姆从成为拉丁殖民地到城市衰落的演变历程。参观者既可以在这里观察城市规划的变化，浏览罗马广场主要建筑的模型、家庭生活空间和城市周边的领土，也可以欣赏到帕埃斯图姆的罗马市民日常生活中的陶瓷和金属制品。

一件陶瓷珍品

当人们想到古希腊雕塑时，常常会想到巨大的大理石雕塑。但在古典时期，尤其是希腊时期，小型的陶瓷雕塑变得十分普遍。这些用黏土制作，烧制并上色的雕塑，为希腊社会的大部分人创造了经济、实惠且易得的产品，这些产品既用于宗教也用于日常生活。

塔纳格拉式雕像

这种陶土小雕像起源于古希腊，很快就在整个希腊世界和地中海地区传播开来。它们展现穿着得体、头发盘起并佩戴饰品的女性，都采用了典型的希腊雕塑中的放松姿势。这些小雕像使用了精美的彩绘，这一点在服装细节上仍然可见。

赫拉·库罗托罗福斯（Hera Kourotrophos）

这件陶俑描绘了作为孩子养育者（库罗托罗福斯）的赫拉。在古希腊，人们特别重视保护幼儿和促进生育的神灵。这类祭品通常成群出现。

玩具

在波塞冬尼亚的一个儿童墓中发现的陶制动物雕像玩具，分别是一匹狼、一头野猪和一只公鸡。这些玩具很可能是逝者生前玩过的。

穿着凉鞋的脚

这是一个容器，据推测约为公元前6世纪文物，用来装主人身体护理所需的香油或药膏。在希腊时期，使用药膏非常普遍，由此出现了许多不同类型的罐和容器，如油壶（aríbalos）、油瓶（lécitos）或香料瓶（alabastrones）。

女性花香炉

公元前4世纪中叶的一种香炉，下面形状像一个女人的半身像，上面托着一朵花。女性花图案引发了学者的多种猜测，但最通行的是将其与赫拉崇拜联系起来。在地中海的不同地点也发现了其他类似的雕像。

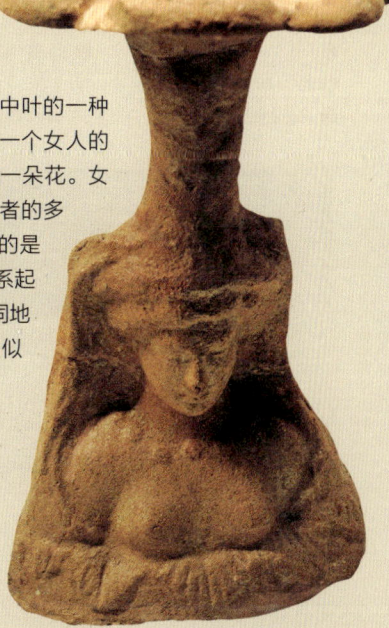

古典雅典漫步

雅典被称为西方文明的摇篮，其考古遗址在整个城市处处可见。雅典卫城是古典希腊无可争议的象征，因其丰富的历史遗产而脱颖而出。

● 古典雅典建筑（公元前5世纪）
○ 其他古代遗迹

雅典卫城

① 山门
② 雅典娜胜利女神神庙
③ 帕提侬神庙（上图）
④ 厄瑞克透斯和女像柱的门廊
⑤ 古雅典娜神庙

雅典卫城的斜坡

⑥ 希罗德·阿提库斯音乐厅（上图）
⑦ 狄俄尼索斯剧场
⑧ 阿斯克勒庇俄斯圣殿
⑨ 欧迈尼斯柱廊
⑩ 伯里克利音乐厅
⑪ 厄琉希尼翁神庙
⑫ 古老的市集
⑬ 利西克拉特斯灯塔（上图）

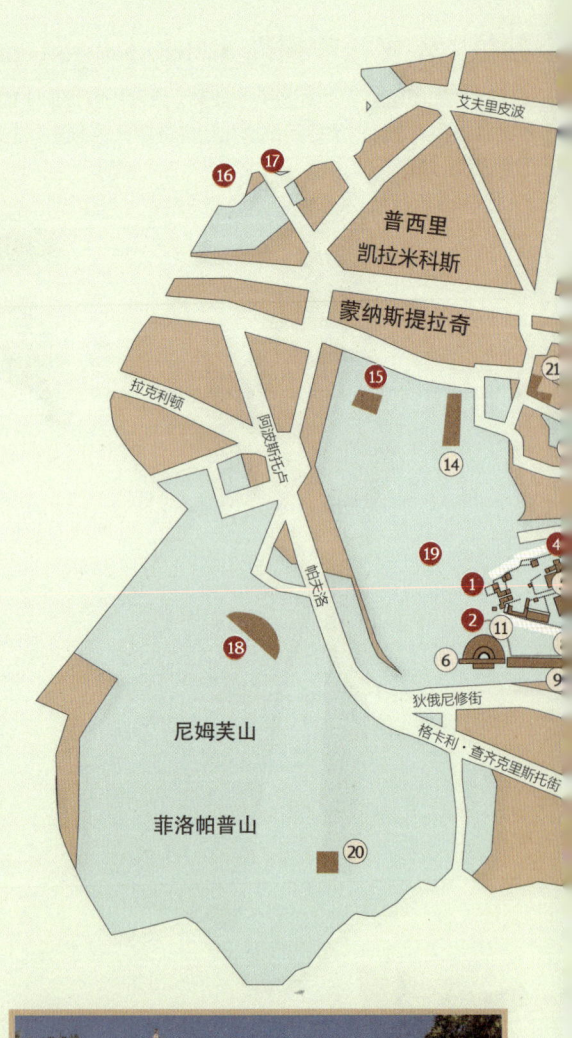

伯里克勒斯
爱尔摩
阿玛利亚斯
基达提那翁
莱奥福罗斯
拉卡 ⑫
⑩ ⑬
㉓
河雷奥帕吉图街 ㉕
安德里亚 ㉔

N
0 200 400
m

政治法庭
⑱ 普尼克斯会场（上图）
⑲ 亚略巴古
⑳ 菲洛帕波斯纪念碑

罗马市集
㉑ 哈德良图书馆
㉒ 风之塔（上图）

市集和古典雅典
⑭ 阿塔罗斯柱廊（上图）
⑮ 赫菲斯托斯神庙
⑯ 陶瓷区
⑰ 忒米斯托克利斯墙

奥林匹亚和帝国遗产
㉓ 哈德良拱门
㉔ 帕纳辛奈科体育场
㉕ 奥林匹亚宙斯神庙（上图）

雅典卫城

❶ 山门
雅典卫城围墙的巨大入口建于公元前 437 年至公元前 432 年。由伯里克利下令、建筑师穆内西克莱斯设计，由一个用作门厅的中央主体和两个侧翼组成，其中北侧翼楼较宽，也被称为"画廊"。

❷ 雅典娜胜利女神神庙
这座小巧而优雅的爱奥尼亚式神庙是卡利克拉特斯（Calícrates）的杰作，为纪念女神雅典娜，以她作为胜利（希腊语 nike）的化身，与希腊人战胜波斯人的胜利有关，这也是其浮雕的主题。它于公元前 421 年落成。

❸ 帕提侬神庙
这座献给雅典娜女神的白色大理石多立克柱式带柱廊的神庙因其比例完美与和谐而成为古典希腊建筑的杰作。它的建造者是伊克蒂诺斯（Ictinus）和卡利克拉特斯。建议早起参观避开拥挤的人群。同样重要的是每年有几天，雅典卫城可以免费进入。

❹ 厄瑞克透斯和女像柱的门廊
这座建筑为纪念神话中的厄瑞克透斯国王而建，其以爱奥尼克柱式赋予它的优雅和不规则的平面而著称，建筑师菲洛克勒斯用这种方式解决了地形不平坦的问题。它最原始的元素是女像柱的门廊，其中的柱子已被六位女性雕塑所取代。

❺ 古雅典娜神庙
建于公元前 6 世纪，是雅典卫城最古老的建筑，这座多立克柱式的外围神庙供奉着雅典娜·波利亚斯，即"城市的保护者"。公元前 480 年被波斯人摧毁。

雅典卫城的斜坡

❻ 希罗德·阿提库斯音乐厅
这座剧场于公元 161 年由罗马元老院中的希腊人贵族希罗德·阿提库斯建造，并由此得名。它可容纳 5000 名观众，沿用了罗马剧场的结构，主要用于音乐剧（希腊语为 odé）表演。

❼ 狄俄尼索斯剧场
狄俄尼索斯是舞台悲剧诞生的幕后推手。这座建筑建于公元前 4 世纪。78 层看台可容纳 17000 名观众。保存最完好的部分是乐池所在的位置，中央的圆形空间是合唱团演唱的位置。

❽ 阿斯克勒庇俄斯圣殿
这座建筑落成于公元前 420 年左右，由一位名叫忒勒马科斯的雅典公民建造。这座献给医学之神的圣殿由一座神庙、一座祭坛和多立克式柱廊组成，前来求医的朝圣者可以在其中得到救治。

❾ 欧迈尼斯柱廊
这座两层高的门廊长 163 米，宽 18 米，将狄俄尼索斯剧场与希罗德·阿提库斯剧场相连。它建于公元前 2 世纪初，是帕加马国王欧迈尼斯二世送给他年轻时求学的城市的礼物。

❿ 伯里克利音乐厅
这座建筑呈矩形，由伯里克利于公元前 435 年下令建造，用于举办音乐演出。它由九排十根木柱支撑的屋顶覆盖。

⑪ 厄琉希尼翁神庙
这座建筑与农业女神得墨忒耳的崇拜以及在厄琉西斯围绕她举行的祭祀仪式有关，它是雅典最重要的圣殿之一。伯里克利建造它是为了在其中保存这些仪式的圣物。

⑫ 古老的市集
在古代，市集位于雅典卫城的东北部，但没有关于当时建筑的详细信息，更不用说它们的功能了。

⑬ 利西克拉特斯灯塔
这座灯塔建于公元前 335 年。它小规模地复制了一座具有科林斯柱式的神庙。它是为了纪念合唱主管利西克拉特斯（Lisícrates）所带领的男孩合唱团在狄俄尼索斯剧场获得胜利而建造的。

市集和古典雅典

⑭ 阿塔罗斯柱廊

这座带门廊的柱廊由帕加马国王阿塔罗斯二世建造，长 116 米，宽 20 米。它的底层有一个多立克式的外部柱廊和一个爱奥尼克式的内部柱廊，里面有 21 家商店。建于公元前 2 世纪中叶，公元 267 年被赫鲁利人摧毁。

⑮ 赫菲斯托斯神庙

这座多立克式神庙也被称为忒修斯神庙（Theseion），以纪念神话中的国王忒修斯，他的事迹被雕刻在墙面上。此处供奉的是冶金之神赫菲斯托斯，同时也供奉雅典娜·埃尔贡，它可以追溯到公元前 5 世纪下半叶。

⑯ 陶瓷区

古代陶工区（以行业名称命名的地区）最初建在雅典城墙外的埃里达努斯（Erídano）河畔，以利用其沉积的淤泥。这里是雅典最大和最重要的墓地，使用时间从公元前 1200 年一直到公元 1 世纪末。

⑰ 忒米斯托克利斯墙

建于公元前 478 年，由将军和政治家忒米斯托克利斯（Themistocles）设计，这堵墙将陶瓷区一分为二。新的防御工事是用来自雅典各地的材料迅速建成的，与所谓的长城墙相连，是保护城市通往比雷埃夫斯港口的通道。

政治法庭

⑱ 普尼克斯会场（Pnyx）

自公元前 6 世纪末期，雅典实行民主制以来，这座岩石山丘就成为市民大会的聚集地。在这里有一座巨大的石灰石半圆形剧场，阶梯是从岩石上雕刻而成的，可容纳 10000 人。

⑲ 亚略巴古（Areópago）

卫城的西面矗立着一座供奉战神阿瑞斯的小山，执政官（治安法官）在这里审判血腥罪行。

⑳ 菲洛帕波斯纪念碑

公元 114 年至 116 年，雅典人为纪念罗马元老院长老盖乌斯·尤利乌斯·安条克·菲洛帕波斯（Cayo Julio Antíoco Filopapos）竖立了一座白色五角大理石墓碑。

罗马市集

㉑ 哈德良图书馆

建于公元 132 年。由罗马皇帝哈德良（Adriano）建造，他是希腊文化的真正爱好者。这是罗马时代最大的雅典建筑之一，占地面积 122 米×82 米。

㉒ 风之塔

这座位于罗马市集的八角形建筑建于公元前 1 世纪。由天文学家安德罗尼科斯·德·希鲁斯（Andrónico de Cirro）设计，用作水力时钟和风向标。顶部的浮雕带代表风的化身。

奥林匹亚和帝国遗产

㉓ 哈德良拱门

这座由雅典人在公元 132 年建造的彭特利库斯大理石建筑，拥有一个独特的门洞和科林斯式装饰元素。其建造不仅为了纪念罗马皇帝哈德良，也为了标志希腊雅典和罗马的分界线。

㉔ 帕纳辛奈科体育场（Panathinaikó）

这座体育场呈 U 形，建于公元前 4 世纪，用于举办泛雅典娜节的体育比赛。1896 年第一届现代奥林匹克运动会在这里举行。

㉕ 奥林匹亚宙斯神庙

始建于公元前 6 世纪，后来在罗马时代完工，是伯罗奔尼撒半岛上最大的科林斯式神庙。原本有 104 根大理石柱子，现在只剩下 16 根，其中一根倒在地上。

市集和古典雅典

⑭ 阿塔罗斯柱廊

这座带门廊的柱廊由帕加马国王阿塔罗斯二世建造，长116米，宽20米。它的底层有一个多立克式的外部柱廊和一个爱奥尼克式的内部柱廊，里面有21家商店。建于公元前2世纪中叶，公元267年被赫鲁利人摧毁。

⑮ 赫菲斯托斯神庙

这座多立克式神庙也被称为忒修斯神庙（Theseion），以纪念神话中的国王忒修斯，他的事迹被雕刻在墙面上。此处供奉的是冶金之神赫菲斯托斯，同时也供奉雅典娜·埃尔贡，它可以追溯到公元前5世纪下半叶。

⑯ 陶瓷区

古代陶工区（以行业名称命名的地区）最初建在雅典城墙外的埃里达努斯（Erídano）河畔，以利用其沉积的淤泥。这里是雅典最大和最重要的墓地，使用时间从公元前1200年一直到公元1世纪末。

⑰ 忒米斯托克利斯墙

建于公元前478年，由将军和政治家忒米斯托克利斯（Themistocles）设计，这堵墙将陶瓷区一分为二。新的防御工事是用来自雅典各地的材料迅速建成的，与所谓的长城墙相连，是保护城市通往比雷埃夫斯港口的通道。

政治法庭

⑱ 普尼克斯会场（Pnyx）

自公元前6世纪末期，雅典实行民主制以来，这座岩石山丘就成为市民大会的聚集地。在这里有一座巨大的石灰石半圆形剧场，阶梯是从岩石上雕刻而成的，可容纳10000人。

⑲ 亚略巴古（Areópago）

卫城的西面矗立着一座供奉战神阿瑞斯的小山，执政官（治安法官）在这里审判血腥罪行。

⑳ 菲洛帕波斯纪念碑

公元114年至116年，雅典人为纪念罗马元老院长老盖乌斯·尤利乌斯·安条克·菲洛帕波斯（Cayo Julio Antíoco Filopapos）竖立了一座白色五角大理石墓碑。

罗马市集

㉑ 哈德良图书馆

建于公元132年。由罗马皇帝哈德良（Adriano）建造，他是希腊文化的真正爱好者。这是罗马时代最大的雅典建筑之一，占地面积122米×82米。

㉒ 风之塔

这座位于罗马市集的八角形建筑建于公元前1世纪。由天文学家安德罗尼克斯·德·希鲁斯（Andrónico de Cirro）设计，用作水力时钟和风向标。顶部的浮雕带代表风的化身。

奥林匹亚和帝国遗产

㉓ 哈德良拱门

这座由雅典人在公元132年建造的彭特利库斯大理石建筑，拥有一个独特的门洞和科林斯式装饰元素。其建造不仅为了纪念罗马皇帝哈德良，也为了标志希腊雅典和罗马的分界线。

㉔ 帕纳辛奈科体育场（Panathinaikó）

这座体育场呈U形，建于公元前4世纪，用于举办泛雅典娜节的体育比赛。1896年第一届现代奥林匹克运动会在这里举行。

㉕ 奥林匹亚宙斯神庙

始建于公元前6世纪，后来在罗马时代完工，是伯罗奔尼撒半岛上最大的科林斯式神庙。原本有104根大理石柱子，现在只剩下16根，其中一根倒在地上。

图书在版编目（CIP）数据

重返古希腊 / 西班牙RBA传媒公司著；程水英译. --
北京：现代出版社，2025.1. -- （RBA环球考古大系）.
ISBN 978-7-5231-1080-5

Ⅰ．K125-49
中国国家版本馆CIP数据核字第2024W0X561号

版权登记号：01-2022-2693

©RBA Coleccionables, S.A. 2020
©Of this edition: Modern Press Co., Ltd. 2025
由北京久久梦城文化发展有限公司代理引进

重返古希腊（RBA环球考古大系）
CHONGFAN GUXILA

著　　者	西班牙RBA传媒公司
译　　者	程水英
选题策划	张　霆
责任编辑	刘　刚　张　瑾
内文排版	北京锦创佳业文化传播有限公司

出版发行	现代出版社
地　　址	北京市安定门外安华里504号
邮政编码	100011
电　　话	（010）64267325
传　　真	（010）64245264
网　　址	www.1980xd.com
印　　刷	北京新华印刷有限公司
开　　本	710mm*1000mm 1/16
印　　张	25
字　　数	387千
版　　次	2025年1月第1版　2025年1月第1次印刷
书　　号	ISBN 978-7-5231-1080-5
定　　价	158.00元

版权所有，翻印必究；未经许可，不得转载